JN083014

工業高校就職試験シリーズ

2025年度版

工業高校
機 械 科
就職問題

就職試験情報研究会

TAC出版
TAC PUBLISHING Group

# ● はじめに ●

　昨今の著しい科学・技術の進歩や産業構造の変化に伴って，社会が現在の工業高校生に求めるものもまた徐々に変わりつつあるように思えます。

　一例をあげれば，工場部門におけるＦＡの導入進展により，作業の省力化・自動化が図られ，そこで働く技術者の仕事は，質・量ともに大きく変化したようなことなどがそれにあてはまります。また，第三次産業，たとえば運輸・通信などといったサービス業が，高度情報化社会への移行とあいまって台頭し，従来あまりみられなかったこの方面にも多くの工業高校生を迎えるようになりました。もちろん，進んだ技術力をもつ製造業がなお着実な成長力をもっていることはいうまでもありませんが……。

　本書は，こうした状況を踏まえて，工業高校生の就職をとりまく現状によりフィットさせ，実際的で役立つ問題集を目指して作られたものです。また，使う側の立場に立って，最も使いやすいように様々な工夫をこらしたつもりです。本書の特徴はおよそ次の通りです。

## 1　ちょっと大きめの文字サイズ

　読みやすい大きめの文字とＢ５判サイズの大きさ。

## 2　書き込み可能なノートタイプ

　全ページ書き込みが可能な新しいレイアウト。計算式を書いたり，解答を書いたり，あるいはちょっとしたメモ代わりにも。自由に使いこなして，自分だけの参考書を作ってください。

## 3　筆記試験以外の内容充実

　最近とくに重視され始めた“面接”“作文”“適性”などの試験にも大きな比重を置きました。最初からよく読んでください。

## 4　取り外せる別冊解答

　使い方は自由です。それぞれ工夫して学習に生かしてください。

　最後になりましたが，本書発刊に際してご協力をいただきました多くの方々に心より感謝申し上げる次第です。有難うございました。

就職試験情報研究会

# もくじ

## Contents

# 一般教科

4

# 就職試験とはどんなもの？

# 就職をめざすキミへ

## 1.就職試験内定までの流れ

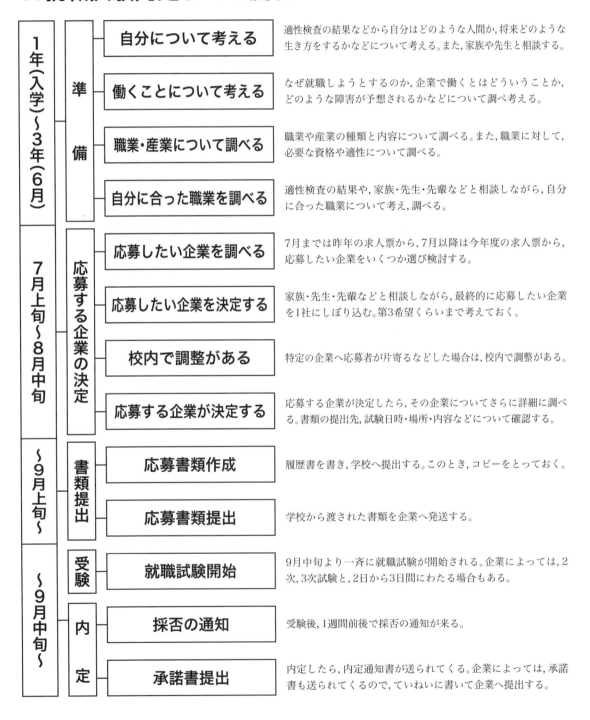

| 時期 | 段階 | 項目 | 説明 |
|---|---|---|---|
| 1年（入学）～3年（6月） | 準備 | 自分について考える | 適性検査の結果などから自分はどのような人間か，将来どのような生き方をするかなどについて考える。また，家族や先生と相談する。 |
| | | 働くことについて考える | なぜ就職しようとするのか，企業で働くとはどういうことか，どのような障害が予想されるかなどについて調べ考える。 |
| | | 職業・産業について調べる | 職業や産業の種類と内容について調べる。また，職業に対して，必要な資格や適性について調べる。 |
| | | 自分に合った職業を調べる | 適性検査の結果や，家族・先生・先輩などと相談しながら，自分に合った職業について考え，調べる。 |
| 7月上旬～8月中旬 | 応募する企業の決定 | 応募したい企業を調べる | 7月までは昨年の求人票から，7月以降は今年度の求人票から，応募したい企業をいくつか選び検討する。 |
| | | 応募したい企業を決定する | 家族・先生・先輩などと相談しながら，最終的に応募したい企業を1社にしぼり込む。第3希望くらいまで考えておく。 |
| | | 校内で調整がある | 特定の企業へ応募者が片寄るなどした場合は，校内で調整がある。 |
| | | 応募する企業が決定する | 応募する企業が決定したら，その企業についてさらに詳細に調べる。書類の提出先，試験日時・場所・内容などについて確認する。 |
| ～9月上旬～ | 書類提出 | 応募書類作成 | 履歴書を書き，学校へ提出する。このとき，コピーをとっておく。 |
| | | 応募書類提出 | 学校から渡された書類を企業へ発送する。 |
| ～9月中旬～ | 受験 | 就職試験開始 | 9月中旬より一斉に就職試験が開始される。企業によっては，2次，3次試験と，2日から3日間にわたる場合もある。 |
| | 内定 | 採否の通知 | 受験後，1週間前後で採否の通知が来る。 |
| | | 承諾書提出 | 内定したら，内定通知書が送られてくる。企業によっては，承諾書も送られてくるので，ていねいに書いて企業へ提出する。 |

# 2.職場選び8大ポイント

## 自分について考える

企業で働くということは仕事をすることである。仕事が自分の適性や能力にあっているかどうか，検討する。仕事があわないと，毎日が苦痛である。働きがいのある仕事かどうか検討する。

## 賃金や待遇

給与・賞与・諸手当などは高いほどよいが，中味をよく検討する。例えば手取り額が多くても，残業手当を多く含んでいる場合もある。その他，通勤手当支給の有無などについても細かく検討する。

## 通勤時間

通勤時間は，毎日の生活にとって大切なことである。待合わせ時間など，意外とロスタイムがあるので，実際に要する時間を確認する。遠隔地の人は，先輩に聞くなどするとよい。

## 勤務時間

始業・終業の時間，交替制の有無，残業の有無，休日・週休2日制などについて検討する。特に，電車・バスの時刻表と出社・退社時間の確認が重要である。夜学を希望する場合，時間的に可能かどうかについても検討する。

どれも大切なので総合的に検討しよう。それから，採用の可能性も考えなくてはね！

## 事業内容への興味

企業で取り扱っている製品や商品が自分の興味や関心，趣味などと合うかどうか確認する。たとえば自動車に興味のある人は，車を組み立てたり，車を販売・修理する企業へ就職するとよい。

## 企業の将来性

将来，企業が倒産するようでは困る。したがって，安定性のある大企業を選ぶ傾向にある。中小企業でも将来性のある企業が多くある。将来性の予測はむずかしいが，経済の動向に関心をもち，検討する。

## 資格と将来の展望

自分は，企業で将来どのように生きていくか考える。そのために，今まで工業高校で学んだ専門的な知識や技能をどのように生かしていくか，資格をどのように生かしていくか検討する。さらに，将来，必要となる資格も検討する。

## 職場の環境・福利厚生

職場の雰囲気や環境も毎日仕事をしていく上で重要である。また，加入保険の種類，宿舎の有無，給食の有無，定年制，企業内のクラブの活動状況などについても調べる。

# 3.企業を検討する具体的な方法

### その1 求人票から読みとる

　学校の進路指導室にある企業から提出された「高卒用求人票」には,企業に関するすべての概要が記載されている。したがって,9～10ページの求人票の読み方を参考にして,各企業の求人票を比較しながら検討するとよい。しかし,すべての企業の求人票を読むことは大変であるから,自分の関心のある業種,たとえばコンピュータを製造する企業などに的をしぼって選び,検討する。

### その2 先生に相談する

　求人に際して,多くの企業では人事担当者が学校を訪問し,求人について細かい説明をする。その情報は,求人票からは読みとることができないものも多くある。たとえば,具体的な仕事の内容や採用方針,入社試験の状況などである。ある程度応募したい企業がまとまってきたら,先生に相談してみるとよい。

### その3 先輩に相談する

　職場の環境・雰囲気,人間関係,具体的な仕事の内容などは,求人票や入社案内からは想像しかできない。同じ高卒でも,普通高校出身者と工業高校出身者,また,地方出身者と都会出身者ではものの考え方や企業から期待されている内容について違いがある。したがって,自校を卒業した先輩から直接職場の様子などについて聞くことは,非常に参考になる。知っている先輩がいなければ,先生に相談して紹介してもらうとよい。

### その4 企業を見学する

　「百聞は一見にしかず」と言われているように,職場を見学すると求人票からは読みとることができないことがよくわかる。職場の環境・雰囲気や働いている人の様子などから,自分に適しているか,やっていけそうかなどについて細かく知ることができる。企業を見学したい場合は,先生に申し出て学校の指示に従うこと。大学生が行う会社訪問とはまったく意味が違うので注意すること。

# 4.求人票の読み方(見出しの①〜⑩は,次頁の求人票の場所を示す)

## ①就業場所
　この求人に応募し採用された場合，実際に就労する場所です。会社の所在地と就業場所が異なる場合がありますので，注意してください。

## ②職　　種
　当該求人に係る応募職種が記載されています。

## ③仕事の内容
　当該求人に係る具体的な仕事の内容が記載されています。不明点等があった場合には，窓口へご相談ください。

## ④雇用形態
　この求人に応募して採用された場合の雇用形態です。
　正社員／正社員以外（契約社員，嘱託社員等）／有期雇用派遣／無期雇用派遣の４種類で表示されています。

## ⑤雇用期間
　あらかじめ雇用する期間が設定されている求人があります。この場合契約更新の有無等の情報は備考欄等に記載されていますので求人票をよくチェックしてください。

## ⑥加入保険等
　各種保険制度の，加入状況が記載されています。

## ⑦賃　　金
　a欄は，いわゆる基本給(税込)です。
　b欄には，必ず支払われる手当が記載されます。
　c欄には，個定残業代（一定時間分の時間外労働に対する割増賃金を定額で支払うこととしている場合）のありなしが記載されます。
　通勤手当は通勤手当欄に記載されています。
　※月額については，表示されている額から所得税・社会保険料などが控除されることに注意。

## ⑧昇給・賞与
　採用された場合に保証される条件ではなく，前年度の実績に関する情報です。

## ⑨就業時間
　複数のパターンが記載されている場合，交替制でいずれのパターンも就労しなければならないものと，これらの中からいずれかを選定するものとがあります。

## ⑩休　日等
　休日となる曜日が固定しているものは，その曜日が表示されます。会社カレンダーによるものやローテーションによるものなどがあります。

| 求人番号 | | 受付年月日 令和３年〇月〇日 | 事業所番号 |
|---|---|---|---|
| 99999- 99999 | | 受付安定所 〇〇公共職業安定所 | 9999-999999-9 |

## 求人票 （高卒）

※インターネットによる全国の高校への公開 可
※応募にあたって提出する書類は「統一応募書類」に限られています。

(1／2)

## 1 会社の情報

| 事業所名 | ＊＊＊＊ デンシコウギョウ カブシキガイシャ ＊＊ 電子工業 株式会社 | | 従業員数 | 企業全体 175人 | 就業場所 35人 | うち女性 10人 | （うちパート） 0人 |
|---|---|---|---|---|---|---|---|
| | | | 設立 平成11年 | | 資本金 100億円 | | |
| 所在地 | 〒＊＊＊＊＊＊＊ 東京都＊＊区 ＊＊＊丁目 ＊＊駅 から 徒歩＊分 | 事業内容 | 事業内容 | | | | |
| | | 会社の特長 | 会社の特長 | | | | |
| 代表者名 | 代表取締役 ＊＊＊＊＊ | | | | | | |
| 法人番号 | 20191029＊＊＊＊ | ホームページ | | | | | |

## 2 仕事の情報

| ④ 雇用形態 | 正社員 | | 就業形態 | 派遣・請負ではない | 営業 | | | 求人数 | 通勤 2人 | 住込 0人 | 不問 1人 |
|---|---|---|---|---|---|---|---|---|---|---|---|
| ②，③ 仕事の内容 | 電気機器の法人向け営業（ 既存顧客への営業及び新規顧客の開拓） ・受注計画に基づき新製品開発に合わせた製品の提案・見積 ・受注から納品までのフォロー・代金回収といった一連の営業業務を 担当していただきます。 | | | | 必要な知識・技能等（履修科目） | あれば尚可 普通自動車免許（ ＡＴ限定可）（ 入社後の取得可） | | | | | |
| ⑤ | 雇用期間の定めなし | | | | 契約更新の可能性 | | | | | | |
| ① 就業場所 | 〒＊＊＊- 0000 東京都＊＊＊市 ×丁目×-×-× ＊＊ 支店 ＊＊駅 から 徒歩＊分 | | | | マイカー通勤 可 | | 転勤の可能性 なし | | | | |
| | | | | | 試用期間 あり 労働条件 同条件 | | | | | | |
| | | | | | 屋内の受動喫煙対策 あり（喫煙室設置） 喫煙できる部屋がある | | | | | | |

## 3 労働条件等

| ⑥ 加入保険等 福利厚生等 | 雇用 労災 公共 健康 厚生 財形 その他 厚生年金基金 確定拠出年金 確定給付年金 | | 入居可能住宅 | 単身用 あり 世帯用 なし | 通学 | 不可 | 賃金締切日 月末 その他 | | | 月平均労働日数 20.0日 | |
|---|---|---|---|---|---|---|---|---|---|---|---|
| | 退職金共済 未加入 | | | | | | 賃金支払日 翌月 25日 その他 | | | | |
| | 退職金制度 あり （勤続 3年以上） 定年制 あり （一律 60歳） | | 労働組合 なし | | | | 賃金形態等 月給 その他 | | | | |
| | 再雇用制度 あり （上限 65歳まで） 勤務延長 なし | | 育児休業取得実績 なし | | 介護休業取得実績 なし | | 看護休暇取得実績 なし | 就業規則 | フルタイム あり パートタイム あり | | |
| ⑦，⑧ 毎月の賃金等（現行・確定） | 基本給 （a） | 165,000 円 | 月額 （a+b+c） 218,000 円 | | | | | | | | |
| | 固定残業代 （c） あり | 23,000 円 | ※この金額から所得税・社会保険料等が控除されます。 | | | | | | | | |
| | 固定残業代に関する特記事項 時間外労働の有無にかかわらず支給する 10時間を超える時間外労働分については、追加で 割り増し賃金を支給する | | 定額的に支払われる手当 （b） 営業 手当 30,000 円 手当 円 手当 円 手当 円 | | | | 特別に支払われる手当 資格 手当 10,000 円 手当 円 手当 円 手当 円 | | | | |
| | 通勤手当 実費支給（上限あり） 月額 50,000円まで | | 賞与 あり | （新規学卒者の前年度実績） 年1回 万円 ～ 万円 又は 2.00ヶ月分 | | | | 就業時間 | (1) 8 時 30 分 ～ 17 時 30 分 (2) ～ (3) ～ | | ⑨ |
| | 昇給 昇給あり（昇給の前年度実績） 2,500 円 又は ％ | | 賞与 あり | （一般労働者の前年度実績） 年2回 万円 ～ 万円 又は 4.00ヶ月分 | | | | | | | |
| 時間外 | 時間外 あり 36協定における特別条項 なし | | | | | | | 受理・確認印 | | | |
| | 月平均 10 時間 | 特別な事情・期間等 | | | | | | | | | |
| ⑩ 休日等 | 休日 土 日 祝 その他 | | 週休二日制 毎週 | | その他の休日 | 夏季休暇は7月～9月に5日間、 年末年始12月28日～1月3日 | 週休二日制・その他の休日 | | | | |
| | 入社時の有給休暇日数 0日 | | 年間休日数 124日 | | | | | | | | |
| | ６ヶ月経過後の有給休暇日数 10日 | | 休憩時間 60分 | | | | | | | | |

# 5.入社試験の実際と必勝ポイント

**筆記試験** (60分～120分程度)

　筆記試験は, 一般的に大学受験のようなむずかしい問題ではなく, 高校生としての基礎的な学力や教養をみるものである。

　国語, 社会 (地理歴史・公民), 数学, 理科, 英語 (外国語), 専門などの科目について出題される。とくに, 国語, 数学, 英語, 専門が柱になっている。大企業など専門知識をもった工業技術者を求めている企業では, 専門教科の出題される割合が高くなっている。その他, 一般常識として, 教科全般や時事問題をまとめて総合的に出題される場合もある。

> ### 必勝ポイント
>
> 　企業によって試験の方法は異なるが, どの企業も例年と同様の傾向で出題されているようである。したがって, 先輩の「受験報告書」を見て, その企業の出題傾向を知ることである。出題傾向がわかったら, 類題を多く勉強し実力を養成する。先輩の受験報告書がない場合は, 求人票の選考方法の欄を読み, 出題の傾向を予想し勉強をすすめる。いずれにしても, 多くの問題集を購入してわかるところだけやるよりも, 一冊でよいから始めから終わりまで徹底的にやるほうが力がつく。また, 毎日の積み重ねが大切である。
>
> 　時事問題などについては, 日頃から新聞をよく読み一般教養を身につけておく以外に方法はない。

**面接試験** (10分～20分程度)

　面接試験を実施しない企業はまずない。それほど面接試験は重要なのである。その人が入社して, 職場の人と一緒になって働き, 企業のために貢献してくれる人間かどうかが観察される。身なりも大切であるが, その人のものの考え方, 人柄, 性格, 態度, 表現力, 発表力などが細かく観察される。

### ▎必勝ポイント

　人柄などは短期間で身につくものではない。やはり，日常の生活の中でマナー，態度，姿勢，言葉づかいなどが自然に身につくものである。したがって，本人の日頃の努力が大切なのである。くわしいことは，17ページの面接試験必勝法を参考にして，日頃から訓練する。日常の学校生活，家庭生活，社会生活の一つひとつの場面が面接試験なのである。

## 作文試験 (60分前後)

　書かれた作文を読むことによって，その人の考え方，性格，教養など多くのことを知ることができる。そのため，最近では作文を書かせる企業が増加しつつある。

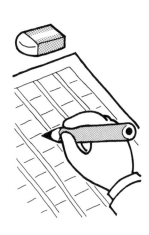

### ▎必勝ポイント

　採用担当者に読んでもらうものであるから，ていねいに，楷書で，誤字や脱字のないように書くことが大切である。この第一印象が，評価をあげる重要なポイントである。次に，課題に応える内容であること。いくら分量が指定された字数に達していても，内容が課題にそっていないものは大きく減点される。くわしいことは，29ページの作文試験必勝法を参考にして，日頃から文章を書くことに慣れておくことである。

## 適性試験 (60分前後)

　企業では，その人の性格や適性を知り，その人に合った職場へ配置するために，適性試験を実施することが多い。中には，適性試験の結果を重視し，それだけで不採用とする企業もある。

### ▎必勝ポイント

　適性試験を軽く考えている人がいるが，それはまちがっている。また，人の性格や適性はその人の努力によって変化するものである。毎日を一生懸命に生きようとする，その努力が大切である。

## 健康診断

　健康第一である。たとえ，学力試験，面接試験，適性試験などで採用圏内に達していても，健康診断で異常が発見されると不採用となる。入社直前にも健康診断を実施する企業があるので，内定後も健康には十分注意すること。

```
┌─ 健康診断の主な内容 ────────────────────
│ ア．身長，体重，座高，胸囲　　　イ．問診，内診，既往症
│ ウ．血圧　　　　　エ．視力，色覚，聴力など
└──────────────────────────────────
```

> **必勝ポイント**
>
> 　日頃からの健康管理が最も重要である。歯や耳鼻疾患その他気にかかるところは，事前に治療しておくことが大切である。また，試験前日は身体を清潔にするとともに，十分に睡眠をとり休息すること。

## 体力検査

　特に体力を必要とする職種について，握力などの体力検査を実施する企業がある。

> **必勝ポイント**
>
> 　日頃から部活動などに参加して体力の増強について訓練をしておこう。

## 実技試験

　特に技能を必要とする職種については，溶接，はんだづけ，測量などの簡単な実技試験を実施する企業がある。

> **必勝ポイント**
>
> 　学校で学ぶ工業技術基礎や実習の時間に積極的に参加し，専門的な技術や技能を体で覚えるように，何度も訓練し実力をつけておく。

# 6.履歴書・身上書の書き方

## ①書き方の基本

履　歴　書

平成 ○ 年 9 月 1 日現在

| ふりがな | はし だ いちろう | 性別 |
|---|---|---|
| 氏　名 | 橋田 一郎 | 男 |

写真をはる位置
(30×40mm)

| 生年月日 | 昭和・平成 ○ 年 11 月 2 日生 (満 17 歳) |
|---|---|
| ふりがな | とうきょうと こくぶんじし さかえちょう |
| 〒185-0023 現住所 | 東京都国分寺市栄町2丁目16番5号 |
| ふりがな | 〒 |
| 連絡先 | |

(連絡先欄は現住所以外に連絡を希望する場合のみ記入すること)

| | | |
|---|---|---|
| 学歴・職歴 | 平成 ○ 年 4 月 | 東京都立一ッ橋工業 高等学校入学 電気科 |
| | 平成 ○ 年 3 月 | 同校同科卒業見込 |
| | 平成 年 月 | |
| | 平成 年 月 | |
| | 平成 年 月 | |

(職歴にはいわゆるアルバイトは含まない)

(応募書類 その1)

| | 取得年月 | 資格等の名称 |
|---|---|---|
| 資格等 | 平成 ○年○月○日 | 第2種 電気工事士免状 |
| | 平成 ○年○月○日 | 工事担任者・アナログ第3種 |
| | 平成 ○年○月○日 | 全国工業高等学校長協会情報技術検定 2級 |

| | | 校内外の諸活動 | |
|---|---|---|---|
| 趣味・特技 | スポーツ(バレーボール) 読書 囲碁(初段) | | バレーボール (1年〜3年) (3年部長) |
| | | | 体育祭実行委員 (1年) |
| | | | 文化祭実行委員 (2年) |
| | | | 生徒会副会長 (3年) |

| | |
|---|---|
| 志望の動機 | 　2学年のとき、御社のパソコン製造現場を見学しました。そのとき、製造工程のほとんどが自動化されていました。私は、この自動化のメカニズムに非常に興味をもちました。現在、学校で学習をしている「課題研究」では、ロボットに関する勉強をしています。<br>　御社の主力製品であるパソコンのハードについても関心をもっています。御社に入社して、自動化設備の開発、保守点検、整備に関する仕事に従事したいと考え、応募しました。 |
| 備考 | |

全国高等学校統一用紙 (文部科学省、厚生労働省、全国高等学校長協会の協議により平成17年度改定)

## ●3つの原則

**1.自筆であること。**
**2.黒インクのペン書が好ましい。**
**3.楷書でていねいにバランスよく書くこと。**

(1)印鑑は朱肉を用いてていねいに押すこと。
(2)写真は，裏に学校名，氏名を書いて，ていねいにまっすぐ貼る。
(3)「連絡先」の欄は，現住所では連絡がとれない場合に連絡がとれる住所を記入する。
(4)学校名は正式な名称で記入する。たとえば，都立一ツ橋工などと省略してはいけない。
(5)「資格等」の名称の欄は，資格を取得した順に記入する。ない場合は「なし」と記入する。

(6)「趣味・特技」は，面接のときに細かく聞かれるので，いいかげんな気持ちで書かない。
(7)「校内外の諸活動」の欄は，先生が書く調査書の内容と一致するはずであるから，先生と相談して書く。クラブ名，部活動名，ホームルームや生徒会などの役員名・係名などを書く。
(8)「志望の動機」の欄は，次ページ"志望の動機のまとめ方"を参考にして，自分がその企業を選んだ理由についてまとめる。また，希望職などを記入する。面接のとき必ず聞かれるのでよく覚えておく。

注) 地域によっては様式が異なるので先生の指示に従うこと。

## ②志望の動機のまとめ方

　　志望の動機はこのように書かなければいけないとか，これが最良であるとかいうものはない。多くの求人企業の中から1つの企業に決定するまで，どのようなことを検討し，なぜその企業を選んだか，自分の気持ちや理由をまとめればよいのである。

## 【志望の動機をまとめる柱の例】

⑦ 仕事の内容が，自分の能力・適性や興味・関心に合っている。

⑦ 工業高校で学習した専門的な知識や技術・技能が生かせる職場である。

⑦ 取得している第2種電気工事士の免状が，直接活用できる仕事である。

⑦ 事業内容が安定しており，将来の発展性が期待できる。

⑦ 就業する場所が自宅に近いので，通勤に便利である。

⑦ 夜学への通学を希望しているが，企業では時間を配慮し奨励している。

⑦ 就業時間，残業時間，賃金，職場の環境などの労働条件がよい。

⑦ 入寮を希望しているが，宿泊施設，食堂，各種保険などの福利厚生が整っている。

⑦ 事業の内容が，自分の趣味や興味と合っている。

⑦ 会社見学をしたとき，働きがいのある活気にあふれた職場だと思った。

⑦ 学歴や年齢に関係なく，実力に応じた待遇がされるので，やりがいのある企業だと思った。

⑦ 先輩の話を聞きながら，いろいろ検討したが，自分に最も合っている企業だと思った。

いくつか組み合わせて一つの文章にすれば案外簡単！自分の言葉にすることが大切。

| 志望の動機まとめ方の例 | |
|---|---|
| **自動車製造希望**<br>**自動車科男子**<br>（⑦,⑦,⑦,⑦の柱を活用） | 私は，機械いじりが好きだったので，高校は自動車科へ入学しました。専門教科の中で，とくに，エンジンについて非常に興味をもちました。御社は，自動車製造会社であり，エンジンの開発では世界のトップレベルにあると先輩から聞いています。仕事の内容も自分の興味と一致し，高校で学習したことが生かせる最適の職場であると考えています。できれば，エンジンの組立関係の仕事につきたいと思います。 |

# 7.試験の準備と心得

## ①試験前日の準備

**1** 持参するものをそろえる。

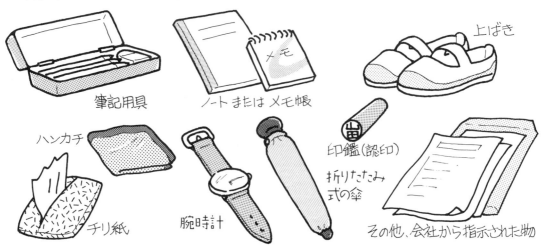

筆記用具

ノート または メモ帳

上ばき

ハンカチ

チリ紙

腕時計

印鑑（認印）

折りたたみ
式の傘

その他、会社から指示された物

**2** 試験時間に遅れないよう，交通機関，道順を確認する。

**3** ワイシャツ，洋服（制服），靴下，靴を確認する。

**4** 頭髪や爪が清潔になっているか確認する。

## ②試験当日の心得

1. 持参するもの、身なり服装を最終確認する。

2. 試験場へ余裕をもって着くように出発する。

3. 交通事故などで遅刻する可能性があると思ったら企業と学校へ電話連絡をとって指示に従う。

4. 会社へ着いたら試験会場などの掲示物を見て指示に従う。

5. 受付をすませ用便をしておく。

6. 心を落ちつけ静かに待つ。

7. 筆記試験.面接試験.適性試験など指示に従って受験する。

8. 採否の発表日時、2次試験の予定日時などについて指示があったらメモしておく。

9. 試験が無事終了したことを、学校と家庭へ電話する。

10. 会社より緊急の呼び出しがある場合があるのですぐに帰宅する。

11. 帰宅したら今日の反省をしながら「受験報告書」をまとめる。

# 面接試験必勝法

## 1. 面接試験の基礎知識

### ①面接試験が実施される理由

　私たちが友達を選ぶ場合，何を大切にするだろうか。たとえば，あなたが友達を選ぶ場合，教養はあるが利己的な人と，教養は少し劣るが他人に親切で思いやりのある人がいたとしたら，どちらの人を選ぶだろうか。普通なら，教養よりも性格のよい人を選ぶことだろう。これと同じで，企業では学力よりも人物を大切にする。それは，企業では多くの人々が協力し合って仕事をやっているため，自分勝手な考えや行動は許されないからである。そのため，その人物（人柄）を知るために，面接試験が実施されるのである。学力試験は心配だが，面接試験には自信があるという人がいるが，本当だろうか。面接試験にそなえて，数日間訓練しただけでは，ボロがでてしまう。それを見抜いて，真の人物像をさぐるのが面接試験なのである。企業の面接担当者は，プロである。わずか10分〜15分間程度の面接試験で，その人の考え方や性格をほぼつかむそうである。

### ②面接試験で重視されること（ベスト6）

**若さ・健康**

高校生らしい服装・態度および若さと健康がうかがわれるか。

**責任感**

与えられた仕事を最後まで成し遂げる根性や気力がうかがわれるか。

**協調性**

職場の同僚や上司に対して，協力して仕事をやる姿勢がうかがわれるか。

| 積　極　性 | 創造性・個性 | 意欲・やる気 |
|---|---|---|
|  |  |  |
| 必要なことに対し，自ら進んで発表したり行動する姿勢がうかがわれるか。 | 何事も創意工夫し，改善しようとする創造性や個性がうかがわれるか。 | 何事にも，前向きに取り組もうとする意欲とやる気がうかがわれるか。 |

### ③面接試験の形式

　受験者の人数，企業の面接担当者（以下「面接者」という）の人数，内容等によって，次の2つの形式4つの分類に分けられる。

**第1の形式** **個人面接（受験者1人）**

【面接者1人の場合】

　この形式は，受験者と面接者が1対1で話し合うものである。他の形式と比べて，最も落ち着いて面接できる。しかし，この形式は，面接者が1人のため公平さを欠く恐れがあるので，あまり実施されていないようである。所要時間は，10分〜20分が多いようである。

●必勝ポイント

　他の受験者と比較されることもないから，落ち着いて自分の考えを自信をもって堂々と述べること。高校生らしく，ハキハキと応答することが必勝のポイントである。

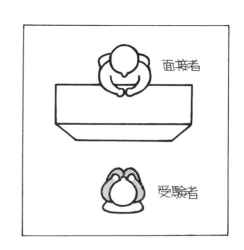

【面接者複数（2人〜5人）の場合】

　この形式は，受験者1人に対して面接者が2人〜5人くらいで話し合うものである。高校生の面接では，この形式が最も多く実施されているようである。この形式は，複数の面接者によって評価されるので，より公平である。それだけに，きめ細かく観察されることになる。所要時間は，10分〜20分が多いようである。

●必勝ポイント

　入室，退室など通常は中央の面接者に対してあいさつをする。面接が始まると，質問をする面接者に対して意識をして正面を向き，ハキハキと応答すること。このとき，他の面接者の動作などに気をとられてはいけない。また，同じ内容の質問を他の面接者が違った形で聞いてくる場合があるので，自分の考えは終始一貫して変わらないように述べること。

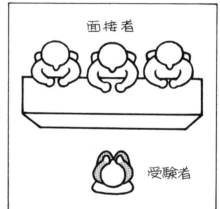

(第2の形式) **集団面接（受験者，面接者ともに複数）**

【集団面接】

　この形式は，受験者，面接者ともに3人〜5人が同室に着席して面接が行われるものである。同じ内容の質問を1人ずつ順番に回答させる場合と，1人ずつ異なった内容の質問に回答させる場合がある。この形式は，他の受験者と比較されるので，自分の回答内容だけでなく，他の受験者の回答についても十分に聞き理解しておくことが大切である。所要時間は，30分〜60分が多いようである。

●必勝ポイント

　質問する面接者に対して正面を向き，ハキハキと回答することは個人面接と同じである。質問に対して，前に回答した受験者と同じ考えの場合は，同じ回答でもよいから自分の真の考えをハキハキと述べること。他の受験者の考えにまどわされないようにすること。

【集団討論】

　この形式は，集団面接と同じく受験者，面接者ともに，3人～5人が同室に着席して面接が行われるものである。

　初めの質問は，集団面接と同じように1人ずつ順番に回答させることから始められる。しかし，その後は面接者からテーマが提示され，そのテーマについて受験者同士が討論するように求められる。したがって，自分の考えだけでなく他の受験者の考えも十分に聞いて，その考えに対する自分の考えも発表しなければならない。

　そのため，この形式は，その人の能力，適性，興味，関心，考え方などが深く評価され比較される。

　この形式は，大学生では多く実施されているが，高校生ではほとんど実施されていないようである。

●必勝ポイント

　質問する面接者だけでなく，回答（発表）する受験者の方にも顔を向け，相手の話に感心する場合はうなずくなどして，話の要点を整理しておく。そして，自分の考えと異なる点をまとめておき，自分の考えをハキハキと述べる。

# 2.マナーが勝負の分かれ目だ

## ①身だしなみ

### ■服装のチェック

〇高校生らしく清潔感のある服装（制服のある学校は制服）か

〇ワイシャツ，ブラウスは白色か

〇制服やスーツはプレス，ブラッシングがしてあるか

〇ネクタイ，スカーフはきちんとついているか

〇フケはついていないか

〇靴は汚れていないか

〇校章はついているか

### ■頭髪などのチェック

〇髪形は高校生らしく清潔か

〇爪は切ってあるか

### ■持ち物のチェック

〇生徒手帳　　　〇筆記用具　　　〇ハンカチ　　　〇チリ紙

〇その他，企業から持参するように指定されたもの

### ■その他

〇ピアス・ネックレスなどの装飾品は原則として身につけない。

## ②基本的な態度・動作

【気をつけの姿勢】

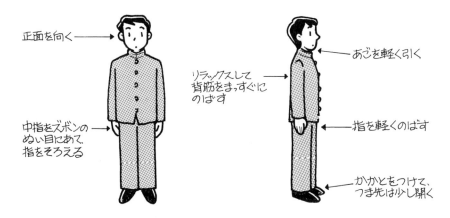

正面を向く

あごを軽く引く

リラックスして背筋をまっすぐにのばす

指を軽くのばす

中指をズボンのぬい目にあてて，指をそろえる

かかとをつけて，つま先は少し開く

## ●必勝ポイント

〇背すじをのばし，力まず，足裏全体に体重をかける。

〇指をそろえて，ピーンと真直ぐ伸ばす。

〇目は正面の一点を見つめる。

【礼のしかた】

●上体を倒す角度
　ごく軽いおじぎ（会釈）は約15度。
　軽いおじぎ（敬礼）は約30度。
　ていねいなおじぎ（最敬礼）は
　約45度とされる。

●必勝ポイント

　○静かに息をはきながら礼をし，動きがとまったときに息をとめ，
　　静かに息をすいながら気をつけの姿勢にもどす。

　○「お願いいたします」，「○○でございます」などと心で言いな
　　がら礼をすると，間がとれたきれいな礼ができる。

【椅子へのすわり方】

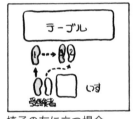
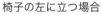

椅子の左に立つ場合

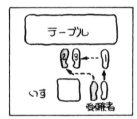

椅子の右に立つ場合

●必勝ポイント

　○椅子まで進み，気をつけの姿勢をとる。これで第一印象が決ま
　　るので，十分に注意する。

　○心をこめて礼をし，「どうぞ」などと合図があるまで気をつけ
　　の姿勢を保つ。目は面接者の顔（目）を見る。

【すわった姿勢（面接を受けるときの姿勢）】

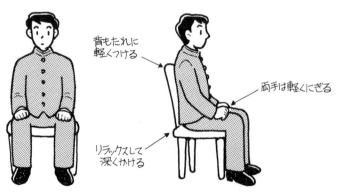

背もたれに
軽くつける

両手は軽くにぎる

リラックスして
深くかける

●必勝ポイント

　○顔は常に面接者の顔（目，口）に向けておく。

　○背すじを伸ばし，椅子に深く腰掛けリラックスする。

　○面接者の話をしっかり聞き，必要に応じてあいづちを打つ。

【椅子からの立ち方】

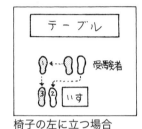

椅子の左に立つ場合

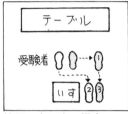

椅子の右に立つ場合

●必勝ポイント

　○面接者より終わりの合図があったら，椅子から立ち上がり，椅
　　子の横で気をつけ，礼をする。この態度，姿勢が総合評価に大
　　きく影響する。最後まで気をゆるめない。

【入室の仕方（退室の場合は逆）】

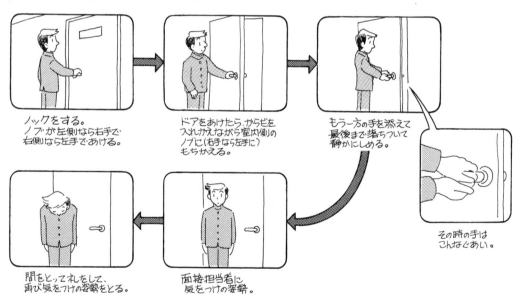

●必勝ポイント

　○ドアを閉めるときは，面接者に背を向けるようになるが，決し
　　て失礼ではない。ドアをゆっくり閉めながら，心を落ち着ける。

## ③面接の流れとポイント

### 待つ
目を軽くつむるなどして，静かに自分の順番を待つ。

↓

### 呼ばれる
自分の名前が呼ばれたら，大きな声で「ハイ」と返事をする。

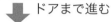
ドアまで進む

↓

### 入室
ノックをしてから，合図があったら入室し，ドアをきちんと静かにしめる。

↓

### 気をつけ・礼
ドアをしめ終えたら，面接者に対して正面を向き，気をつけの姿勢をとり，礼をする。特に指先をそろえ，きちんと伸ばす。

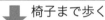
椅子まで歩く

↓

### 椅子の横に立つ
椅子の横に立ち，気をつけ，礼をする。そして，学校名，氏名を元気よく述べる。

面接中は自然な笑顔をたやさない

↓

### 椅子にすわる
「どうぞ」などと指示があったら，「失礼いたします」などと述べて椅子へすわる。

面接者も普通の人間だ。リラックスリラックス

↓

### こたえる
質問する面接者の顔（目または口もとあたり）に視線をやり，質問の内容をしっかりつかみ，ハキハキと応答する。

↓

### 面接終了
「これで終わります」などと面接終了の合図があったら，「ハイ」と軽く返事をして立つ。

↓

### 椅子の横・礼
椅子の横に立ち，気をつけをして，「失礼いたします」などと述べながら礼をする。

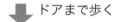
ドアまで歩く

↓

### 気をつけ・礼
ドアの前で，面接者に対して正面を向き，気をつけ・礼をする。これが最後の礼であるから，心をこめてする。

↓

### 退室
ドアの開閉には十分に気をつかい，静かに退室する。

↓

### 待つ
これで面接は終了したが，諸注意などがあるので，静かに待つ。

## ④話し方のポイント

### 上手に聞く

　面接者の質問に対して正しく回答するためには、まず面接者が何を求めているのかしっかりと聞くことである。質問の内容がよくわからないときは、質問の意味を聞く。

### わかりやすく話す

　話の内容を整理してまとめ、順序よくわかりやすく話す。必要に応じて、具体的な例をあげて話すと、相手に通じやすい。

### 音量と語尾に注意

　面接者に聞こえるように適当な音量で、語尾をしっかりと自信をもって話をする。高校生らしく、ハキハキとする。

### 明るく誠意をもって

　同じ内容の話でも、相手が明るく誠意をもって話をする場合は、好感がもてるものである。

### 正しい言葉づかいで

　面接用の特別な言葉があるわけではない。日常語、尊敬語を使いわけ、目上の人に対して失礼のないように注意する。

これら5つが必勝のポイント！ふだんからしっかり練習しておこう!!

# 3.質問例と回答のポイント

## ①受験者本人に関すること

○簡単に自己紹介をして下さい。「（こたえ）‥‥‥」

○あなたの長所と短所について，たとえばどのようなところがそうなのか，もう少しくわしく話してもらえませんか。「‥‥‥」

○健康そうに見受けられますが，いままでに何か病気やけがなどをしたことがありますか。「・・・・・・」

○趣味はバレーボールと囲碁（初段）と書かれていますが，大した腕前ですね。囲碁は小さいときからやっていたんですか。きっとお父さんの手ほどきで強くなったのでしょう。「‥‥‥」　バレーボールは高校からはじめたのですか。「‥‥‥」

○余暇には，いつもどんなことをしていますか。「‥‥‥」

○テレビは，いつもどんな番組を見ていますか。「‥‥‥」　好きなタレントはどんな人ですか。「‥‥‥」

○こづかいは月にどのくらい使いますか。「‥‥‥」　それはお母さんからもらうのですか。「‥‥‥」　おもに何に使うのですか。「‥‥‥」　いままでに，アルバイトをしたことがありますか。「‥‥‥」　月にいくらぐらいの収入になりましたか。「‥‥‥」

○本はよく読みますか。「‥‥‥」　どんな本ですか。「‥‥‥」

### ●回答のポイント

　自分の日常生活についての質問であるから，あまり気負わず自信をもって答えよう。また，面接では，先に提出してある書類を見ながら質問されることが多いので，履歴書・身上書は提出する前にコピーをとり，書いた内容を頭に入れておかないと，矛盾した答えをしかねないので注意すること。

## ②高校生活に関すること

○あなたの学校は，機械科のほかにどんな学科があるのですか。「‥‥‥」　全体では何人ぐらい生徒がいますか。「‥‥‥」　女子は何人ぐらいいますか。「‥‥‥」

○授業の中でいちばん好きな学科は何ですか。「‥‥‥」　どんなところが好きなのですか。「‥‥‥」　では，いちばん嫌いな学科は何ですか。「‥‥‥」　　なぜ嫌いなのですか。「‥‥‥」

○学校生活の中で，特に印象に残っていることはどんなことです

か。勉強のことばかりでなく，何でもいいのですよ。「‥‥‥」
○3年間で何日ぐらい欠席しましたか。「‥‥‥」　どんな理由で
　欠席したのですか。「‥‥‥」　遅刻や早退は何回ぐらいありま
　したか。「‥‥‥」　遅刻の理由はどんなことですか。「‥‥‥」
○お友だちは何人ぐらいいますか。「‥‥‥」　どんなタイプの人
　たちが多いですか。「‥‥‥」

●**回答のポイント**

　　①と同じように，自分の学校生活の体験などについてのこと
であるから，高校生活をいかに有意義に送ったか，どのような
点に努力したかを力説したらよい。そのほか，学校で習った程
度の技術的な専門用語について質問されることもあるが，論作
文の試験と違い，即答しなければならないので，日頃から受験
する企業の業種で必要とされそうな知識には十分に目を通して
おくようにしたい。


### ③受験した会社に関すること

○この会社について，どこで知りましたか。「‥‥‥」　どんな会
　社かについても，よくおわかりですね。「‥‥‥」
○応募する前に，学校に掲示された求人票を見ましたね。「‥‥‥」
　それを見てどうでした。どんなところにひかれて応募したので
　すか。例えば，給料が高くていいとか，労働時間が比較的少な
　くていいとか，どんなことでもいいのですよ。「‥‥‥」
○あなたの志望の動機を見ますと，職種については問題なさそう
　ですが，どうですか。しっかり勤まりそうですか。「‥‥‥」
○会社のことについて，何か聞いておきたいことはありませんか。
　どんなことでもいいのですよ。「‥‥‥」
○あなたは，お住まいが国分寺ですと，勤務先に通勤するには，
　ＪＲの中央線で新宿まで来られるのですね。「‥‥‥」　せいぜ
　い40分ぐらいですか。割と近いほうですね。「‥‥‥」

●**回答のポイント**

　　何はともあれ，なぜこの会社を選んだか，入社したら会社の
ために自分はどのように貢献したいと思っているのかをまとめ
ておく。そして，どのような困難があっても，会社のために自
分なりに努力して乗り越えていこうとする姿勢を強調する。そ
のためには，その会社についていろいろな角度から調べ，どの

ような会社であるか理解すること。その上で，自分の能力，適性をどのように生かしていきたいかをまとめておく。また，提出した履歴書の「志望の動機」欄に書いた内容と異なる回答をしないように注意すること。

### ④社会常識その他に関すること

○毎日，新聞は読んでいますか。「‥‥‥」　まず，どんなところから先に読みますか。「‥‥‥」

○最近の新聞に出ていることで，特に印象に残ったものがありましたか。どんなことでもいいのですよ。「‥‥‥」　それについて，あなたはどのように思いましたか。「‥‥‥」

○われわれの業界も競争が激しくて大変なんですよ。新製品の開発も進めなければ同業各社に負けてしまうし，国内市場でのシェアをアップさせる営業努力は並大抵のことではないんですよ。また，海外市場でも，国内の同業他社との間の競争のほかに，日本製品の締め出しを画されるなど，これもまた大変なんです。新聞やテレビなどでもよくいわれているからご存じでしょう。ですから，自分は製造工程の仕事につくのだから，営業・販売のことなど関係ない，ということでは勤まらないのですよ。このこと，わかりますよね。「‥‥‥」　このようなことについて，あなたはどう思いますか。例えば，同業他社の製品との比較とか，日米間の貿易問題のこととか，どんなことでもいいのですが，聞かせてもらえますか。「‥‥‥」

### ●回答のポイント

日頃から，新聞やテレビなどで報じられている，政治・経済・外交その他いろいろな事件について，自分の考えをまとめておくこと。社会人となるからには「わかりません」ばかりでは通らないが，質問に対して本当に判断できないときには，「○○だとは思いますが，よくわかりません。」とはっきり答えよう。いいかげんに答えるより好感をもたれるものだ。

# 作文試験必勝法

## 1.作文試験の基礎知識

### ①作文試験が実施される理由

　学科試験では，その人がどのような人物であるかを知ることができない。そのために面接試験があるわけであるが，さらに作文試験を合わせて評価すると，その人のほとんどを知ることができると言われている。

　面接試験と作文試験の違いを考えてみると，面接試験は面接者の質問に対して，即答する必要がある。しかし，作文試験では自分の考えをまとめる時間があり，途中で考えが異なったら，もう一度書き直し変更することもできる。

　このように，面接試験では即答するためうっかりと間違った回答をして誤解をまねく恐れもあるが，作文試験からはその人の真の人柄や考え方，教養，生き方などについて多くのことを知ることができる。

### ②作文試験で重視されること

| 表現的な面から | 内容の面から | 人物的な面から |
|---|---|---|
|  |  |  |
| ○読みやすい文章で，ていねいに書いてあるか。<br>○字数は適当か。<br>○誤字，脱字はないか。 | ○題意にそった内容か。<br>○文章全体を通して，流れに一貫性があるか。<br>○高校生としての教養，ものの考え方がしっかりしているか。 | ○性格や考え方などから，どのような人間か。<br>○創造性，発展性のある人間か。<br>○企業に貢献してくれる人間か。 |

# 2.書き方の基本

## ①文章を書くときの手順と注意

▶制限時間60分の場合の時間の割り振りの例

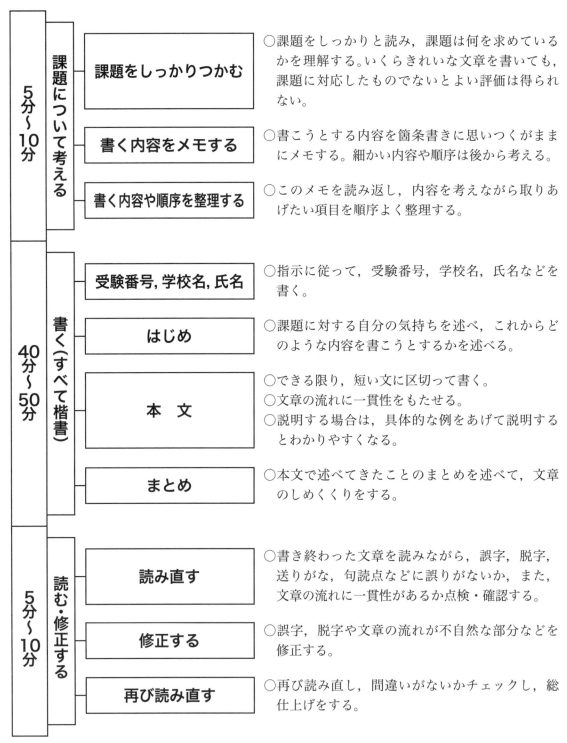

**5分〜10分**

**課題について考える**

| 課題をしっかりつかむ | ○課題をしっかりと読み，課題は何を求めているかを理解する。いくらきれいな文章を書いても，課題に対応したものでないとよい評価は得られない。 |
|---|---|
| 書く内容をメモする | ○書こうとする内容を箇条書きに思いつくがままにメモする。細かい内容や順序は後から考える。 |
| 書く内容や順序を整理する | ○このメモを読み返し，内容を考えながら取りあげたい項目を順序よく整理する。 |

**40分〜50分**

**書く（すべて楷書）**

| 受験番号, 学校名, 氏名 | ○指示に従って，受験番号，学校名，氏名などを書く。 |
|---|---|
| はじめ | ○課題に対する自分の気持ちを述べ，これからどのような内容を書こうとするかを述べる。 |
| 本　文 | ○できる限り，短い文に区切って書く。<br>○文章の流れに一貫性をもたせる。<br>○説明する場合は，具体的な例をあげて説明するとわかりやすくなる。 |
| まとめ | ○本文で述べてきたことのまとめを述べて，文章のしめくくりをする。 |

**5分〜10分**

**読む・修正する**

| 読み直す | ○書き終わった文章を読みながら，誤字，脱字，送りがな，句読点などに誤りがないか，また，文章の流れに一貫性があるか点検・確認する。 |
|---|---|
| 修正する | ○誤字，脱字や文章の流れが不自然な部分などを修正する。 |
| 再び読み直す | ○再び読み直し，間違いがないかチェックし，総仕上げをする。 |

## ②書き方の6大ポイント

### その1　課題をしっかりつかむ

　面接試験と同様に質問に対して正しく答えることが，まず重要なポイントである。そのために，課題をしっかり読み題意をつかむ。

### その2　自分の考えを述べる

　抽象的な文章では試験担当者に感動を与えることができない。自分の考えや経験してきたことを，自分の言葉で具体的に述べる。

### その3　ていねいに正しく書く

　作文は作品である。心をこめて，ていねいに書いた作文は，好感を与えるものである。たとえ字が下手であっても，誤字や脱字，送りがななどに気を配り，楷書でていねいに書く。

### その4　読みやすくわかりやすい文字・文章で書く

　作文は試験担当者に読んでもらうものであるから，読みやすく，わかりやすいことが大切。むずかしい言葉を使った不自然な文章より，平凡な言葉でもわかりやすい文章のほうがよい評価を受ける。

### その5　主語と述語をはっきりと書く

　主語のない文章は，文章の流れを混乱させるもととなる。特定の場合を除き，必ず主語を書くように習慣づけておく。

### その6　文章の流れを通す

　文章は，始めから終わりまで一貫性があり，筋が通っている必要がある。文章の途中で考えが変わったり，本人の意見や考えがはっきりしない作文は，たとえ字数が適当であっても大きく減点される。

## ▼作文力をつける秘策

| 名文・新聞を読む | 辞書を常に活用する | 日誌をつける | 話題を多くする |
|---|---|---|---|
|  |  |  |  |
| 　本を可能な限り多く読むとともに，新聞は必ず毎日読む。新聞のコラム欄をそっくり原稿用紙などに書いて訓練すると，表現のコツや語学力を身につけることができる。 | 　本や新聞を読むとき，読み方のわからない漢字や意味がわからない語句がある。このとき，必ず辞書を自分の手で引くように習慣づける。苦労して体で覚えたことは身につき忘れない。 | 　その日のできごと，感じたこと，心に残ったこと，反省したことなど，何でもよいからあまり形式にとらわれず，毎日，日誌をつける。辞書を活用して，少しでも漢字を使うよう努力する。 | 　身辺のできごとや友達の考え方などを細かく観察し，話題を多くする。そのため多くの友達と接し，会話をするように努力する。 |

# 3.書き方の実際

## ①原稿用紙の使い方

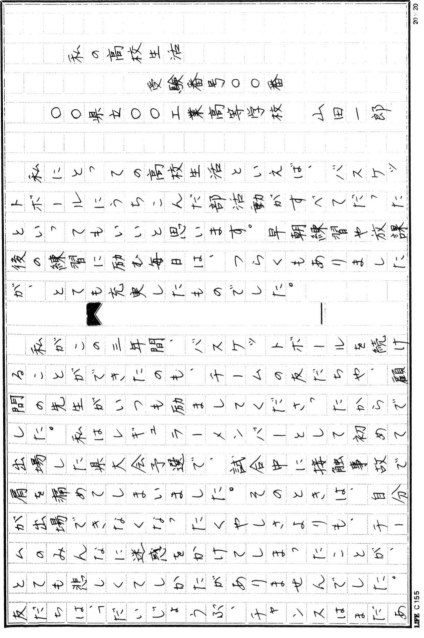

題名は2行目に上から2〜3字分あけて書く。

氏名の下が1〜2字分あくように書く。

書き始めや，行をかえる場合，1字分あける。

頁数を書く。

読点(、)や句点(。)も1字と数えて1マスに書く。ただし，読点や句点が行の始まりにくるときは，前の行の終わりにつける。

括弧(()，{}，「」など)や中点(・)なども1字と数えて1マスに書く。ただし会話の終わりの　。」は1マスでよい。

## ②横書きの例と修正の仕方

　　　　私が心がけていること
　　　　　　　受験番号 〇〇番
〇〇県立 〇〇工業高等学校　橋本けい子

　　「いつも自分の位置をたしかめる」これが
私の心がけていること、またこれからも、と
思っていることなのです。
　　高校二年の時、担任の先生からこういう話
を聞きました。それは山で遭難する時の話な
のですが、遭難する人の多くは、霧や雪のた
め視界がきかず、自分の位置がはっきりせず、
不安といらだちのため、歩きまわり、疲労の
ために倒れ、命を失うというのです。
　　この話を聞いた時は、そういうものかなあ、
という程度のことでしたが、その後山登りに
限らず、あらゆることが、それに通じるよう
に思われてきました。自分の位置をいつも知
っているためには、今まで来た道の反省と、
これから行くべき道の計画がはっきりしてい
なくてはなりません。
　　私と生徒会の役員をしているA君は、まる
できり二年の時とは違って、すっかり張切っ
て勉強をしています。「試験が近づいてやる気
が出たの」とからかい半分に聞いてみますと、

右欄の注記：
- 題は2〜3字分あけて書く。
- 氏名の終わりは1〜2字分あける。
- 文の初めは1字分あける。
- 誤字修正はこのように。
- 加筆のときはこのように。
- 段落の初めは1字分あける。
- 脱字の加筆はこのように。
- 削除するときはこのように。

# 4.よくでる出題とまとめ方

## ①受験者本人に関すること

○私の職業観

○私の将来

○私の理想

○私の夢と希望

○私の友だち

○私の趣味

### ●まとめ方

### ○自分の長所・短所についてまとめておく

　人はだれでも長所があれば短所もある。まず，自分の長所は積極的にPRする。しかし，短所にも少しふれ，その短所に対して努力していることを述べる。そのことによって，その人が充実した生き方を求めている姿勢がうかがわれ，好感をもたれる。

### ○日頃から心がけていることをまとめておく

　健康に関すること，基本的生活習慣に関すること，学習に関することなど，日常から心がけていることを具体例をあげてまとめておく。そして，高校生らしく充実した毎日を送っていることをPRする。

### ○自分の趣味・特技についてまとめておく

　自分の趣味を日常の生活にどのように生かしているか，特技を入社してどのように生かしていきたいかをまとめておく。

## ②高校生活に関すること

○高校生活をふりかえって

○高校生活で最も印象の深かったこと

○夏休みの思い出

○卒業に際して思うこと

### ●まとめ方

　今までの高校生活で，楽しかったこと，苦しかったこと，つらかったこと，努力したこと，感動したことなどを理由とともにまとめておく。また，高校生活で身につけた体験を，入社後どのように生かしたいかまとめておく。

### ③社会人となるにあたって

　　○社会人となる私の抱負

　　○就職に際して思うこと

　　○入社後の抱負

　　○職場への夢

### ●まとめ方

　　なぜ就職するのか，なぜその企業を選択したのか，入社したら企業のためにどのように貢献したいかをまとめておく。また，社会生活と高校生活のちがい，将来どのように生きていくかなどをまとめておく。いずれにしても，働く意欲があることを強調する。

### ④社会常識その他

　　○最近の新聞を読んで感じたこと

　　○現代の世相について

　　○21世紀の日本

### ●まとめ方

　　新聞を読み，政治や経済においていまどのような問題が起き，どのように進行しているかをまとめておく。そして，自分の考えや感想をまとめておく。特に，興味があり自信がある事柄は別として，あまりむずかしいことを書こうとせず，自分の感想を書く程度でのぞむとよい。

# 適性試験必勝法

## 1.適性試験の基礎知識

### ①適性試験が実施される理由

　例えば，物を作るには手先の器用さが必要であるように，仕事を効率よくするためには得手な人があたることが望ましい。しかし，十人十色と言われるように，人の特性（興味・関心・能力・適性）はいろいろである。長い間付き合っていれば自然にその人の特性はわかってくるが，学力試験や面接試験だけではその人の特性についてほとんど知ることはできない。

　企業では，仕事の効率をあげるために，社員1人ひとりを適材適所へ配属する必要がある。そのために，適性試験を実施し，その人の特性の発見に努めているのである。したがって，適性試験の結果不採用になる場合もあり，また希望と違う職種に配属される場合もある。

　適性試験は，本人が持っている特性が出てしまうので，努力してもしかたがないと考えている人もいるがまちがいである。本人の特性は，経験や努力によって変化するものである。適性試験に対して，真剣に最後まで全力を尽くして取り組む，その姿勢がよい結果として表れるのである。学力試験との違いは，そこにある。

## ②試験で重視されること

**性格検査** この検査の代表的なものとして，クレペリン検査がある。この性格検査を実施することにより，その人の性格をきめ細かに知ることができる。

┌─ 検査結果の例 ─────────────
│ ▷まじめで責任感が強く，ものごとへの集中力も強い。しかし，やや利己的であり協調性に欠ける。
└──────────────────────

**適性検査** この検査は，本人がどのような仕事（職種）に興味をもっているか，能力・適性があるか診断され，本人に適していると思われる職業を知ることができる。

┌─ 検査結果の例 ─────────────
│ ▷文科系の力があり，刊行物の企画や作品の制作に興味が強く，適性がある。
│ ▷適していると思われる職業の例…新聞・雑誌・出版編集，放送記者，プロデューサー，ディレクター，（以下省略）
└──────────────────────

**一般に性格検査と適性検査の2つから総合的に判断されることが多い。**

## ③適性検査問題の例

ア．クレペリン精神作業検査

イ．職業適性検査

| 61 | A 独自のやり方を工夫して行なうのが得意である<br>B 与えられた仕事を忠実に行なうのが得意である | 71 | A もし家をたてたら 火災保険をかける<br>B もし家をたてても 火災保険などかけない | 81 | 人生において大切なことは<br>A どれだけのことを したかである<br>B その人なりに いかに努力したかである |
|---|---|---|---|---|---|
| 62 | A 人に無視されたくない<br>B 人にきらわれたくない | 72 | A 思いやりのないのは よくないと思う<br>B 不合理であるのは よくないと思う | 82 | A 大きな目標をたて それに向かって努力する<br>B 目標などたてず できることをせいっぱいやる |
| 63 | あなたが何に興味をもっているかを<br>A まわりの人は よく知っている<br>B よほど親しい人でなければわからない | 73 | A 一つの仕事に 集中して取り組みたい<br>B いろいろな仕事を こなしてみたい | 83 | A 静かで ひかえ目なほうである<br>B ちょっとした社交家である |
| 64 | みんなの中で<br>A すすんで 新しいことをやるほうである<br>B たいてい あとからついていくほうである | 74 | A 多くの原理を 応用する人になりたい<br>B 一つの原理を 極める人になりたい | 84 | 話がもつれたとき ふつう<br>A じょうだんをいって ふんいきを変える<br>B 数日たってし ああいえばよかったなど |
| | | 75 | A むずかしい問題を考えることに 張合いを感じる<br>B 動きまわる仕事に 張合いを感じる | | |

# 2.適性検査必勝のポイント

　学力試験や面接試験は，短期間の勉強や練習で成功する場合もある。しかし，適性検査は違う。日頃から努力していることの積み重ねの結果がでてしまうのである。したがって，日頃の努力が大切であるが，当日の受験態度や事前の心構えも大切である。適性検査の結果が悪く，不採用になった例も多くある。適性試験を軽く考えてはいけない。

### ①与えられた時間は最後まで全力を尽くす

　効率よく，よい仕事をするためには，集中力が必要である。企業では，安全の面から，効率の面からたとえ能力がある人でも，集中力に欠けたり協調性に欠ける人は敬遠される。適性試験であるからと軽く考え，いい加減な気持ちで受験するとその気持ちが結果として表れ，不採用となる。とにかく，最後まで自分の力の限り全力を尽くして頑張ることである。

### ②休息時間は十分に休む

　人間は休息することによって，次の仕事へのパワーを充電することができる。検査の途中に休息時間が設定されている目的は，本人が，与えられた休息時間にパワーを充電できる能力があるかどうかを確認するためのものなのである。したがって，油断してはいけない。軽く目をつむるなどして，十分に休息して次の検査へベストコンディションで臨むことである。

### ③難問がでた場合は次の問題へ挑戦する

　むずかしい問題に対していつまでも考えていると，与えられた時間に処理する量が減ってしまう。したがって，むずかしい問題は後まわしにして次の問題へ挑戦するとよい。しかし，問題によっては，飛ばさないで前から順番にやるように指示のある場合がある。その場合は，むずかしい問題に対して，とりあえず最も適当と思われる回答をして，次の問題へ進む。ただし，あまり仮の回答ばかりでミスが多くなると，かえって減点になるので注意が必要である。

### ④適性試験に慣れておく

　適性試験は，筆記（学力）試験のように事前に勉強をして暗記するなどの必要はないが，どのような種類と内容があるかは事前に調べ体験しておきたい。そのために，先生と相談したり，学校で行う適性検査に参加したり，本を購入するなどして適性試験に慣れておくとよい。

### ⑤人間の能力・適性は変化する

　学校で行う適性検査の結果から，「私は○○に適性がない」などと考えて落ち込む人がいる。適性検査の結果は，現時点における一応のめやすであり，すべてではない。したがって，試験の結果から，すぐれた点は自信をもって伸ばすとともに，劣っていると思われる点はそれをカバーするように努力したい。日頃の努力が実り，試験の結果も必ず，向上するはずである。例えば，「内向的である」との結果がでたら，積極的に友達づくりに努めたり，人前で発表したり，行動したりするように努力することである。人間の能力や適性は，本人の努力によって大きく変化するものである。

# 最後に

## ●自分の進むべき道を考えよう

　景気は多少上向きになってきましたが，これから就職しようとする皆さん高校生を取り巻く環境が厳しいことに変わりはありません。

　定職につかずアルバイトで生計を立てるフリーターとよばれる人が増えていますが，最近はニート※の増加も社会問題になっています。実力のある人材でなければ正社員として採用しない企業も増えています。企業が新規卒業生を社内で教育する経済的余裕がなくなってきたことが一因です。

　学校を卒業しても職に就かない人が増加し続けているのは、自由な時間を束縛されることを嫌う若い人が増えているからだともいわれています。現在，アルバイトの求人はたくさんあります。アルバイト生活は，一見自由で，今とりあえず生活はできるかもしれませんが，長い目で見れば不安定です。時給には上限があるし，24〜25歳になってから就職しようとしても，なかなか就職できません。企業は，「即戦力となる経験者」を求めているからです。

　高校の3年間は，あなたの人生に直接かかわってくる重要な時間です。自分のやりたいことを見つけ，自分の進むべき道をしっかりと考えてください。そして，あなたの力で，すてきな高校時代にしてください。

※ニート（NEET）＝Not in Employment, Education or Training（働かず，学校にも行かず，職業訓練も受けていない人のこと）

機械

# 1 機械設計

○機械設計では，機械設計に関する基礎的な事項を理解して，機械や器具などを創造的，合理的に設計する能力を養うことを目的としています。

○おもな内容は，「機械と設計」，「機械に働く力」，「材料の強さ」，「機械要素と装置」，「機械と器具の設計」からなっています。

○教科書の基本的事項を十分理解し，自分の力で着実に問題を解決していく努力を積み重ねることが大切です。

## 重要事項の整理

### 1 力と運動

(1) 力の合成と分解

$F_X = F_1 + F_2\cos\theta$

$F_Y = F_2\sin\theta$

$F = \sqrt{F_X{}^2 + F_Y{}^2}$

$\tan\alpha = \dfrac{F_Y}{F_X}$

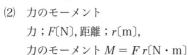

(2) 力のモーメント

力；$F$〔N〕，距離；$r$〔m〕，

力のモーメント $M = F\,r$〔N・m〕

(3) 重心の位置

$$x = \dfrac{\sum\limits_{i=1}^{n} w_i x_i}{\sum\limits_{i=1}^{n} w_i} \quad y = \dfrac{\sum\limits_{i=1}^{n} w_i y_i}{\sum\limits_{i=1}^{n} w_i}$$

ただし，$w_i$；各部分に働く重力，

$(x_i, y_i)$；各部分の重心の座標

(4) 等速度運動

$v$；速さ　$s$；距離，　$t$；時間，　速さ $v = \dfrac{s}{t}$

(5) 等加速度運動

$v$；$t$ 秒後の速度，　$v_0$；初速，　$a$；加速度，

$s$；移動距離

$v = v_0 + at \quad s = v_0 t + \dfrac{1}{2}at^2 \quad v^2 - v_0{}^2 = 2as$

(6) 運動方程式　$F$；力，　$m$；質量，　$a$；加速度，

$g$；重力加速度　$g = 9.8$〔m/s$^2$〕，　$W$；重さ

$$F = ma = \dfrac{W}{g}a$$

(7) 周速度・角速度

周速度；$v$〔m/s〕，半径；$r$〔m〕，周期；$T$〔s〕，

角速度；$\omega$〔rad/s〕，1 分間の回転数；$n$〔min$^{-1}$〕

$$v = \dfrac{2\pi r}{T} = r\omega\text{〔m/s〕}, \quad \omega = \dfrac{2\pi}{T} = \dfrac{2\pi}{60}n\text{〔rad/s〕}$$

### 2 仕事と動力

(1) 仕事

力；$F$〔N〕，移動した距離；$l$〔m〕，

仕事 $A = Fl$〔N・m〕，〔J〕

(2) 仕事の原理

装置がする仕事＝装置に外から与えられた仕事

①てこ $Fl = Wh$

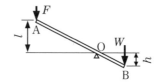

②輪軸 $FD = Wd$

③斜面 $Fl = Wh$

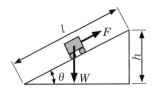

(3) エネルギー

①運動エネルギー　$E_k = \dfrac{1}{2} mv^2$

②重力による位置エネルギー　$E_p = mgh$

(4) 動　力　$P = \dfrac{A}{t} = Fv〔\text{W}〕$,回転運動の場合は,

$P = T\omega〔\text{W}〕$（$T$はトルク）

# 3　材料の強さ

(1) 荷　重
　①作用により,引張,圧縮,せん断,曲げ,ねじり
　　荷重。
　②速度により,静荷重,動荷重(繰返し荷重,衝撃
　　荷重)。

(2) 応　　力　荷重；$W〔\text{N}〕$,断面積；$A〔\text{m}^2〕$
　①垂直応力(引張応力,圧縮応力)

$$\sigma = \dfrac{W}{A} 〔\text{N/m}^2〕,〔\text{Pa}〕$$

　②せん断応力

$$\tau = \dfrac{W}{A} 〔\text{N/m}^2〕,〔\text{Pa}〕$$

(3) ひずみ
　①縦ひずみ

$$\varepsilon = \dfrac{\varDelta l}{l}$$

　②せん断ひずみ

$$\gamma = \dfrac{\varDelta l}{l} = \tan\phi ≒ \phi〔\text{rad}〕$$

(4) 弾性係数
　①縦弾性係数(ヤング率)

$$E = \dfrac{\sigma}{\varepsilon} = \dfrac{Wl}{A\varDelta l}$$

　②横弾性係数

$$G = \dfrac{\tau}{\gamma} = \dfrac{W}{A\phi}$$

　弾性係数の単位は,応力と同じ。
$1〔\text{N/m}^2〕= 1〔\text{Pa}〕$, $1\text{GPa} = 10^9\text{Pa}$,
$1\text{MPa} = 10^6\text{Pa}$

(5) 許容応力と安全率
　基準強さ；$\sigma_F$,　安全率；$S$,

　許容応力 $\sigma_a = \dfrac{\sigma_F}{S}$

(6) は　　り
　①集中荷重を受ける単純支持ばり

　反力　$R_A = \dfrac{Wb}{l}$　　$R_B = \dfrac{Wa}{l}$,

　曲げモーメント　$M_{\max} = \dfrac{Wab}{l}$

　②等分布荷重を受ける単純支持ばり

　反力　$R_A = R_B = \dfrac{wl}{2}$,

　曲げモーメント　$M_{\max} = \dfrac{wl^2}{8}$

　③集中荷重を受ける片持ばり
　せん断力　$F = W$,
　曲げモーメント　$M_{\max} = -Wl$

　④等分布荷重を受ける片持ばり
　せん断力　$F_{\max} = wl$,

　曲げモーメント　$M_{\max} = -\dfrac{wl^2}{2}$

(7) 曲げ応力
　①曲げ応力
　　曲げモーメント；$M〔\text{N}\cdot\text{m}〕$,
　　断面係数；$Z〔\text{m}^3〕$,

　　$\sigma_b = \dfrac{M}{Z} 〔\text{N/m}^2〕,〔\text{Pa}〕$

　②断面二次モーメントと断面係数の値
　　断面係数$Z$は断面二次モーメント$I$から求める。

$$Z = \dfrac{I}{y_a}$$

　　$y_a$；中立軸から最も遠い縁までの距離

　長方形　$I = \dfrac{bh^3}{12}〔\text{m}^4〕$　$Z = \dfrac{I}{h/2} = \dfrac{bh^2}{6}〔\text{m}^3〕$

　円形　$I = \dfrac{\pi d^4}{64}〔\text{m}^4〕$　$Z = \dfrac{I}{d/2} = \dfrac{\pi d^3}{32}〔\text{m}^3〕$

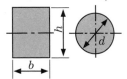

中空長方形

$$I = \frac{bh^3 - b_1h_1^{\ 3}}{12} \, [\text{m}^4] \quad Z = \frac{I}{h/2} = \frac{bh^3 - b_1h_1^{\ 3}}{6h} \, [\text{m}^3]$$

中空円形

$$I = \frac{\pi(d_2^{\ 4} - d_1^{\ 4})}{64} \, [\text{m}^4] \quad Z = \frac{I}{d_2/2} = \frac{\pi(d_2^{\ 4} - d_1^{\ 4})}{32d_2} \, [\text{m}^3]$$

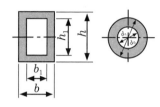

(8)　ねじり応力

①円形断面の軸に生じるねじり応力

ねじりモーメント；$T\,[\text{N}\cdot\text{m}]$,

極断面係数；$Z_p\,[\text{m}^3]$,

軸の直径；$d\,[\text{m}]$,

$$\tau = \frac{T}{Z_p} = \frac{16T}{\pi d^3} \, [\text{N/m}^2],\,[\text{Pa}]$$

②伝達動力・トルク

動力；$P\,[\text{kW}]$,

軸の回転速さ；$n\,[\text{min}^{-1}]$,

トルク $T = 9.55 \times 10^3 \times \dfrac{P}{n}\,[\text{N}\cdot\text{m}]$

## 4　歯　車

(1)　歯車の基礎

①モジュール・ピッチ

ピッチ円直径；$d\,[\text{mm}]$, 歯数；$z$,

モジュール $m = \dfrac{d}{z}\,[\text{mm}]$,

ピッチ；$p = \dfrac{\pi d}{z} = \pi m\,[\text{mm}]$

②1組の歯車間の中心間距離

$$a = \frac{d_1 + d_2}{2} = \frac{m(z_1 + z_2)}{2}$$

③歯車列の速度伝達比

$$i = \frac{被動歯車の歯数の積}{駆動歯車の歯数の積} \quad (\text{JIS B0102})$$

$$\left( 歯車列の速度比\, i = \frac{駆動歯車の歯数の積}{被動歯車の歯数の積} \right)$$

で表されることもあるので注意が必要。

(2)　歯形曲線

①インボリュート曲線

②サイクロイド曲線

## 5　ば　ね

(1)　ばね定数

荷重；$W\,[\text{N}]$, 変形；$\delta\,[\text{mm}]$,

ばね定数 $k = \dfrac{W}{\delta}\,[\text{N/mm}]$

(2)　弾性エネルギー

$$U = \frac{1}{2}k\delta^2\,[\text{N}\cdot\text{mm}]$$

## 6　圧力容器と管路

(1)　薄肉円筒

$p$：圧力$[\text{MPa}]$, $D$：円筒の内径$[\text{mm}]$,

肉厚；$t\,[\text{mm}]$,

①円周方向の応力　$\sigma = \dfrac{pD}{2t}\,[\text{MPa}]$

②軸方向の応力　$\sigma' = \dfrac{pD}{4t}\,[\text{MPa}]$

(2)　薄肉球

引張応力　$\sigma = \dfrac{pD}{4t}\,[\text{MPa}]$

# 力だめし

## さあやってみよう！

**【典型問題1】**　直径が 20mm，長さ 50cm の金属材料に，31.4kN の引張荷重を加えたところ，0.25mm の伸びを生じた。引張応力，縦ひずみ，縦弾性係数を求めなさい。π は 3.14 とする。

**ここがポイント！**

典型問題1
応力を求めるには，荷重と断面積の値が必要であるから，まず，材料の断面積を求める。
ひずみを求めるには，必ず長さの単位をそろえること。

### 解　答

断面積 $A = \dfrac{\pi}{4}d^2 = \dfrac{\pi}{4} \times 20^2 = 314 \ [\text{mm}^2]$

引張応力 $\sigma = \dfrac{W}{A} = \dfrac{31.4 \times 10^3}{314} = 100 \ [\text{N/mm}^2] = 100 \ [\text{MPa}]$

縦ひずみ $\varepsilon = \dfrac{\Delta l}{l} = \dfrac{0.25}{50 \times 10} = 0.0005 = 0.05 \ [\%]$

縦弾性係数 $E = \dfrac{\sigma}{\varepsilon} = \dfrac{100}{0.0005} = 200000 \ [\text{MPa}] = 200 \ [\text{GPa}]$

**【典型問題2】**　図のような集中荷重をうける単純支持ばりのせん断力図と曲げモーメント図を描きなさい。

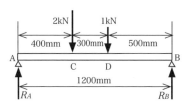

典型問題2
まず，反力を求める。次にせん断力，そして，曲げモーメントを求める。
せん断力と曲げモーメントの符号は，本書では図のようにする。

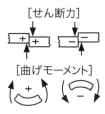

### 解　答

① 反力　B 点のまわりの力のモーメントより，

$$R_A = \dfrac{2000 \times (300 + 500) + 1000 \times 500}{1200} = 1750 \ [\text{N}]$$

力のつり合いより，

$$R_B = 1000 + 2000 - R_A = 1250 \ [\text{N}]$$

② せん断力

AC 間　$F_{AC} = R_A = 1750 \ [\text{N}]$

CD 間　$F_{CD} = R_A - 2000 = 1750 - 2000 = -250 \ [\text{N}]$

DB 間　$F_{DB} = (R_A - 2000) - 1000 = -250 - 1000 = -1250 \ [\text{N}]$

ここがポイント！

③　曲げモーメント

C 点における曲げモーメント

$M_C = 1750 \times 400 = 7 \times 10^5 \,[\text{N·mm}]$

D 点における曲げモーメント

$M_D = 1750 \times (400 + 300) - 2000 \times 300 = 6.25 \times 10^5 \,[\text{N·mm}]$

　以上の計算結果の数値を用い，せん断力図と曲げモーメント図を描けば下図のようになる

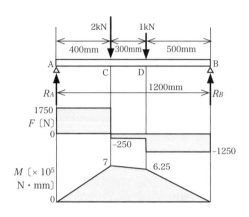

典型問題3

平面図形の重心を求めるには，重さのかわりに面積を使って計算する。

計算は，できるだけすっきりした形にすると間違いが少なくなる。

【**典型問題3**】　図のように，正方形板から円板を切り抜いた残りの部分の重心を求めなさい。

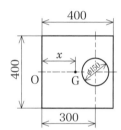

**解　答**

　正方形板，円板，残部の面積をそれぞれ $A_1$，$A_2$，$A$ とし，重心をそれぞれ $G_1$，$G_2$，$G$，残部の重心の位置を左から $x$ mm とする。$OG = x$

　点 O のまわりの残部と円板との重さのモーメントの和は，正方形板の重さのモーメントに等しいから，

$A \times x + A_2 \times 300 = A_1 \times 200$ より，

$$x = \frac{A_1 \times 200 - A_2 \times 300}{A} = \frac{400^2 \times 200 - \dfrac{\pi}{4} \times 150^2 \times 300}{400^2 - \dfrac{\pi}{4} \times 150^2} = \mathbf{187.6}\,[\text{mm}]$$

# 実戦就職問題

## ■単　位

【1】　次の量に相当する単位記号を下記の中から選び，（　　　）の中に記入しなさい。

① 回転速度（　　）　　② 動力（　　）　　③ 角度（　　）

④ 縦弾性係数（　　）　　⑤ 仕事（　　）　　⑥ 応力（　　）

⑦ 運動エネルギー（　　）　　⑧ 断面係数（　　）

⑨ 速さ（　　）　　⑩ 引張強さ（　　）　　⑪ 圧力（　　）

⑫ ひずみ（　　）　　⑬ 曲げモーメント（　　）

⑭ 角速度（　　）　　⑮ 加速度（　　）

⑯ 面積（　　）　　⑰ 体積（　　）　　⑱ 時間（　　）

$$\left[ \begin{matrix} \text{s} & \text{min}^{-1} & \text{rad/s} & \text{W} & \text{m}^3 & \text{J} & \text{N} \cdot \text{m} \\ \text{無名数} & \text{m/s} & \text{rad} & \text{Pa} & \text{m}^2 & \text{m/s}^2 \end{matrix} \right]$$

## ■力

【2】　30 N と 40 N の 2 つの力のなす角が 60°で 1 点に働くときの合力 $F$ の大きさと向き $\alpha$ を求めなさい。

ヒント！　$F_X = F_1 + F_2 \cos \theta$　　$F_Y = F_2 \sin \theta$　　$F = \sqrt{F_X{}^2 + F_Y{}^2}$

$\tan \alpha = \dfrac{F_Y}{F_X}$

【3】　400 N の力を $F_1$，$F_2$ の直角分力に分解しなさい。ここで，$F_1$ は 400N の力と 30°をなすものとする。

【4】　図のように 2 つの物体 A，B を糸でつなぎ，傾角 $\theta$ の斜面上端につけた滑車にかけた。傾角 $\theta = 30°$，物体 A の荷重を $W_A = 200$ N とするとき，何 N の荷重を B にかけると引き上げられますか。ただし，物体 A と斜面との摩擦，滑車と糸の摩擦，および

*48* 機　械

糸の質量は無視する。

 荷重 $W_A$ を斜面に平行な力と垂直な 2 つの力に分解する。

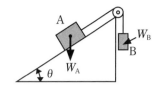

【5】　質量 5kg の物体 $m$ に結んだひもの他端を天井 P に固定した。このひもの途中の O にもう 1 本のひもをつけ，図のように水平と 30°の方向に引くと，ひも PO は鉛直線と 30°の角で傾いた。ひもの 3 つの直線部分 a，b，c の張力をそれぞれ求めなさい。

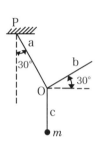

 図より，ひも a，b のなす角は 90°になる。点 O に働く 3 力のつり合いから，ひも a，b，c の張力 $F_a$，$F_b$，$F_c$ を求める。

【6】　図のように水平面上に置いた質量 $m$ = 0.5kg の物体を水平に動かすのに必要な力 $F$ を求めなさい。ただし，静摩擦係数は 0.4 とする。

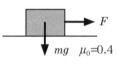

 $f_0 = \mu_0 R$　　$f_0$；最大静摩擦力　$R$；面圧力　$\mu_0$；静摩擦係数

【7】　図のように重さ 400N の物体 C が 2 本のひも OA，OB でつり下げられている。2 本のひもにかかる張力を求めなさい。

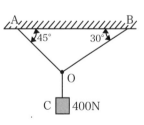

 物体 C をつっている糸に働く力を $F_c$，OA に働く力を $F_a$，OB に働く力を $F_b$ とし，この 3 力のつり合いを考える。

**【8】** 図のように棒ＡＢを回転端Ａで水平に支え，点Ｃをロープで引っ張っている。棒の端Ｂに 200 Ｎの荷重を加えるとき，ロープＣＤに働く張力及び棒が壁を押す力を求めなさい。ただし，棒，ロープの自重は無視する。

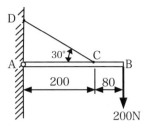

 ロープに働く張力を $F$ とし，その力を棒に平行な力と垂直な力に分解する。

A 点のまわりのモーメントのつり合いを考える。

**【9】** 次の図に示す平面図形の重心を求めなさい。ただし，長さの単位はmmとする。

(1)

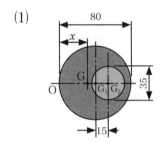

(2)

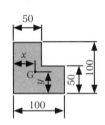

## ■運　動

**【10】** 72km/h の速度で走行中の自動車が急ブレーキをかけ，40 ｍ走って停止した。このときの加速度と，停止までに要した時間を求めなさい。

**【11】** 次の問いに答えなさい。

(1) 10m/s は何 km/h ですか。

(2) 等速度運動をする物体が 2 秒間に 50m 進んだときの速さを求めなさい。

(3) 等加速度運動をして，発車 20 秒後に時速 36km に達していた列車は，発車地点から何m進みますか。

(4) 等加速度運動をしている物体が，20m 進む間に，速度が 3 m/s から 7 m/s になった。加速度を求めなさい。

【12】 490 mの高さから落下した物体の 5 秒後の速度を求めなさい。また, 地上に達するまでの時間を求めなさい。$g = 9.8 \mathrm{m/s^2}$ とする。

【13】 地上から物体を鉛直方向に 25.5m/s の速度で投げた。物体の速度を $v$, 時間を $t$, 最高点を $h$ として次の問いに答えなさい。

(1) 2 秒後の速度はいくらですか。

(2) 最高点に達するのは何秒後ですか。

(3) 最高点は地上何mですか。

$$v = v_0 - gt \quad s = v_0 t - \frac{1}{2}gt^2 \qquad 最高点で v = 0$$

【14】 質量 30kg の物体に 5 秒間に 12 m /s の速度を生じさせるために加える力を求めなさい。

$$v = v_0 + at \ で\ v_0 = 0\ とおき, 加速度\ a\ を求める。 F = ma$$

【15】 質量 50kg の人がエレベータに乗っている。エレベータが加速度 2 m /s$^2$ で上昇を始めるとき, 人が床から受ける力を求めなさい。

【16】 質量 400kg の物体が一定の加速度で, 最初の 10 秒間に 30 m上昇した。物体をつっているロープの張力を求めなさい。

$$s = v_0 t + \frac{1}{2}at^2\ で\ v_0 = 0\ とおき, 加速度\ a\ を求める。$$
$$F = mg + ma$$

【17】 水上で静止している質量 200kg のボートから, 質量 50kg の人が前方へ 5 m /s の速度で水の中へ飛び込んだ。ボートはどのような運動をするか説明しなさい。

**【18】** 次の問いに答えなさい。

(1) 直径 20cm，中心角 2.5rad の円弧の長さを求めなさい。

(2) 半径 35cm のベルトプーリーが 20rad/s で回転しているとき，周速度〔m/s〕を求めなさい。

 (1) 円弧の長さ $l = r\theta$　(2) 周速度 $v = r\omega$

**【19】** 半径 2 m の円周上を物体が 4rad/s の速さで回っているとき，向心加速度を求めなさい。

 向心加速度 $a = r\omega^2$

**【20】** 長さ 1 m の糸の端に質量 1kg のおもりをつけ，もう一方の端を手に持って，周期 1 秒で水平面内で回転させる。このとき糸にかかる力を求めなさい。ただし，鉛直方向に働く重力の作用，糸の重さは考えないものとする。

 糸にかかる力を $F$ とする。$\omega = \dfrac{2\pi}{T}$　$F = ma = mr\omega^2$

## ■仕事・動力

**【21】** 図のように 30°の傾斜の斜面上を重さ 4kN の物体が 5 m 滑り落ちるとき，物体がした仕事〔kJ〕を求めなさい。ただし，物体と斜面の間に摩擦はないものとする。

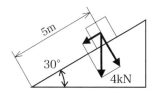

 斜面に平行な分力＝重さ× $\sin\theta$ である。仕事 $A = Fl$

【22】　次の図に示す組合せ滑車で，*Q* ＝ 200N のおもりが下げられている。つりあうために必要な力 *P* を求めなさい。

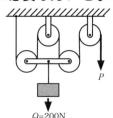

【23】　図のような滑車の仕掛けがある。FとWの関係を示しなさい。

(1)　$F =$ _____　　　(2)　$F =$ _____

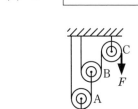

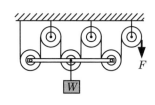

【24】　質量 450kg の物体を 5 秒間に 10 m引き上げるのに必要な動力〔kW〕を求めなさい。

ヒント!

$$P = \frac{A}{t} = \frac{Fl}{t} \ 〔W〕$$

【25】　滑車を図のように使用して，重さ 980N の物体を持ち上げようとするとき，次の問いに答えなさい。ただし，ロープの自重，滑車の重量・慣性モーメント，抵抗等は無視するものとする。

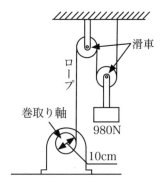

(1)　ロープに働く張力を求めなさい。

(2)　ロープの巻取り軸を毎分 50 回転で巻き取るとき，必要な動力を求めなさい。

(3)　物体の上昇する速度を求めなさい。

【26】　ベルト伝動において，ベルトの速度が 5m/s，張り側の張力が 1.2kN，ゆるみ側の張力が 0.4kN のとき，伝達動力を求めなさい。

 $F_1$；張り側張力，$F_2$；ゆるみ側張力，
有効張力 $F_e = F_1 - F_2$，動力 $P = F_e v$

# ■材料の強さ

【27】　軟鋼棒の引張試験をした結果，右図のような「応力−ひずみ線図」を得た。P，E，$Y_1$，$Y_2$，S の各点における応力を何といいますか。

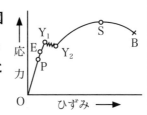

【28】　下記の①～⑪の解答群の中から適切な語句を選んで（　）に番号を記入しなさい。

(1)　この図は，軟鋼の試験片を（　ア　）で引張ったとき，荷重を（　イ　）に，伸びを（　ウ　）にとって記録した「荷重−変形線図」から得られる。

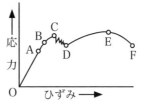

(2)　（　エ　）までは，荷重を加えると伸び，荷重を取り除けば元の状態に戻る。その限界であるその点の応力を（　オ　）という。

(3)　C 点に達すると，荷重を増さないでも伸びが増して D 点まで続く。C 点における応力を（　カ　），D 点における応力を（　キ　）という。

(4)　E 点では，材料の一部が（　ク　）を生じて，その部分の（　ケ　）が著しく減少するので，荷重が減っても伸びはますます増加して，ついに F 点で（　コ　）する。

《解答群》

①破　断　　②材料試験機　　③上降伏点　　④横　軸
⑤弾性限度　　⑥下降伏点　　⑦縦　軸　　⑧断面積
⑨B 点　　⑩くびれ　　⑪A 点

**【29】**　直径が 20mm，長さ 3m の丸棒に，30kN の引張荷重を加えたら，1.5mm 伸びた。そのときの応力，縦ひずみ，縦弾性係数を求めなさい。

$$応力 = \frac{荷重}{断面積}，\quad ひずみ = \frac{変形量}{もとの長さ}，\quad 縦弾性係数 = \frac{垂直応力}{縦ひずみ}$$

**【30】**　図のような直径 $D$〔mm〕，長さ $l$〔mm〕の円柱に $W$〔N〕の物体がつり下げられたとき，円柱の伸び $\Delta l$〔mm〕を求めなさい。ただし，円柱のヤング率を $E$〔GPa〕，自重は無視する。

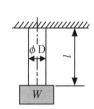

$$1GPa = 10^9 Pa = 10^3 MPa = 10^3 N/mm^2$$

**【31】**　断面積 4cm$^2$ の材料に，20kN のせん断力を加えたところ，$\dfrac{1}{1000}$ rad のせん断ひずみを起こした。このときのせん断応力〔MPa〕と材料の横弾性係数〔GPa〕を求めなさい。

$$\tau = \frac{W}{A}，\quad 横弾性係数\ G = \frac{\tau}{\gamma}$$
$$1MPa = 1〔N/mm^2〕，\quad 1GPa = 10^3 MPa$$

**【32】**　図に示すような軟鋼製の段付丸棒により 80kN の荷重を支えるとすれば，直径 $d$ および頭の高さ $h$ をいくらにすればよいですか。ただし，軟鋼の許容引張応力 $\sigma_a = 100$MPa，許容せん断応力 $\tau_a = 80$MPa とする。

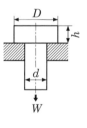

$$1MPa = 1〔N/mm^2〕，せん断応力を受ける面積は\ \pi\, dh$$

【33】　図のようなピン継手において，ピンに生ずるせん断応力を求めなさい。また，このピンが 80MPa までのせん断応力に耐えられるとすると，最大何 kN のせん断荷重を加えることができますか。

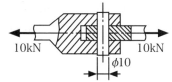

　ピンの2面にせん断応力が生じる。1MPa = 1〔N/mm²〕

【34】　図のような軸に 55kN のスラスト荷重が作用している。つばの厚さ t を求めなさい。また，つばの表面圧力を 0.6MPa を超えないようにするためには直径 D をいくらにすればよいですか。ただし，d = 10cm，許容せん断応力を 35MPa とする。

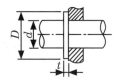

　1MPa = 1〔N/mm²〕，せん断を受ける面積は π dt，

$$面圧 p = \frac{W}{\frac{\pi}{4}(D^2 - d^2)}$$

【35】　図のように，厚さ 1mm の材料を直径 20mm のポンチで打ち抜くために必要な荷重 W を求めなさい。ただし，せん断されるときの応力は 98Mpa とし，円周率を 3.14 とする。

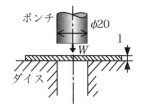

【36】　図のように，力 $P_1$ が作用するとき，次の問いに答えなさい。ただし，円柱の断面積を A，縦弾性係数を E とする。

(1)　円柱にかかる力 $P_2$ を求めなさい。

(2)　円柱のひずみを求めなさい。

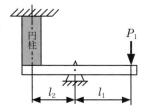

【37】　中心線上に直径20mmの穴があいている幅80mm，厚さ5mmの帯板がある。これに24kNの引張荷重が作用したとき，応力集中による最大応力を求めなさい。ただし，形状係数（応力集中係数）を2.4とする。

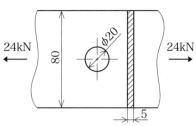

　応力集中係数 $\alpha_k =$（最大応力 $\sigma_{max}$）÷（平均応力 $\sigma_n$）

【38】　右図の軸にかかるトルクが720N・mのとき，軸径 $d = 50mm$，沈みキー $b = 12mm$，$h = 8mm$，キーの許容せん断応力を40MPaとして，沈みキーの長さを求めなさい。

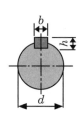

　キーの長さを $l$ とすると，せん断力を受ける面積は，$bl$ である。

【39】　温度20℃で長さ3mの鉄管を140℃に加熱後の長さ〔mm〕を求めなさい。また，鉄管の両端が固定されているとき生じる応力〔MPa〕を求めなさい。ただし，鉄管の線膨張係数，ヤング係数はそれぞれ $\alpha = 1.1 \times 10^{-5}$／℃，$E = 206$〔GPa〕とする。

　　　　　　　熱による変形量 $\Delta l = \alpha (t' - t) l$
　　　　　　　$E = 206$〔GPa〕$= 206 \times 10^3$〔MPa〕$= 206 \times 10^3$〔N/mm²〕

## ■はり・曲げ

【40】　図の反力 $R_A$，$R_B$ について，(1)〜(5)の中から正しいものを選び，番号で答えなさい。

(1)　$R_A = 50N$　　$R_B = 50N$　　(2)　$R_A = 40N$　　$R_B = 60N$

(3)　$R_A = 60N$　　$R_B = 40N$　　(4)　$R_A = 30N$　　$R_B = 70N$

(5)　$R_A = 100\text{N}$　　$R_B = 100\text{N}$

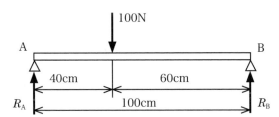

　「荷重と反力の和は0」と「力のモーメントのつりあい」より求める。

## 【41】　図のはりについて問いに答えなさい。

(1)　反力 $R_A$, $R_B$ を求めなさい。

(2)　断面 $X$ におけるせん断力 $F$, 曲げモーメント $M$ を求めなさい。

(3)　最大曲げモーメントを求めなさい。

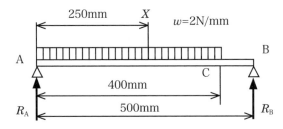

## 【42】　図の片持ばりの支点 A の曲げモーメント [N・mm] と先端のたわみ [mm] を求めなさい。ただし, はりの自重は無視するものとし, 丸棒の縦弾性係数は 206[GPa] とする。

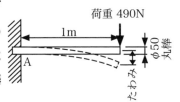

　たわみ $\sigma_{max} = \dfrac{Wl^3}{3EI}$

206[GPa] = 206 × 10³[MPa]　　1MPa = 1〔N/mm²〕

## 【43】　図の長方形断面の片持ばりについて, 問いに答えなさい。

(1)　最大曲げモーメント [N・mm] を求めなさい。

(2)　最大曲げ応力〔MPa〕を求めなさい。

$\sigma_b = \dfrac{M}{Z}$ ，長方形断面 $Z = \dfrac{bh^2}{6}$

**【44】** 図の単純支持ばりの C 点に
5N の荷重がかかるとき，反力 $R_A$,
$R_B$ および最大曲げモーメントを求
めなさい。

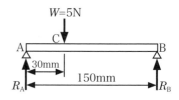

**【45】** 図のような単純支持ばりについて，問いに答えなさい。

(1) 反力 $R_A$, $R_B$ を求めなさい。

(2) せん断力図および曲げモーメント図を作成しなさい。

(3) はりの断面係数を求めなさい。

(4) C 点における曲げ応力を求めなさい。

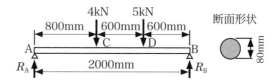

 ヒント！ せん断力図は階段状，曲げモーメント図は多角形になる。曲げモー
メントは，せん断力の向きの変わる点で最大になり，両端で 0 に
なる。

円形断面 $Z = \dfrac{\pi d^3}{32}$

**【46】** 図の総荷重 $W$ の等分布荷重を受ける
はりについて，問いに答えなさい。

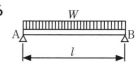

(1) 反力 $R_A$, $R_B$ を求めなさい。

(2) せん断力図および曲げモーメント図を作成しなさい。

 ヒント！ 曲げモーメント図は放物線になる。

**【47】** 図の断面の断面二次モーメント $I$, 断面係数 $Z$ を求めなさい。

(1)　　(2)　　(3)　　(4)

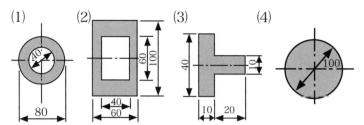

(3)断面二次モーメント $I$ はそれぞれの長方形の $I$ の和になる。また断面係数 $Z = \dfrac{I}{y_a}$, ただし $y_a$；中立軸から最も遠い縁までの距離。

**【48】** 図の片持ばりにおいて，支点より同じ長さの所に同じ荷重がかかった場合，どのはりが曲げに対して一番強いですか。

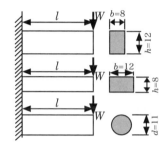

各断面の断面係数の大小で比較する。

## ■歯　車

**【49】** 歯車の歯形曲線を2種類あげなさい。

**【50】** 歯数40，モジュール2.5mmの歯車のピッチ円直径を求めなさい。

**【51】** 歯先円直径96mm，歯数30の標準平歯車のモジュール $m$ を求めなさい。

標準平歯車の歯末のたけは，モジュール $m$ と同じ長さ。ピッチ円直径 $d = mz$

**【52】** モジュール5mm，歯数 $z_1 = 40$, $z_2 = 56$ の一組の標準平歯車がある。各歯車のピッチ円直径 $d_1$, $d_2$ および中心距離 $a$ を求めなさい。

ヒント！　中心距離は，一組の歯車のピッチ円直径の和の $\frac{1}{2}$

【53】　モジュール 4mm，歯数比 2.5 の一組の標準平歯車がある。小歯車の歯数 $z_1 = 22$ 枚のとき，大歯車の歯数 $z_2$ と中心距離 $a$ を求めなさい。

ヒント！　歯数比 $=\dfrac{\text{大歯車の歯数}}{\text{小歯車の歯数}}$

【54】　軸間距離が 200mm で，回転数 450min$^{-1}$ を 300min$^{-1}$ に減速する一組の平歯車のピッチ円直径および歯数を求めなさい。ただし，モジュールは 2mm とする。

【55】　歯数 $z_1 = 20$，$z_2 = 40$，$z_3 = 22$，$z_4 = 66$ の図のような歯車列がある。次の問いに答えなさい。

(1)　歯車のモジュールを求めなさい。

(2)　歯車Ⅰが 24 回転するとき，歯車Ⅳは何回転しますか。

ヒント！　$\dfrac{n_1}{n_4}=\dfrac{\text{被動歯車の歯数の積}}{\text{駆動歯車の歯数の積}}=\dfrac{z_2}{z_1}\times\dfrac{z_4}{z_3}$
歯車Ⅱと歯車Ⅲは同軸に取り付けられていて，回転数は等しい。

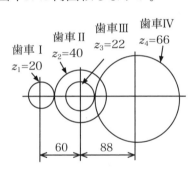

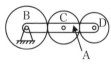

【56】　図でB，C，Dの歯数はそれぞれ 40，30，20 である。Bを固定して，リンクAをBの中心のまわりに右へ 2 回転するとき，Dはどちらへ何回転しますか。

ヒント！　全体固定，腕固定の場合を考え，差し引きから正味回転数を求める。

【57】　図は歯車のある装置を示している。歯車Ⅲは固定され，腕 $l$ を 0 のまわりに回転させると歯車Ⅰ，Ⅱはそれぞれ回転する。また歯車Ⅱの歯数は 20，歯車Ⅲの歯数は 40 である。次の問いに答えなさい。

(1) 図のような機構を何とよびますか。

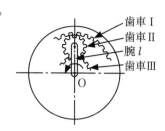

(2) 歯車Ⅲのモジュールが 2mm のとき，歯車Ⅲのピッチ円直径を求めなさい。

(3) 歯車Ⅲを固定して腕 *l* を矢印方向に毎分 10 回転させる。このとき歯車Ⅰは毎分何回転しますか。

【58】 600min⁻¹ で回転する原動軸から，従動軸に 30kW の動力を伝動用ローラチェーンで伝動する場合，ローラチェーンに作用する力〔kN〕を求めなさい。原動軸のスプロケットの直径を 200mm とする。

1 分間あたりの回転数；$n$〔min⁻¹〕……従来から用いられてきた〔rpm〕と同じ意味， $\omega = \dfrac{2\pi n}{60}$〔rad/s〕, $P = T\omega$

【59】 A, B はベルト車, P, Q は歯車であり，B と P は同一軸に取り付けられているものとする。A の直径 $D_A = 120$mm，

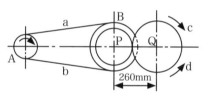

B の直径 $D_B = 300$mm であり，P の歯数 $z_p = 50$，Q の歯数 $z_Q = 80$ であるとき，次の問いに答えなさい。

(1) A を矢印の方向に回転させた時，

　ア．ベルトのゆるみ側は a, b のどちらですか。

　イ．Q 歯車の回転方向は c, d のどちらですか。

(2) A を 100 回転させると Q は何回転するか，式を示して答えなさい。ただし，ベルトのすべりはないものとする。

(3) 図のように，P と Q の中心間距離は 260mm である。歯車 P および Q のモジュール *m* はいくらか，式を示して答えなさい。

プーリ直径を $D_A$, $D_B$ とすると， $\dfrac{n_A}{n_B} = \dfrac{D_B}{D_A}$

【60】 軸間距離 60mm，歯数比 3，モジュール 1.5mm の一組の平歯車がある。次の問いに答えなさい。

(1)　それぞれの歯車の歯数を求めなさい。

(2)　小歯車が 1410min⁻¹ で回転するとき，大歯車の回転数を求めなさい。

(3)　1.5kW を伝達しているとき，大歯車の出しうるトルク〔N·m〕を求めなさい。

1 分間あたりの回転数；$n$〔$\mathrm{min^{-1}}$〕，

$\omega = \dfrac{2\pi n}{60}$〔rad/s〕，$P = T\omega$

## ■軸

【61】　回転数 200min⁻¹ で 7.5kW を伝えている軸のトルク〔N·mm〕を求めなさい。また，丸軸の直径を求めなさい。ただし，許容ねじり応力を 30MPa とする。

$1\mathrm{MPa} = 1$〔$\mathrm{N/mm^2}$〕，$T = \dfrac{\pi d^3}{16}\tau_a$

【62】　鋼製丸棒に 1kN·m の曲げモーメントと 2kN·m のねじりモーメントが同時に働くとき，相当ねじりモーメントと相当曲げモーメントを計算しなさい。

相当ねじりモーメント $T_e = \sqrt{T^2 + M^2}$

相当曲げモーメント $M_e = \dfrac{M + T_e}{2}$

## ■圧力容器

【63】　内圧 0.4MPa のガスを入れた内径 150cm，厚さ 5mm の円筒容器がある。胴板に生ずる円周方向の応力（フープ応力）を求めなさい。

$1\mathrm{MPa} = 1$〔$\mathrm{N/mm^2}$〕，　$\sigma = \dfrac{pD}{2t}$

# 機械設計　チェックリスト

☐　直角な 2 力，$F_1 = 16$N，$F_2 = 12$N の合力は＜ $1$ ＞〔N〕である。
1. 20

☐　力のモーメント＝＜ $2$ ＞×「腕の長さ」である。
2. 力

☐　9km/h は＜ $3$ ＞〔m/s〕である。
3. 2.5

☐　等加速度運動している物体が，32m 進む間に，速度が 6m/s から 10m/s になったときの加速度は＜ $4$ ＞〔m/s$^2$〕である。
4. 1

☐　直径が 300mm の車が角速度 4rad/s で回転しているとき，周速度は ＜ $5$ ＞〔m/min〕である。
5. 36

☐　重力加速度 $g ≒$＜ $6$ ＞m/s$^2$ である。
6. 9.8

☐　122.5m の高さから落下した物体の 4 秒後の速度は＜ $7$ ＞〔m/s〕である。また落下してから地上に達するまで＜ $8$ ＞秒かかる。
7. 39.2
8. 5

☐　ある物体に 100N の力を加え，20m 移動したときの仕事は＜ $9$ ＞〔kN·m〕である。
9. 2

☐　摩擦のない斜面で，質量 100kg の物体を斜面に平行な力 490N で引き上げたとする。このときの斜面の角度は＜ $10$ ＞度である。
10. 30

☐　エレベータが 2m/s$^2$ の加速度で下降を始めるとき，質量 50kg の人が，エレベータの床を押す力は＜ $11$ ＞〔N〕である。
11. 390

☐　仕事の時間に対する割合を＜ $12$ ＞という。
12. 動力

☐　落差 50m のダムから，毎秒 8m$^3$ の水を落して発電するとき，水の持っているエネルギーを完全に利用すれば，得られる動力は＜ $13$ ＞〔kW〕である。
13. 3920

☐　ヤング率＝応力 /＜ $14$ ＞である。
14. ひずみ

☐　断面積 25mm$^2$，長さ 2m の鋼線に，2.5kN の荷重を加えたら 1mm 伸びた。この鋼線の縦弾性係数は＜ $15$ ＞〔GPa〕である。
15. 200

☐　断面積 180mm$^2$ のリベットに 7.2kN のせん断荷重を加えたとき，せん断応力は＜ $16$ ＞〔MPa〕である。
16. 40

☐　長さ 0.8m の片持ばりの自由端に 400N の荷重が加わっているとき，はりの固定端の曲げモーメントは＜ $17$ ＞〔N·m〕である。
17. 320

☐　スパン 2m の両端支持ばりに $ω = 1.5$N/mm の等分布荷重が全長にわたって加わっているとき，両端の反力は＜ $18$ ＞〔kN〕である。
18. 1.5

☐　直径 20mm の円形断面の断面係数は，＜ $19$ ＞〔mm$^3$〕である。
19. 785

☐　断面係数が $4 × 10^4$mm$^3$ のはりが，$3.2 × 10^6$N·mm の曲げモーメントを受けているとき，曲げ応力は＜ $20$ ＞〔MPa〕である。
20. 80

☐　モジュール 3mm，歯数 40 の標準平歯車のピッチ円直径は＜ $21$ ＞〔mm〕，外径は＜ $22$ ＞〔mm〕である。
21. 120
22. 126

☐　歯車の回転を滑らかにするための歯と歯の間にある小さい遊びを＜ $23$ ＞という。
23. バックラッシ

☐　モジュール $m = 2$，小歯車の歯数 $z_1 = 25$，歯数比が 3 としたとき，一対の標準平歯車の軸間距離は＜ $24$ ＞〔mm〕である。
24. 100

☐　歯車に関する公式において，$D$ をピッチ円直径〔mm〕，$z$ を歯数，$p$ をピッチ〔mm〕とした場合，$D = m ×$＜ $25$ ＞，$p =$＜ $26$ ＞$× m$ であり，$m$ のことを＜ $27$ ＞という。
25. $z$　　26. $π$
27. モジュール

# 2 機械工作

○機械工作は，機械材料の加工性と工作法を理解し，合理的な工作法および生産方法を企画・実践する能力を養うことを目的としています。

○内容は，大きく分けて「材料と加工性」，「各種の工作法」，「生産の管理」に分類されます。

○広い範囲で出題されるので，教科書の重要点をよく整理し，さらに機械実習と関連づけて覚えておくことが必要です。

## 重要事項の整理

### 1 機械材料

(1) 応力ひずみ図・荷重伸び線図

軟鋼の場合,比例限度,弾性限度,上降伏点,下降伏点,最大荷重(引張強さ),破断点があらわれる。

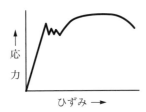

※引張試験では引張強さ＝最大荷重÷試験片の原断面積

黄銅や鋳鉄では,降伏の現象があらわれないので,耐力をかわりとする。

(2) かたさ試験

①ブリネルかたさ (HB)……試験片に鋼球を押し込み,くぼみの直径を測定。

②ビッカースかたさ (HV)……試験片に先端が四角すいのダイヤモンドを押し込み,くぼみの対角線の長さを測定。

③ロックウェルかたさ(HRB, HRC)……鋼球のBスケールとダイヤモンドのCスケールがあり,くぼみの深さを測定。

④ショアかたさ (HS)……ダイヤモンドのおもりを落下させ,反発高を測定。

(3) $S-N$曲線

繰返し応力$S$と繰返し数$N$の疲れ試験により,疲れ限度を求める。

(4) 共 晶

溶融した金属を冷却すると，2種以上の金属が同時に晶出する現象を共晶反応,凝固したものを共晶組織という。

(5) 鉄－炭素系平衡状態図

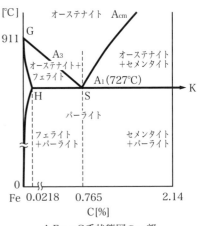

▲Fe－C系状態図の一部

0.765％ C以下の炭素鋼はフェライトとパーライト,0.765％Cでパーライト,それ以上の炭素鋼はセメンタイトとパーライト。

(6) 炭素鋼の熱処理

①焼ならし

②焼なまし

③焼入れ

④焼戻し

⑤鋼の表面強化……炎焼入れ，高周波焼入れ，浸炭焼入れ，窒化法

(7) 合金鋼

①クロムモリブデン鋼(SCM)……展延性がよく，常温引抜鋼管，薄板として最適。

②18－8ステンレス……Cr18％，Ni8％の合金鋼で，耐食・耐酸性に優れている。

③高速度工具鋼(SKH)……合金工具鋼の切削力をさらに向上させたもので，W系とMo系がある。

(8) 鋳鉄

①ねずみ鋳鉄　　②ミーハナイト鋳鉄

③球状黒鉛鋳鉄　　④チル鋳鉄

⑤可鍛(マリアブル)鋳鉄

## 2　塑性加工

鍛造，転造，プレス加工，圧延，引抜きなど。

## 3　溶　接

(1)　ガス溶接……酸素アセチレン溶接

(2)　アーク溶接

①被覆アーク溶接

②イナート(不活性)ガスアーク溶接……ティグ溶接，ミグ溶接

(3)　電気抵抗溶接……点（スポット）溶接

## 4　切削加工

(1)　切削速度

$$v = \frac{\pi D n}{1000}$$

$v$：切削速度 [m/min]　　　$D$：直径 [mm]

$n$：回転速度 [min$^{-1}$] (rpm)

(2)　切削工具

①バイト……すくい角が大きいほど切れ味がよくなり，仕上げ面がきれいになる。逃げ角が小さいと，刃先の摩耗を早める。

②フライス……正面フライス，エンドミル，シェルエンドミル，側フライス，平フライス。

③ドリル……切刃角は，標準で118度。チゼルポイントを一部とぎ落すことをシンニングという。

④ブローチ……多数の同じ形の切刃を棒の軸に沿って持ち，寸法順にその切刃が並んでいる切削工具。

⑤超硬工具……炭化タングステン系と炭化チタンをさらに加えた系列のものがある。用途別にP種，M種，K種。

(3)　工作機械

①旋盤……普通旋盤，NC旋盤，正面旋盤，立旋盤

②フライス盤……横フライス盤，立フライス盤

③ボール盤……直立ボール盤，卓上ボール盤，ラジアルボール盤，多軸ボール盤，多頭ボール盤

④中ぐり盤……横中ぐり盤，ジグ中ぐり盤マシニングセンタ……NC工作機械。立型，模型

(4)　切削理論

①構成刃先……刃先に切屑が付着して，刃先をつつみ，刃先の一部となって切削作用をする。切込みが深くなり，寸法を狂わせ仕上げ面を悪くする。工具寿命も短くなる。

②切削抵抗

主分力…工具の切削運動の方向の分力

送り分力…送り方向の分力

背分力…切込み方向の分力

切削動力　　　$$P = \frac{F \cdot v}{60 \times 1000\ \eta}$$

$P$：所要動力 [kW]　$v$：切削速度 [m/min]

$\eta$：旋盤の機械的効率

$F$：切削抵抗の主分力 [N]

## 5　研削加工

①研削加工の種類……円筒研削，内面研削，平面研削

②といし車の3要素……と粒，結合剤，気孔

## 6　その他の加工

①ホーニング……円筒内面の精密仕上げ。

②ラップ仕上……ゲージや鋼球などの精密仕上げされた加工物表面をさらに平滑にし，寸法精度を上げる。

③ショットピーニング……鋼粒を高速で加工物の表面に打ち付け，表面硬化させる。

## 7　品質管理（QC）

①管理図……ばらつきをみるため，中心線と管理限界を示す1対の線を引いた図。

※同じ条件で生産された製品が，$m \pm 3\sigma$範囲外となる確率は，0.003＝0.3％。（平均

値を $m$, 標準偏差を $\sigma$ )

②$\bar{x} - R$ 管理図……平均値の変化を管理する $\bar{x}$ 管理図と, ばらつきの変化を管理する $R$ 管理図からなり, 長さ, 重さ, 引張強さなどの量の管理に用いられる。

③OC(検査特性)曲線……抜取検査の方式を決める資料として使われ, ロットの不良率を横軸,合格する確率を縦軸にとったもの。

# 力だめし

## さあやってみよう！

【典型問題1】　下図は軟鋼の引張試験で得られた, 応力ひずみ図である。AからFの名称を下から選び, その番号で答えなさい。

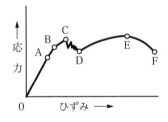

(1)　弾性限度　　(2)　下降伏点　　(3)　引張強さ

(4)　上降伏点　　(5)　比例限度　　(6)　破断点

解答
A 点－(5)　　B 点－(1)　　C 点－(4)　　D 点－(2)　　E 点－(3)　　F 点－(6)

【典型問題2】　図のような段付き丸棒（シャフト）を加工する場合, 下の各問いの空欄を埋めなさい。

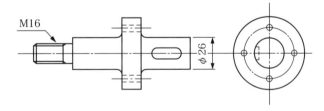

(1)　このシャフトの材質は S50C の鍛造品である。素材の残留応力除去のため, 適当な温度に加熱した後, ゆっくり冷却（炉冷）する。この熱処理を（　　　）という。

(2)　外径や端面を削るのに工作機械は（　　　）を用いる。

(3)　φ26 外径の切削条件は, 周速（切削速度）を 30m/min と

すると，回転数は（　　　　）min$^{-1}$（rpm）となる。

(4)　M16 おねじ部の加工は，ねじ切りダイスまたは（　　　　）を用いて旋盤で切る。

(5)　キーみぞを加工する切削工具は，一般的には（　　　　）を用いる。

(6)　フランジ（つば）部のボルト穴をあける工作機械は，通常（　　　　）を用いる。

(7)　シャフトは粘り強さと，摩耗に耐えることを兼ね備える必要がある。このため表面だけを硬化させる。ワークの表面のみを硬化させる熱処理方法の代表的なものには（　　　　）と（　　　　）がある。

(8)　シャフトの外径が公差クラス h7 級とすると，測定具は（　　　　）を用いる。

**ここがポイント！**

典型問題2

(1)熱処理には焼入れ，焼戻し，焼ならし，焼なましがある。

(3)切削速度 $v$，ワークの外径 $D$，回転数 $n$

$$v = \frac{\pi D n}{1000}$$

(4)めねじを切る場合は，タップを用いる。

(5)フライス盤やターニングセンタにこの切削工具を取り付けて加工する。

(7)表面硬化法は 7 種に大別されるが，一般的なもの 2 つをあげる。

(8)この測定具は 0.01mm 単位で寸法を読みとれる。なおノギスの最小読取り値は 0.05mm か 0.02mm である。

**解　答**

(1)　焼なまし　　(2)　旋盤　　(3)　367　　(4)　ねじ切りバイト
(5)　エンドミル　　(6)　ボール盤またはラジアルボール盤
(7)　高周波焼入れ，浸炭焼入れ，火炎焼入れのうちいずれか 2 つ
(8)　マイクロメータ

**【典型問題3】**　次の文の空欄に該当するものをそれぞれの語群から選び，その記号で答えなさい。

(1)　針金を手で繰り返し折り曲げていると切断するが，この現象は（　　　　）によるものである。

(ｱ)　時効硬化　　(ｲ)　表面硬化　　(ｳ)　加工硬化
(ｴ)　共晶反応　　(ｵ)　スプリングバック

(2)　構成刃先は，軟質金属を（　　　　）切削したとき発生（成長と脱落）する。

(ｱ)　超高速　　(ｲ)　高速　　(ｳ)　低速

(3)　研削といしは，切刃が切れなくなると「と粒」が破砕を繰り返して，つぎつぎに新しい切刃ができる。これを切刃の（　　　　）作用という。

(ｱ)　こぼれ　　(ｲ)　自生　　(ｳ)　発生　　(ｴ)　脱落
(ｵ)　成長

(4)　溶接後，間もなく溶接部に引張力を加えて破断すると，破面に魚眼状の銀点を生じていることがある。この原因は（　　　　）

による。

　(ｱ)　水素　　(ｲ)　酸素　　(ｳ)　窒素　　(ｴ)　炭素
　(ｵ)　けい素

(5)　旋盤のバイトの刃先の角は，バイトの生命ともいえる大切なもので，(　　　　)は横すくい角とともに切粉の流れをよくする。この角が大きくなると切れ味がよくなり，加工表面は美しくなるが，刃先は弱くなる。
　(ｱ)　前逃げ角　　(ｲ)　横逃げ角　　(ｳ)　二番　　(ｴ)　横二番
　(ｵ)　上すくい角

解　答
(1)―(ｳ)　　(2)―(ｳ)　　(3)―(ｲ)　　(4)―(ｱ)　　(5)―(ｵ)

# 実戦就職問題

## ■材料試験

【1】 右の図は軟鋼試験片の荷重－伸び
線図である。次の問いに答えなさい。

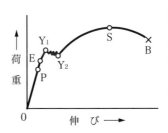

(1) 右図の各点はそれぞれ何を示して
いますか。

(2) 試験片に 50mm の標点距離をつけておき，引張試験機にか
けて破断した後測ったら 66mm あった。伸びは何パーセント
ですか。

 (2)材料が引張荷重を受けて伸びる量は，もとの長さの長短により
異なるので,伸びた長さを比較するのに百分率を用いることが多い。

【2】 次の記号は，硬さ試験の表示記号である。該当する試験方法
の名称を答えなさい。

(1) HV （　　　） 硬さ　　(2) HS （　　　） 硬さ

(3) HB （　　　） 硬さ　　(4) HR （　　　） 硬さ

 (4)HR は通常 C スケールを用いて HRC という。

【3】 次の各試験に該当する材料試験法を解答群より選び，その記
号を （　　　） に記入しなさい。また，(1)～(3)以外の材料試験法
にはどんなものがあるか，2 つ以上答えなさい。

(1) 引張試験 （　　　）　　(2) 硬さ試験 （　　　）

(3) 衝撃試験 （　　　）

《解答群》

(a) シャルピー　　(b) ショア　　(c) ロックウェル

(d) ブリネル　　(e) アムスラー　　(f) ビッカース

(g) アイゾット　　(h) リーレー

## ■金属材料

**【4】** 非破壊検査法を 3 つあげなさい。

**【5】** 次の記述で正しいものには○印を，誤っているものには×印を番号につけなさい。

(1) S45C の引張強さは約 45N/mm$^2$ である。

(2) 焼入れとは，オーステナイト組織の炭素鋼を水中または油中で急冷して硬度を増すことである。

(3) ロックウェル硬度計は先端にダイヤモンドのついたハンマーを一定の高さから落下させ，このはね上がり高さを計器上に指示するものである。

(4) 再結晶温度以下で行う加工を冷間加工，再結晶温度以上で行う加工を熱間加工といい，冷間加工では加工硬化が起こる。

(5) 金属の性質が，時間とともにかわることを時効といい，硬くなることを時効硬化という。

(6) 調質とは，焼入れ後 400℃以上で焼戻しをして，硬いマルテンサイト組織をトルースタイトまたはソルバイト組織にする操作をいい，一般には，焼入れ・焼戻し処理のことである。

> **ヒント！**　(1)S45C の C はカーボン（炭素）のこと。　(6)ソルバイトはパーライトより硬くて強じんで，衝撃抵抗の大きい組織。トルースタイトはそれよりさらに細かい。

**【6】** 鋼の組織で硬度が最も高いのは，次の組織のうちどれですか。

(1) トルースタイト　　(2) ソルバイト　　(3) パーライト

(4) マルテンサイト　　(5) フェライト　　(6) ベイナイト

> **ヒント！**　727℃以上のオーステナイト組織の炭素鋼を水冷（急冷）すると，どの組織になるか。水焼入れ鋼がもっとも硬くなる。

**【7】** 次の文中の空欄に当てはまる語を，それぞれの解答群の中から選び，記入しなさい。

(1) 白鋳鉄に熱処理を施し，ねばり強さを持たせた鋳鉄が（　　　　）で，マリアブル鋳鉄ともいう。白心と黒心の 2 種に分けられる。

《解答群》

球状黒鉛鋳鉄　　強じん鋳鉄　　可鍛鋳鉄　　チル鋳物

(2)　銅は赤色で展性・延性に富み，熱・電気の（　　　）で，磁界に入れた場合の磁性に関しては（　　　）である。

《解答群》

不導体　　良導体　　磁性体　　非磁性体

(3)　冷間加工によって加工硬化した鋼の内部ひずみを除いて軟化させたり，不安定な組織を安定化する目的の熱処理で，600〜650℃で加熱したのち，ゆるやかに徐冷する操作を（　　　）といい，結晶組織の大きなもの，内部応力のあるものを常態化する熱処理で，鋼をオーステナイト範囲に加熱し，空気中で放冷する操作を（　　　）という。

《解答群》

焼入れ　　焼戻し　　焼ならし　　焼なまし　　恒温焼入れ

(4)　ジュラルミンは焼入れすると時間とともに硬く，強くなる。この現象を（　　　）といい，航空機部品などに用いられる。

《解答群》

質量効果　　加工硬化　　自生作用　　時効硬化

(5)　（　　　）鋳造法は，精密な金型を用い，湯に圧力を加えて注湯し，鋳物をつくる方法で，精度が高く，機械仕上げがほとんど不要な製品ができ，アルミ，亜鉛合金の鋳造に多く利用されている。

《解答群》

遠心　　シェルモールド　　砂型　　低圧　　ダイカスト

【8】　次の文中の空欄に適当な語を入れなさい。

(1)　Bスケール，Cスケールを有する硬さ試験法は（　　　）試験である。

(2)　純鉄の組織は（　　　）である。

(3)　鉄や鋼の主要構成元素は，C，Si，Mn，P，Sの5つであるが，このうち有害な影響を与える元素は（　　　）と（　　　）である。

(4)　鋼球を押しつけて，くぼみの直径を計算式に代入して硬度を求める硬さ試験法は（　　　）試験である。

(5)　アルミニウムは（　　　）処理を施して，耐食性を高めることができる。

(6)　銅とすずの合金を（　　　）という。

(7)　黄銅は（　　　）と（　　　）の合金である。

(8)　18－8ステンレス鋼は（　　　）と（　　　）が18％,8％の割合で含まれている。

(9)　SnとPbのろう付用合金を（　　　）という。

(10)　焼入れなどの熱処理効果は，材料の太さや厚さおよび質量によって異なる。材料の大きさによる熱処理効果の違いの大きいことを（　　　）が大きいという。

(11)　ブリキは薄鋼板に（　　　）めっきをした鉄板で，バケツなどに用いられている。

(12)　亜鉛めっき鋼板を（　　　）板といい，腐食によく耐え，表面がなめらかである。

(13)　アルミニウムの原料は（　　　）である。

**ヒント！**　(9)Snはすず，Pbは鉛。

## ■材料記号

**【9】**　左側の材料記号に相当する材料名を右から選び，記号で答えなさい。

(1)　SS400　　　(ア)　一般構造用圧延鋼材

(2)　FC200　　　(イ)　ニッケルクロム鋼鋼材

(3)　S40C　　　(ウ)　炭素鋼鋳鋼品

(4)　SC450　　　(エ)　ねずみ鋳鉄品

(5)　CAC406　　(オ)　青銅鋳物

(6)　SNC631　　(カ)　機械構造用炭素鋼鋼材

(7)　SUS430　　(キ)　ステンレス鋼鋼材

**ヒント！**　(5)CACは，Copper Alloy Castingsの略。

**【10】**　左側の材料記号群と右側の名称群とを適合させて，記号で答えなさい。

(1)　SUS　　　(ア)　マグネシウム合金鋳物

| (2) | FC | (イ) | ニッケルクロム鋼 |
| (3) | SKH | (ウ) | 一般構造用圧延鋼 |
| (4) | SS | (エ) | 炭素鋼鋳鋼品 |
| (5) | MC | (オ) | ねずみ鋳鉄 |
| (6) | SC | (カ) | ステンレス鋼 |
| (7) | SNC | (キ) | 高速度工具鋼 |
| (8) | SF | (ク) | 硫黄快削鋼 |
| (9) | SUM | (ケ) | 炭素鋼鍛鋼品 |

**ヒント！** S はスティール(鉄)，F はフォージング(鍛錬)，C は炭素，SUS は スペシャル・ユーズド・ステンレス，M はマシナビリティ(快削)。

## 【11】 次の合金の主成分および合金成分を選んで (　　　) 内に記入しなさい。

|  |  | 主成分 | 合金成分 |
|---|---|---|---|
| (1) | 黄銅 | (　　) | (　　) |
| (2) | 18－8 ステンレス | (　　) | (　　) (　　) |
| (3) | はんだ | (　　) | (　　) |

[ Ni　Pb　Fe　Cu　Cr　Sn　Zn ]

## 【12】 次の材料記号に適する名称を右の語群から選び，記号で答えなさい。

| (1) | SUP | (ア) | アルミニウム合金鋳物 |
| (2) | SWP | (イ) | いおう快削鋼 |
| (3) | SK | (ウ) | りん青銅鋳物 |
| (4) | CAC5 | (エ) | 炭素鋼鍛鋼品 |
| (5) | AC | (オ) | クロムモリブデン鋼 |
| (6) | SUM | (カ) | 炭素工具鋼 |
| (7) | SF | (キ) | ピアノ線 |
| (8) | SCM | (ク) | ばね鋼 |
| (9) | FC | (ケ) | 炭素鋼鋳鋼品 |
| (10) | SC | (コ) | ねずみ鋳鉄 |

**ヒント！** UP はばね鋼，WP は線材，CAC は銅合金鋳物。

## ■熱 処 理

**【13】** 右の図は Fe－C 系平衡状態図の一部である。（　）には適する数字を，□□□には金属組織の名称を記入しなさい。

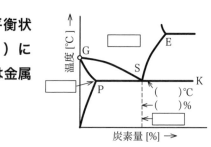

 A₁ 変態は PSK 線，A₃ 変態は GS 線，Acm 変態は SE 線。

**【14】** 炭素鋼の焼入れについて，（　）内の正しいものに○印をつけなさい。

(1) 加熱温度は（① A₃ 点以上　② A₁ 点　③ A₁ 点以下）である。

(2) 目的は（①材質を硬くする　②材質を粘くする　③材質を硬く粘くする）

(3) 焼入れ後の引張強さは，焼なまし後のそれと比べて（①低くなる　②高くなる　③変わらない）

**【15】** 次の鋼の熱処理の種類で，それを説明している文を選び，該当する記号を空欄に入れなさい。

(1) 焼ならし（　　　）　　(2) 焼なまし（　　　）

(3) 水焼入れ（　　　）　　(4) 焼もどし（　　　）

㋐ A₁ 変態点（727℃）以上に加熱して，オーステナイト組織にした炭素鋼を急冷するとマルテンサイト組織になる。

㋑ 鋼の粘り強さを回復し，衝撃値・伸び・絞りが増し，強さ・硬さを小さくするため，A₁ 変態点以下の温度に加熱して冷却する。

㋒ 加工硬化した鋼を軟化させ，結晶組織を安定化し，内部応力を除去するため，適当な温度（600〜650℃）に熱し，徐冷する操作。

㋓ 加工で生じた鋼の組織のみだれを常態化し，機械的性質を改善するため，A₃ 変態点（911℃）以上に加熱した後，空気中で放冷する。

焼ならし＝ normalizing，焼なまし＝ annealing，
焼入れ＝ quenching，焼戻し＝ tempering。

## ■切削加工・研削加工

【16】　ねじを切るために用いられる①工作機械名と②工具名をあげなさい。

【17】　右の図は，丸棒をバイトで旋削している図である。切削抵抗の３分力の方向および名称を図中に記入しなさい。

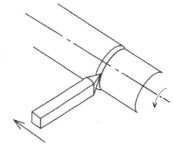

切削加工のとき刃物に作用する力を切削抵抗といい，直角をなす
３方向からの力の合力である。

【18】　ピッチ 6mm の親ねじを持つ旋盤で，ピッチ 2mm の右ねじを切削したい。旋盤の換え歯車の歯数を計算しなさい。ただし，旋盤の換え歯車の歯数は 20 〜 64 枚まで 4 枚とび，72，80，127 枚が用意してある。

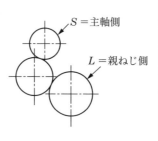
$S$ ＝主軸側
$L$ ＝親ねじ側

親ねじのピッチを $P$ [mm]，切るべきねじのピッチを $p$ [mm]，
主軸に取り付ける換え歯車を $S$，親ねじに取り付ける換え歯車を $L$
とすると，$\dfrac{p}{P} = \dfrac{S}{L}$ である。

【19】　図のようなプラグゲージを硬鋼（φ 28 × 130）から製作する場合，作業工程を 10 工程ぐらいにまとめなさい。使用機械，加工工具，また，注意すべき事項についても述べなさい。

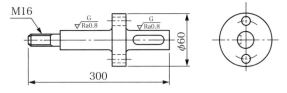

【20】　旋盤で直径 20mm の丸棒の外周切削を，スピンドルの回転数 1270min$^{-1}$（rpm）で行うとき，次の問いに答えなさい。

(1)　この切削速度（外周速度）は毎分何 m か。

(2)　1 回転当たりの送り速度を 1mm/rev 以上にしたいとき，往復台の送り速度を毎分何 m にすればよいか。

(1) $v = \dfrac{\pi D n}{1000}$　(2)送り速度 [mm/min] ＝回転数 min$^{-1}$（rpm）× 1 回転当たりの送り速度 [mm/rev]

【21】　旋盤で直径 30mm の硬鋼丸棒を切削する場合，切削速度を 14m/min とすると主軸の回転数はいくらか。

切削速度 $v = \dfrac{\pi D n}{1000}$ から求める。

【22】　図のようなシャフトを製作したい。次の文の（　　）の中に適当な語を記入しなさい。

(1)　シャフトの材質は S50C の鍛造品である。この素材の残留応力を除き，機械加工が容易にできるようにするため（　　）という熱処理を行う。

(2)　機械加工を行う前にシャフトの両端面に（　　）をあける必要がある。

(3)　外形を削るため工作機械は（　　）を使用する。

(4)　M16 ねじ部を加工する機械は通常（　　）である。

(5) キー溝は通常（　　　）を使って機械加工を行う。

(6) フランジ部の穴をあけるには通常（　　　）を使って機械加工する。

(7) シャフトは粘り強さと同時に摩耗に耐えることを必要とする。このため表面だけを硬化させたい。この目的のために（　　　）という熱処理を行う。

**【23】** 直径 40mm の軟鋼を旋盤で切削する場合，次の(1)〜(5)の問いに答えなさい。

(1) 900min⁻¹（rpm）の回転で切削するとき，切削速度 $v$ はいくらか。

(2) 主切削抵抗が 200N のとき，主軸にかかるトルク $T$ は何 N・m か。

(3) モータの回転数は 1800min⁻¹（rpm）である。減速比 $i$ はいくらか。

(4) このモータの出力 $P$ は何 kW か。機械的効率を 80% とする。

(5) モータ部分にかかるトルク $T$ は何 N・m か。

**ヒント！**

(2)切削動力 $P = \dfrac{F \cdot v}{60 \times 1000}$　　主軸のトルク $T = 9.55 \times 10^3 \times \dfrac{P}{n}$

ここで $P$ : [kW]，$F$ : 切削力 [N]，$v$ : 切削速度 [m/min]，$n$ : 回転数 [min⁻¹] (rpm)，$T$ : トルク [N・m]　(4)消費動力 $P_0 = \dfrac{P}{\eta}$

**【24】** 研削盤の種類を 5 つあげなさい。

**【25】** 次の(1)〜(8)の加工を行うとき，通常使用される工作機械は何か。適当と思う工作機械を(ア)〜(ケ)から選び記号で示しなさい。

(1) シャフトのキーみぞ加工　　　　　　　（　　　）（　　　）

(2) 平歯車の歯切り加工　　　　　　　　　（　　　）

(3) おねじ加工　　　　　　　　　　　　　（　　　）

(4) スプラインボス部のみぞ加工　　　　　（　　　）

(5) 焼きの入った軸の外周仕上げ加工　　　（　　　）

(6) ギアボックス（歯車箱）の穴加工　　　（　　　）

(7) エンジンのシリンダ穴の最終仕上げ加工（　　　）

(8) 平面部の切削加工　　　　（　　　）（　　　）（　　　）

(ア) 旋　盤　(イ) シェーパー　(ウ) フライス盤

(エ)　ホブ盤　　(オ)　ブローチ盤　　(カ)　中ぐり盤

(キ)　研削盤　　(ク)　ホーニング盤　　(ケ)　ボール盤

**ヒント！**

(1)軸のことをシャフトという。　(3)転造盤やダイスでも切れる。
(4)スプラインボスとは，めす部のこと。　(5)焼入れ綱は切削できない。　(6)主軸のシャフトが挿入される穴などの加工。　(8)中ぐり盤はフライス工具も付けられる。

**【26】**　次の図のノギスとマイクロメータの目盛りを読みとりなさい。

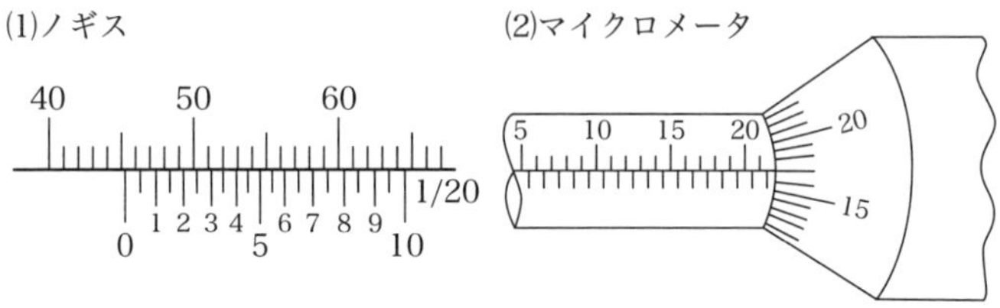

(1)ノギス

(2)マイクロメータ

## ■溶接・鋳造

**【27】**　溶接継手の種類を５つ以上あげなさい。

**【28】**　酸素アセチレン火炎について，右の構成図を利用して説明しなさい。

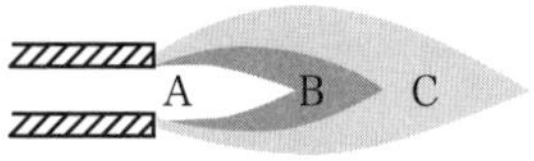

A　B　C

**【29】**　次の鋳鉄について簡単に説明しなさい。

(1)　可鍛鋳鉄　　(2)　ノジュラー鋳鉄

(3)　ミーハナイト鋳鉄　　(4)　チル鋳物

## ■総　　合

**【30】**　次の文の空欄に適する語を，下の解答群から選び，記入しなさい。

(1)　金属材料は静荷重で十分な強さを持っていても，（　ア　）や交番荷重を受けると，引張強さから計算した荷重よりも小さな荷重で破壊する。このような現象を（　イ　）という。この現象の程度を示したグラフを（　ウ　）という。

(2)　精密鋳造法には，高圧力を加え金型に湯を流し込む（　エ　）法，鋳型を高速回転して溶湯を注ぎ込む（　オ　）法，鋳型が

貝がら状になる（　カ　）法，ろうのような融点の低いもので原型をつくる（　キ　）法，気密な炉内で湯を上向きに流入する（　ク　）法などがある。

(3) 溶融した熱可塑性プラスチック材料を，ノズルを通して金型中に押し込む（　ケ　）法は，プラスチック成形の代表格である。

《解答群》

インベストメント　　Fe−C系平衡状態図　　疲れ　　回復

*S*−*N*曲線　　繰返し荷重　　最大荷重　　射出成形

ダイカスト　　低圧鋳造　　シェルモールド　　衝撃荷重

モリエ線図　　遠心鋳造　　加工硬化　　変態

ヒント！　(ア)自動車の車軸などは，絶えず方向の変わる荷重を繰り返し受ける。(オ)中空円筒の製作に適する。　(カ)フェノール系プラスチックと珪砂（けい砂）を混ぜた型砂の鋳型を使う。　(ク)ひけがなく，ち密な鋳物が得られる。

## 【31】　次の(1)～(10)に関係のあるものを(ア)～(コ)から選びなさい。

(1) 鋳物　　　　　(ア) machinability（マシナビリティ）

(2) 鍛造　　　　　(イ) planer（プレーナー）

(3) せん断加工　　(ウ) quenching（クエンチング）

(4) 転造　　　　　(エ) rolling（ローリング）

(5) 焼なまし　　　(オ) forging（フォージング）

(6) 焼入れ　　　　(カ) aging（エイジング）

(7) 合金鋼　　　　(キ) alloy steel（アロイスティール）

(8) 平削り盤　　　(ク) annealing（アニーリング）

(9) 時効　　　　　(ケ) shearing（シェアリング）

(10) 被削性　　　　(コ) casting（キャスティング）

## 【32】　次の(1)～(10)に関係のあるものを(ア)～(ス)から選びなさい。

(1) 構成刃先　　　(ア) バイト

(2) 鉄の比重　　　(イ) インボリュート

(3) ねじの有効径　(ウ) 浸炭

(4) ドリルの先端角(エ) 軸受合金

(5) ブロックゲージ(オ) リンギング

(6) ショア　　　　(カ) ブリネル

(7) 表面硬化　　　(キ) 三針法

(8)　マイクロメータ　　　(ク)　118 度

(9)　ケルメット　　　　　(ケ)　2.7

(10)　歯車　　　　　　　　(コ)　7.86

　　　　　　　　　　　　　(サ)　精密鋳造

　　　　　　　　　　　　　(シ)　溶接

　　　　　　　　　　　　　(ス)　スリーブとシンブル

【33】　被削性を A，展延性を B，可融性を C とすると，下記の事項に関係あるものに A，B，C の記号を入れなさい。

(1)　研　削（　　　　）　　　(2)　鋳　造（　　　　）

(3)　鍛　造（　　　　）　　　(4)　押出し加工（　　　　）

(5)　旋盤加工（　　　　）

【34】　次の各文の空欄に適する語句を，それぞれの選択肢から選び，記号で入れなさい。

(1)　φ 50 程度の貫通穴に，スプラインみぞを生産的に加工するには（　　　　）が使われる。

　　(ア)　ホブ盤　　(イ)　プレーナー　　(ウ)　ブローチ盤

　　(エ)　円筒研削盤

(2)　高速度工具鋼ドリルで軟鋼を切削するとき，（　　　　）程度の切削速度が適当である。

　　(ア)　5 m /min　　(イ)　30 m /min　　(ウ)　80 m /min

　　(エ)　200 m /min

(3)　超硬合金は（　　　　）を主成分にした焼結金属である。

　　(ア)　クローム　　(イ)　プラチナ　　(ウ)　炭化タングステン

　　(エ)　白金

(4)　ハンダ付けに使用されるハンダは，鉛と（　　　　）の合金である。

　　(ア)　銀　　(イ)　亜鉛　　(ウ)　錫（すず）　　(エ)　アルミニウム

　　(オ)　銅

(5)　普通旋盤の大きさを示すのに使用する「ベッド上の振り」とは，（　　　　）をいう。

　　(ア)　加工しうる加工物の最大長さ

　　(イ)　往復台の移動距離

　　(ウ)　ベッドに触れずに回転しうる加工物の最大径

　　㈎　刃物台の移動距離

(6)　ブロックゲージなどの測定器の長さ測定の標準温度は国際的

　　には（　　　　）である。

　　㈎　0°C　　㈄　10°C　　㈅　20°C　　㈎　28°C

(7)　セラミック工具は（　　　）を主成分にした焼結工具であり，

　　非常に高速度で切削することができる。

　　㈎　炭化タングステン　　　㈄　モリブデン

　　㈅　酸化アルミニウム

> **ヒント！**　(1)下穴として貫通穴は，すでにあいている。　(2)ハイスドリルのこと。超硬工具の場合は 80m/min。　(3)主成分の化学記号は WC。(4)はんだは Sn - Pb 合金。　(7)セラミックとは陶磁器のこと。1500℃の高温に耐える。

## 【35】　ある工場で，部品をつくるのに A の機械 3 台と B の機械 6 台とを使用したら 1 時間で 1200 個，A の機械 2 台と B の機械 3 台とを使用したら 1 時間で 680 個つくれた。次の問いに答えなさい。

(1)　A の機械，B の機械の 1 時間当たりの生産個数を求めなさい。

(2)　A の機械 4 台と，B の機械 3 台を使用して合計 2000 個の部品をつくるには何時間かかりますか。

> **ヒント！**　与えられたデータは，1 時間当たりの生産個数である。連立一次方程式で解くことができる。

## 【36】　切削加工と塑性加工について述べなさい。

> **ヒント！**　切削加工は材料の被削性を利用，塑性加工は金属の展延性を利用。

## 【37】　次の加工方法と関係のあるものを㈎〜㈏から選びなさい。

〔加工方法〕

①　きさげ仕上げ（　　　　）　　②　転造（　　　　）

③　スポット溶接（　　　　）　　④　ダイカスト法（　　　　）

⑤　ラップ仕上げ（　　　　）　　⑥　放電加工（　　　　）

⑦　超仕上げ（　　　　）　　　　⑧　ホーニング（　　　　）

(ｱ)　絶縁性のある溶液中で放電。

　　(ｲ)　回転する素材に工具を圧着する。

　　(ｳ)　溶湯に圧力を加えて金型に流し込む。

　　(ｴ)　電極を当てて溶接温度で加圧する。

　　(ｵ)　定盤と工作物の間に研磨剤を入れる。

　　(ｶ)　といしに微振動と圧力を加えて仕上げる。

　　(ｷ)　内燃機関のシリンダ内面の仕上げ加工。

　　(ｸ)　工作機械などのしゅう動面の仕上げ。

# 機械工作　チェックリスト

- ☐ 金属材料のかたさを測る方法には＜ *1* ＞＜ *2* ＞＜ *3* ＞＜ *4* ＞試験がある。
- ☐ S50C で表される材料記号の 50 とは＜ *5* ＞である。
- ☐ アルマイト処理とはアルミニウムの表面に＜ *6* ＞を作り，耐食性を向上させたものである。
- ☐ 鋼板に亜鉛めっき処理を施したものが＜ *7* ＞，鋼板にすずめっきをしたものが＜ *8* ＞。
- ☐ 疲れ強さは＜ *9* ＞曲線の水平部で求められる。
- ☐ 溶鋼を十分に脱酸を行ってから鋳込んだ鋼を＜ *10* ＞という。
- ☐ 焼入れして硬化した鋼に粘り強さを増加させるために行う熱処理を＜ *11* ＞という。
- ☐ 比例限度の意味を簡単に説明しなさい。＜ *12* ＞
- ☐ 鋳鉄は＜ *13* ＞％以上の C の他に，Si，Mn，P，S などを含んでいる。
- ☐ 18－8 ステンレスは＜ *14* ＞が 18％，＜ *15* ＞が 8％含まれている。
- ☐ ガス溶接に用いる最も一般的な可燃性のガスは何ですか。＜ *16* ＞
- ☐ アーク溶接棒の被覆剤の主な役割を述べなさい。＜ *17* ＞
- ☐ 焼入れによってできる硬い組織は＜ *18* ＞である。
- ☐ 切削速度を表す式は？＜ *19* ＞
- ☐ 旋盤でなしうる主な作業名を 3 種類以上あげなさい。＜ *20* ＞＜ *21* ＞＜ *22* ＞
- ☐ ラジアルボール盤に直径 30mm のドリルを装着して，鋳物に穴あけ加工をする。回転数を 300min$^{-1}$（rpm）に設定した場合，そのときの切削速度 [m/min] はいくらですか。＜ *23* ＞
- ☐ 構成刃先について説明しなさい。＜ *24* ＞
- ☐ 切削動力を表す式は？＜ *25* ＞
- ☐ 超硬合金は＜ *26* ＞，コバルト（Co）等の粉末を焼結して作ったものである。
- ☐ lathe（レース）とは何ですか。＜ *27* ＞
- ☐ NC 工作機械の NC は何の略ですか。＜ *28* ＞
- ☐ プレス機械により，平らな素材から継目のない容器状に成形する加工法を＜ *29* ＞という。
- ☐ 丸い素材を回転させてダイスに押し付け，ダイスと同じ形に圧造する加工法を＜ *30* ＞という。
- ☐ 鋼材加工用ドリルの先端角は何度ですか。＜ *31* ＞
- ☐ 切削油の使用目的を 2 つ書きなさい。＜ *32* ＞＜ *33* ＞
- ☐ 金属を接合する方法を 3 つ書きなさい。＜ *34* ＞＜ *35* ＞＜ *36* ＞
- ☐ 鋳物の型抜きをするため，木型などには＜ *37* ＞がついている。
- ☐ エンジンのシリンダの最終仕上げ加工は＜ *38* ＞加工が行われる。
- ☐ アーク溶接とは，電力を＜ *39* ＞にかえ，その＜ *40* ＞で溶接部を溶かし，＜ *41* ＞を加えて溶接する方法で，その他のアーク溶接としてイナートガス中で電極にタングステン棒を使用する＜ *42* ＞溶接と電極に母材とほぼ同じ金属棒を使う＜ *43* ＞溶接がある。
- ☐ 高温の状態で材料に一定の荷重を連続してかけると，変形量が時間とともに増加する現象を＜ *44* ＞という。
- ☐ フライス作業において，カッターの回転とテーブルの送り方向が同じ場合は＜ *45* ＞という。
- ☐ 600℃くらいまで硬さが低下せず，現在はバイト・ドリルなどに広く用いられている工具で製作や再研削が容易である切削工具材料名は＜ *46* ＞，さらに高温で硬く，耐摩耗性に優れているため高速切削が可能で，P，K，M 種などがある工具は＜ *47* ＞である。
- ☐ ホブ盤で歯切りをするときは＜ *48* ＞，フェロース歯切り盤では＜ *49* ＞で歯切りが行われる。
- ☐ ドリルであけた穴の精度をあげ，なめらかにするために使われる切削工具は＜ *50* ＞である。

*1.* ロックウエル　*2.* ビッカース　*3.* ショア　*4.* ブリネル　*5.* 炭素含有量
*6.* 酸化膜　*7.* トタン
*8.* ブリキ　*9.* $S-N$
*10.* キルド鋼　*11.* 焼戻し
*12.* 軟鋼の応力ひずみ線図において，応力とひずみが比例して変化する領域の限度。　*13.* 2.06　*14.* クロム
*15.* ニッケル
*16.* アセチレンガス
*17.* アークや溶融金属を大気からしゃ断する。
*18.* マルテンサイト
*19.* $v=\dfrac{\pi Dn}{1000}$

*20.* 外丸削り　*21.* 面削り
*22.* 突切り，他
*23.* 28.27 [m/min]
*24.* アルミニウムなどを低速で切削すると被削材の一部が刃先に付着し，これが切削工具にかわって切削作用をする。
*25.* $P=\dfrac{F\cdot v}{60\times 1000\eta}$
*26.* 炭化タングステン
*27.* 旋盤
*28.* numerical control
*29.* 深絞り
*30.* 転造　*31.* 118 度
*32.* 潤滑　*33.* 冷却
*34.* 溶接　*35.* 圧接
*36.* 鍛接　*37.* 抜き勾配
*38.* ホーニング
*39.* アーク　*40.* 熱
*41.* 溶加材　*42.* ティグ
*43.* ミグ　*44.* クリープ
*45.* ダウンカット
*46.* 高速度工具鋼
*47.* 超硬合金
*48.* 創成歯切
*49.* ピニオンカッター
*50.* リーマ

# 原 動 機

○原動機とは，石油や石炭などの化石燃料を燃やしたときの熱エネルギー，空気や水のような流体のもつエネルギーなど自然界に存在するさまざまなエネルギーを，機械を動かすための力学的エネルギーに変換する装置の総称です。

○流体を利用してエネルギー変換を行う流体機械の構造と基本的性質，油圧・空気圧装置の原理と機能などは，企業の生産現場では日常的に使う知識なので，十分に理解しておきましょう。

○熱機関の作動原理や熱力学の基本的な理論，蒸気動力プラントの構造や冷凍装置の作動原理などは，機械系のさまざまな産業分野に関連することがらです。

## 重要事項の整理

### 1　流体機械

(1)　圧力

ある面の単位面積あたりにはたらく力。

$$p = \frac{F}{A} = \rho g h \ \text{〔Pa〕：液中の底面に働く圧力}$$

$p$：圧力〔Pa〕

$F$：液中の底面にはたらく力〔N〕

$A$：液柱の底面積〔m²〕

$h$：液柱の高さ〔m〕

$\rho$：液体の密度〔kg/m³〕

$g$：重力加速度〔m/s²〕

(2)　圧力の単位

$1\text{N/m}^2 = 1\text{Pa}$

大きい圧力に対しては，kPa，MPa が用いられる。

(3)　絶対圧とゲージ圧

絶対圧 $p_a$＝ゲージ圧 $p_g$＋大気圧 $p_o$　〔Pa〕

ゲージ圧 $p_g$＝絶対圧 $p_a$－大気圧 $p_o$　〔Pa〕

$p_a$：絶対圧〔Pa〕

$p_g$：ゲージ圧〔Pa〕

$p_o$：大気圧〔Pa〕

1 標準大気圧（水銀柱 760mm の高さに相当する圧力）＝ 101.325kPa

(4)　流量

$Q = Av$ 〔m³/s〕

$Q$：流量〔m³/s〕

$A$：管路の断面積〔m²〕

$v$：平均流速〔m/s〕

(5)　ベルヌーイの定理

$$\frac{p}{\rho g} + \frac{v^2}{2g} + z = H = \text{一定}$$

$\dfrac{p}{\rho g}$：圧力ヘッド（圧力水頭）〔m〕

$\dfrac{v^2}{2g}$：速度ヘッド（速度水頭）〔m〕

$z$：位置ヘッド（位置水頭）〔m〕

$H$：全ヘッド（全水頭）〔m〕

(6)　トリチェリの定理

$v = \sqrt{2gh}$ 〔m/s〕

$v$：流出速度〔m/s〕

$g$：重力加速度〔m/s²〕

$h$：流出口から水面までの高さ〔m〕

(7)　ポンプの動力

$P_w = \rho\, g Q H$ 〔W〕

$P_w$：水動力〔W〕

$\rho$：水の密度〔kg/m³〕

$Q$：吐出し量〔m³/s〕

$H$：全揚程〔m〕

全揚程＝実揚程＋全損失ヘッド

## 2　油圧・空気圧装置

(1)　パスカルの原理

　　密閉容器の中に閉じ込められた流体の一部に圧力を加えると，その圧力はすべての部分に同じ大きさで伝わるという原理。

(2)　アクチュエータ

　　油圧や空気圧の流体のエネルギーを，機械的な仕事に変換する装置で，油圧シリンダや油圧モータなどがある。

(3)　油圧制御弁

　　①圧力制御弁　②流量制御弁　③方向制御弁

(4)　油圧シリンダにはたらく力

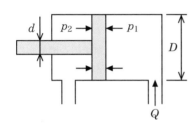

　　ピストンの推力……

$$F = \frac{\pi}{4} D^2 p_1 - \frac{\pi}{4} (D^2 - d^2) p_2 \ \text{(N)}$$

$F$：ピストンの推力〔N〕

$Q$：油の流入量〔m³/s〕

$D$：シリンダ内径〔m〕

$d$：ピストンロッド直径〔m〕

$p_1$：流入側の油の圧力〔Pa〕

$p_2$：流出側の油の背圧〔Pa〕

　　ピストンの速度……$v = \dfrac{Q}{\dfrac{\pi}{4} D^2}$ 〔m/s〕

$v$：ピストンの速度〔m/s〕

　　ピストンの出力……$P = Fv$ 〔W〕

$P$：ピストンの出力〔W〕

## 3　内燃機関

(1)　絶対温度とセルシウス温度

　　$T = t + 273.15$ 〔K〕

　　$T$：絶対温度（熱力学温度）〔K〕

　　$t$：セルシウス温度〔℃〕

(2)　熱量と比熱

　　$Q = mc\,(T_2 - T_1)$ 〔J〕

　　$Q$：熱量〔J〕

$m$：質量〔kg〕

$c$：比熱〔J/(kg・K)〕

$T_2 - T_1$：温度変化〔K〕

(3)　理想気体の状態変化

$pv = RT$ 〔J/kg〕

$pV = mRT$ 〔J〕

$p$：気体の圧力〔Pa〕

$v$：比体積〔m³/kg〕

$T$：絶対温度〔K〕

$R$：気体定数〔J/(kg・K)〕

$V$：気体の体積〔m³〕

$m$：気体の質量〔kg〕

(4)　軸出力

$P_e = \eta_m Pi$ 〔kW〕

$P_e$：軸出力〔kW〕

$\eta_m$：機械効率

$P_i$：図示出力〔kW〕

(5)　図示出力

$$P_i = p_{mi} V_s z \cdot \frac{na}{60} \ \text{(kW)}$$

$p_{mi}$：図示平均有効圧力〔MPa〕

$n$：回転速度〔min$^{-1}$〕(rpm)

$Vs$：排気量（行程容積）〔L〕

$z$：シリンダ数

$na$：毎分の爆発回数（4サイクル機関は$a = 0.5$，2サイクル機関は$a = 1$）

(6)　軸トルクと軸出力

$$P_e = \frac{2\pi n T_e}{60 \times 1000} \ \text{(kW)}$$

$$T_e = \frac{60 \times 1000 \times P_e}{2\pi n} \ \text{(N・m)}$$

$P_e$：軸出力〔kW〕

$T_e$：軸トルク〔N・m〕

$n$：回転速度〔min$^{-1}$〕(rpm)

(7)　排気量（行程容積）

$$V_s = \frac{\pi D^2}{4} s$$

$V_s$：排気量（行程容積）〔L〕〔cm³〕

$s$：行程〔mm〕

$D$：シリンダ内径〔mm〕

$V = V_s z$ 〔L〕〔cm³〕

$V$：総排気量（総行程容積）〔L〕〔cm³〕

$z$：シリンダ数

(8)　圧縮比 $\varepsilon$

　　シリンダ容積とすきま容積の比。

$Vt = Vs + Vc$

$$\varepsilon = \frac{V_t}{V_c} = \frac{V_s + V_c}{V_c} = \frac{V_s}{V_c} + 1$$

$Vt$：シリンダ容積〔L〕（$cm^3$）

$Vc$：すきま容積（燃焼室容積）〔L〕（$cm^3$）

(9) 4サイクルガソリン機関の $pV$ 線図

$p$：シリンダ内の圧力

$V$：シリンダ内の容積

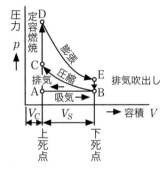

(10) 基本サイクル

定容サイクル→ガソリン機関

定圧サイクル→低速中速ディーゼル機関

複合サイクル→高速ディーゼル機関

（複合サイクル：定容サイクルと定圧サイクルを組み合わせたサイクルで，サバテサイクルともいう。）

(11) カルノーサイクルの熱効率

$$\frac{Q_2}{Q_1} = \frac{T_2}{T_1}$$

$$\eta_c = \frac{W}{Q_1} \times 100 = \left(1 - \frac{Q_2}{Q_1}\right) \times 100 = \left(1 - \frac{T_2}{T_1}\right) \times 100 \, [\%]$$

$Q_1$：高熱源からの熱量〔J〕

$Q_2$：低熱源への熱量〔J〕

$T_1$：高熱源の温度〔K〕

$T_2$：低熱源の温度〔K〕

$\eta_c$：熱効率〔%〕

## 4　蒸気動力プラント

(1) 蒸気の性質

①飽和温度　②飽和水　③飽和圧力

④飽和蒸気　⑤湿り空気　⑥乾き度

⑦湿り度　⑧潜熱　⑨過熱蒸気

(2) ボイラの換算蒸発量

$$G_e = \frac{G(h_2 - h_1)}{2256} \, \text{〔kg/h〕}$$

$G_e$：換算蒸発量〔kg/h〕

$G$：実際の蒸発量〔kg/h〕

$h_2$：過熱蒸気の比エンタルピ〔kJ/kg〕

$h_1$：給水の比エンタルピ〔kJ/kg〕

蒸発潜熱：2256〔kJ/kg〕（温度基準）

(3) 原子炉のおもな構成

①核燃料　②減速材　③冷却材

④制御棒　⑤遮蔽体　⑥監視装置

(4) 原子炉の種類

①軽水炉（加圧水型原子炉と沸騰水型原子炉）

②重水炉　③ガス冷却炉　④高速増殖炉

## 5　冷凍装置

(1) 冷凍の原理と冷凍サイクル

物体から別の物体へ熱を移動させるためには，冷媒という作動流体を使う。

冷凍機内で受熱した冷媒液は気化して冷媒蒸気となり，その熱を機外に放熱し，再び冷媒液にもどる。この繰り返しを冷凍サイクルという。

(2) 蒸気圧縮冷凍機の構成

①膨張弁　②蒸発器　③圧縮機

④凝縮器　⑤受液器

(3) 吸収冷凍機の構成

①蒸発器　②吸収器　③再生器

④凝縮器　⑤吸収剤　⑥熱交換器

⑦ポンプ

(4) 冷媒の種類

①特定フロン　②代替フロン

③自然冷媒

# 力だめし

## さあやってみよう！

【典型問題1】　図のような管路に水が充満して流れている。断面①の流速を 1.5m/s，断面積を 0.4m² とすれば，流量は何 m³/s か。また，断面①，②，③の流速がそれぞれ 4m/s，25m/s，10m/s で，断面①の断面積が 0.5m² であるとすれば，断面②と③における断面積はそれぞれ何 m² か求めなさい。

**ここがポイント！**

典型問題1
1つの管路を流体が充満して流れている場合、管路のどの断面でも流量は等しい。これを「連続の式」といい，各管路の断面積 $A$[m²] と流速 $v$[m/s] のあいだには，$Q = A_1 v_1 = A_2 v_2 = \cdots\cdots = A_n v_n = $ 一定[m³/s] という関係式が成り立つ。この式では、水などの非圧縮性流体とみなされる流体のときには、どの断面においても単位時間に流れる流体の体積が等しいことを示している。

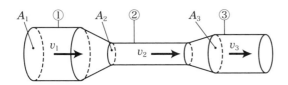

### 解き方

　断面①の断面積 $A_1 = 0.4$[m²]，流速 $v_1 = 1.5$[m/s]，流量は，体積流量 $Q = Av$ であるから，$Q = A_1 v_1 = 0.4 \times 1.5 = 0.6$[m³/s]

　次に，断面①，②，③における流量は，どの断面でも等しいから，断面①の断面積 $A_1 = 0.5$[m²]，流速 $v_1 = 4$[m/s]，流速 $v_2 = 25$[m/s]，流速 $v_3 = 10$[m/s] とすると，連続の式より，$Q = A_1 v_1 = A_2 v_2 = A_3 v_3$

　したがって，$A_1 v_1 = A_2 v_2$ を式変形して，断面②の断面積

$$A_2 = A_1 \times \frac{v_1}{v_2} = 0.5 \times \frac{4}{25} = 0.08 \ [\text{m}^2]$$

同様にして，$A_1 v_1 = A_3 v_3$ を式変形して，断面③の断面積

$$A_3 = A_1 \times \frac{v_1}{v_3} = 0.5 \times \frac{4}{10} = 0.2 \ \ [\text{m}^2]$$

### 解　答

　流量 0.6[m³/s]　　断面②における断面積 0.08[m²]，　断面③における断面積 0.2[m²]

【典型問題２】　高熱源の温度 260℃，低熱源の温度 42℃で作用するカルノーサイクルの熱効率を求めよ。また，このサイクルに供給される熱量が１サイクルあたり 32kJ としたときの仕事は何 kJ か。

**解き方**

高熱源の温度 $T_1 = 260 + 273.15 = 533.15$[K]，
低熱源の温度 $T_2 = 42 + 273.15 = 315.15$[K]，
カルノーサイクルの熱効率を $\eta_c$ とすれば，

$$\eta_c = \left(1 - \frac{T_2}{T_1}\right) \times 100 = \left(1 - \frac{315.15}{533.15}\right) \times 100 = 40.9[\%]$$

また，供給される熱量を $Q_1 = 32$[kJ]，仕事を W[kJ] とすれば，

$$\eta_c = \frac{W}{Q_1} \times 100 [\%]\ であるから，Q_1 = 32[\mathrm{kJ}]，仕事\ W[\mathrm{kJ}]\ より求める仕事，$$

$$W = \eta_c Q_1 = 0.409 \times 32 = 13.1[\mathrm{kJ}]$$

**解　答**

熱効率 40.9[％]　　　仕事 13.1[kJ]

【典型問題３】　次の問いに答えなさい。

図のような円筒形のタンクがある。断面①の圧力 $p_1 = 98\mathrm{kPa}$，断面①の流路の高さは，基準面から４mである。また，断面②の流路の高さは，基準面から 0.5 mである。

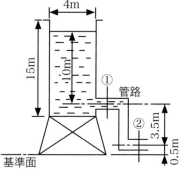

(1)　タンクを水でいっぱいに満たしたとき，水の体積は何 $\mathrm{m}^3$ か。ただし，管路の部分は含まないものとする。

(2)　断面①の全ヘッドは何 m か。ただし，断面①の流速は 1m/s，水の密度は 1000kg/$\mathrm{m}^3$，重力加速度は 9.8m/$\mathrm{s}^2$ で計算するものとする。

(3)　断面②の流速が 1m/s のとき，断面積②の圧力ヘッドは何 m か，また，断面②の圧力 $p_2$ は何 kPa か求めなさい。

**解き方**

(1) タンクの直径 $d = 4$[m]，高さ $h = 15$[m] であるから，タンクの体積を $V$[m³] とするとき，

$$V = \frac{\pi d^2}{4} h = \frac{3.14 \times 4^2}{4} \times 15 = 188.4\,[\,\text{m}^3]$$

(2) 断面①における位置ヘッド $z_1 = 4$[m]，流速 $v_1 = 1$[m/s]，圧力 $p_1 = 98$[kPa] $= 98 \times 10^3$[N/m²]，水の密度 $\rho = 1000$[kg/m³]，重力加速度 $g = 9.8$[m/s²] とすれば，ベルヌーイの定理より全ヘッド $H$ は，

$$H = \frac{p_1}{\rho g} + \frac{v_1^2}{2g} + z_1 \text{ だから，}$$

$$H = \frac{98 \times 10^3}{1000 \times 9.8} + \frac{1^2}{2 \times 9.8} + 4 = 10 + 0.05 + 4 = 14.05\,[\text{m}]$$

(3) 断面②の位置ヘッド $z_2 = 0.5$[m]，断面②の流速 $v_2 = 1$[m/s]，だから，断面積②の圧力ヘッドは，$\dfrac{p_2}{\rho g} = H - \dfrac{v_2^2}{2g} - z_2$ より，

$$\frac{p_2}{\rho g} = 14.05 - \frac{1^2}{2 \times 9.8} - 0.5 = 13.5\,[\text{m}]$$

また，断面②の圧力 $p_2$ は，$\dfrac{p_2}{\rho g} = 13.5$ より，

$$p_2 = 13.5 \times \rho g = 13.5 \times 1000 \times 9.8 = 132.3 \times 10^3 [\text{N/m}^2] = 132.3 [\text{kPa}]$$

**解 答**

(1) 188.4[m³]　　(2) 14.05[m]　　(3)圧力ヘッド 13.5[m]，圧力 132.3[kPa]

ここがポイント！

# 実戦就職問題

## ■パスカルの原理

【1】　右図は，断面積の異なるピストン①とピストン②を図のように
につないだ油圧機の略図である。ピストン①の直径を 20mm，
ピストン②の直径を 50mm とし，ピストン①が上から 40N の
力で押されているとする。このとき，ピストン②にはいくらの力
が働きますか。ただし，ピストンの自重は無視してよい。

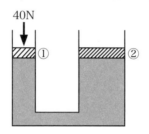

　パスカルの原理。水がピストン①を押す圧力はピストン②を押す
圧力に等しい。

【2】　下図のような装置で，小ピストンの直径が 60mm，大ピス
トンの直径が 200mm のとき，大ピストンに 900N の力を発
生させるには，小ピストンをいくらの力で押せばよいか求めなさ
い。ただし，ピストンの自重は無視してよい。

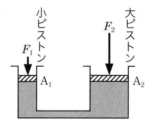

　ピストンの断面積比が圧力の比となる。

## ■圧力の強さ

【3】　下図のような容器内の水の圧力を，水銀柱 U 字管マノメー
　　タで測定しようとしている。水銀柱の高さの差が 800mm，水
　　柱の高さが 450mm あった。このとき，　Ⓐの圧力をゲージ圧と
　　絶対圧で求めなさい。ただし，大気圧は 1 標準気圧 (101.3kPa)
　　とし，水銀の密度は $13.6 \times 10^3 kg/m^3$ とする。

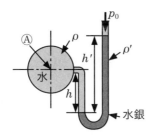

$p = \rho gh$，　絶対圧＝ゲージ圧＋大気圧，大気圧は 101.3[kPa]
水銀は「水銀による環境汚染の防止に関する法律」で規制の対象
になっているが，計算問題として水銀柱を使った出題例がある。

【4】　下図のように水銀を入れた U 字管の一方に，$p_1 = 300kPa$
　　の水圧が働き，他方に $p_2 = 292kPa$ の水圧を生じたとき，水
　　銀柱の高さの差 $h'$ は何 mm になるか求めなさい。ただし，水の
　　密度は $1000kg/m^3$，水銀の密度は $13.6 \times 10^3 kg/m^3$，$h =$
　　120mm とする。

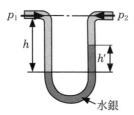

$p_1 + \rho gh' = p_2 + \rho'gh'$　$\rho$：水の密度 $\rho'$：水銀の密度，問題文
中には必要のない数値があるので注意。

【5】　灯油（密度 $800kg/m^3$）が貯蔵されている地下タンクがあ
　　る。油面からの深さ 2m の位置における圧力 kPa を求めなさい。

圧力＝液体の密度×重力加速度×液柱の高さ

【6】　直径 12m の円筒形のガソリン貯蔵タンクがある。油面の高さが 10m のとき, タンク底面の受ける圧力は何 kPa か。ただし, ガソリンの密度は 720kg/m³ とする。

　圧力はタンクの大きさには無関係である。

【7】　下図のように, 容器内の水圧をマノメータで測った。水柱の高さが 105cm のとき, 容器中心における圧力はゲージ圧で何 kPa となるか求めなさい。また, 絶対圧で何 kPa となるか求めなさい。ただし, 水の密度を 1000kg/m³, 大気圧は 1 標準気圧 (101.3kPa) としなさい。

　ゲージ圧＝液体の密度×重力加速度×液柱の高さ

## ■流体のエネルギー

【8】　下図のようなダムから放水するとき, 水面から放水口までの深さが 19.6m であれば, 放水口での水の流出速度は何 m/s か求めなさい。また, 水面が 14.7m 下降したときの流出速度は何 m/s か求めなさい。

　トリチェリの定理。流出速度 $v=\sqrt{2gh}$

【9】　流水について, ある位置で圧力を測定したら 196kPa であった。この位置における圧力ヘッドは何 m か求めなさい。

　圧力ヘッドは $\dfrac{p}{\rho g}$

水圧 $p[\text{N/m}^2]$ ÷（水の密度 $\rho$ [kg/m³] ×重力加速度 $g[\text{m/s}^2]$）

**【10】**　次の文章の空欄を埋めなさい.

(1)　水がパイプの中を流れているとき，仕切り弁などで流路を急に遮断すると，弁の上流で水圧が著しく上昇し，管路を破壊することがある。この現象を（　①　）という。

(2)　流れの途中で流体の出入りがない定常流であれば，任意のどの断面においても，圧力のエネルギー，速度のエネルギー，位置のエネルギーの総和は一定である。これを（　②　）の定理という。

(3)　ゲージ圧＝絶対圧−（　③　）である。

(4)　物体がいろいろな状態変化を繰り返すことを（　④　）という。

(5)　ガソリン機関の燃料パイプなどで，燃料がパイプの内部で蒸発して気泡を生じ，燃料が流れなくなる現象を（　⑤　）という。

　　(4)周期　　(5)蒸気は vapor という。

## ■ポンプ

**【11】**　全揚程 27m，吐出し量 6.6m³/min のポンプで揚水するとき，このポンプの水動力を求めなさい。また，ポンプの効率を 80％とすると，必要な軸動力はいくらですか。水の密度は 1000kg/m³ とする。

　　まず，吐出し量を m³/s で計算する。

## ■内燃機関

**【12】**　次の文中の（　　）に適する語句を入れなさい。

(1)　容積形の内燃機関には，ピストン式の往復動機関や回転するロータをもつロータリエンジンが該当するが，ガスタービンやジェットエンジンは（　①　）形の内燃機関に分類さている。

(2)　往復動機関は，燃焼ガスのエネルギーによってシリンダ内をピストンが往復運動し，コネクティングロッドを介してその力を（　②　）で回転運動に変えている。

(3)　熱エネルギーと仕事の基本的な関係を表した法則を（　③　）

法則とよび，熱機関が連続的に動くためには，熱エネルギーを仕事に変える必要があることを示している。

⑷　熱機関が加えた熱エネルギーを連続的に仕事に変換するには，常に熱源よりも低い温度の物体を必要とする。この法則を（　④　）法則と呼んでいる。

⑸　2サイクルエンジンは，クランク軸1回転で（　⑤　）回の燃焼によって下降行程と上昇行程の2行程を行い，この間にピストンが吸入した新気で燃焼ガスを排気口から外部に追い出すための（　⑥　）という2サイクルエンジン特有の作用を行っている。

 ⑴内燃機関は膨張形式で2つに分類されている。　⑶熱エネルギーを仕事に，あるいは仕事を熱エネルギーにも変換できることを表す法則。　⑸小型エンジンでは，上昇行程で混合気をクランクケース内に吸い込み，下降行程でシリンダ内に押し出す。

**【13】**　小型の単気筒ガソリン機関のシリンダ内径 38mm，行程 44mm のとき，この機関の排気量は何 cm³ か求めなさい。ただし，円周率は 3.14 として計算しなさい。

 排気量（行程容積）$V_s = \dfrac{\pi D^2}{4} \times s$，内径：$D$，行程：$s$

**【14】**　ガソリン機関とディーゼル機関のおもな特徴を述べなさい。

**【15】**　ピストンに加わる燃焼ガスの圧力と往復運動するピストンの変位との関係を実際に記録した線図の名称を答えなさい。

 この線図は，実際のシリンダ内圧力変化を p－V 線図と同様に横軸をシリンダ内の体積，縦軸をシリンダ内の圧力で示す線図。

**【16】**　ガソリン機関の図示出力が 60kW のとき，この機関の軸出力は何 kW か求めなさい。ただし，機械効率を 0.82 とする。

**【17】**　内径 75mm，行程 80mm の乗用車用 4 気筒ガソリン機関の総排気量は何 L か求めなさい。

 総排気量は，排気量×気筒（シリンダ）数のこと。
単位の換算値　$1mm^3 = 1 \times 10^{-6}L$　$1cm^3 = 0.001L = 1 \times 10^{-3}L$

【18】　下のグラフはガソリン機関の性能曲線を示すものである。軸出力 $P_e$，軸トルク $T_e$，燃料消費率 $b$ の線はどれか，それぞれ番号で答えなさい。

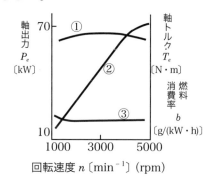

回転速度 $n$〔min$^{-1}$〕(rpm)

【19】　総排気量が 657 cm$^3$ で圧縮比 10.2 の 3 気筒ガソリン機関がある。この機関のすきま容積は何 cm$^3$ か。

　　　　圧縮比はシリンダ容積 $V_t$ とすきま容積 $V_c$ （燃焼室容積）との比。
シリンダ容積 $V_t$ ＝すきま容積 $V_c$ ＋行程容積 $V_s$

【20】　次の文章の空欄に適当な語句を入れなさい。

(1)　一般的な自動車用ガソリン機関から排出される排気ガス中には，空気が供給不足のまま燃焼するときに生じる（　①　），未燃焼のままの燃料が排出されて生じる（　②　），高温燃焼で生じる（　③　）などの有害物質が含まれている。

(2)　熱機関の出力性能向上を比較するための指標として，熱源から得た熱エネルギーをどのくらい有効な仕事に変換できたかを割合で表したものを（　④　）という。

(3)　ガソリン機関用燃料のアンチノック性を定量的に表すときには（　⑤　）が用いられる。また，ディーゼル機関用燃料の着火性を定量的に表すのには（　⑥　）が用いられる。

(4)　ガスタービンは，（　⑦　）を圧縮機で圧縮し，燃焼器の中で（　⑧　）を噴射して（　⑨　）かつ（　⑩　）の燃焼ガスをつくり，これをタービン羽根に当てて動力を利用する機関である。

　　　　(3)アンチノック性とは，ノッキング（異常燃焼）を起こしにくい性質のこと。

【21】　次の文の（　　）内に入る適切な語句を下の解答群より選び，記号で答えなさい。

(1)　右図は（　①　）機関の $pV$ 線図で，定容サイクルと定圧サイクルを組み合わせた複合サイクルで（　②　）サイクルとも呼ばれている。

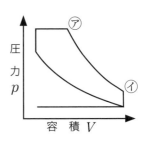

(2)　図中の㋐－㋑区間の状態変化は，（　③　）膨張である。

(3)　理想気体の状態変化は $pV = mRT$ で示され，質量 $m$ の理想気体の R は気体の種類によって定まる値で（　④　）という。この式において，体積一定のもとでの状態変化を（　⑤　）変化，温度一定のもとでの状態変化を（　⑥　）変化，圧力一定のもとでの状態変化を（　⑦　）変化という。

《解答群》

a. ロータリ　　b. ガソリン　　c. LPG　　d. CNG

e. オットー　　f. ディーゼル　　g. サバテ　　h. 比熱定数

i. ガスタービン　　j. 等　温　　k. 断　熱　　l. 定　圧

m. 定　容　　n. ポリトロープ　　o. カルノー　　p. 気体定数

　(1)サバテサイクルは，定容サイクルと定圧サイクルを合成したもの。

【22】　次の文中の空欄に語句を入れなさい。

(1)　CNG 機関は，ガソリンのかわりに（　①　）を燃料に用いる機関である。

(2)　熱機関は，作動流体にサイクルを行わせて熱を仕事に変える。サイクルを行う作動流体の状態変化は，縦軸に（　②　）$p$，横軸に（　③　）$V$ をとった $p$-$V$ 線図で表したり，縦軸に（　④　）$T$，横軸に（　⑤　）$s$ をとる $T$-$s$ 線図で表したりする。

(3)　単位質量（1kg）あたりの物質の温度を 1 K だけ上昇させるために必要な熱量をその物質の（　⑥　）という。

　(1)代替燃料機関として利用されはじめたガス機関。　(3)水の場合は 4.186kJ/(kg・K)

# ■ボ イ ラ

**【23】** 次の文の（　）の中に適する語句を解答群から選び答えなさい。

(1) ボイラの基本的な構成は，燃料を燃焼させる（　①　）とボイラ本体，そのほかに，過熱器・（　②　）・（　③　）などから成る。

(2) 過熱器は，ボイラ本体の（　④　）を導いて過熱蒸気とする装置である。

(3) エコノマイザは，燃焼ガスの余熱を利用して，ボイラの給水を（　⑤　）する装置である。

(4) （　⑥　）は構造上からボイラ胴の径が大きく，高圧蒸気の発生や大容量のものには適さない。

(5) 水管ボイラは，丸ボイラのものより小径の（　⑦　）と多数の細い（　⑧　）を組み合わせたもので，高温・高圧の蒸気が得られ大容量に適している。

(6) （　⑨　）ボイラは，細い管で構成されるので高圧に適し，ボイラ水の循環がなく，ボイラ胴も不要で，始動が速いボイラの代表的なものである。

《解答群》

飽和蒸気　　ボイラ胴　　水管　　貫流　　予熱
エコノマイザ　　丸ボイラ　　火炉　　空気予熱器　　空気
煙道　　給水　　ラモント　　火格子　　ストーカ燃焼

ボイラの種類…丸ボイラ，水管ボイラ，貫流ボイラ。
火炉＝炉のこと　エコノマイザ＝節炭器のこと

**【24】** 自然循環ボイラ，強制循環ボイラの特徴を比較しなさい。

**【25】** 次の文中の空欄に語句を入れなさい。

(1) 飽和水を加熱すると一部が飽和水と同温同圧の蒸気となり沸騰が起こる。このとき発生する蒸気を（　①　）という。

(2) 乾き飽和蒸気をさらに過熱すると飽和温度以上に温度が上昇する。この過熱された蒸気を（　②　）とよぶ。

(3) ボイラの運転中に蒸気流量が急増した場合など，蒸気といっ

しょに水分が蒸気側へ送り出される現象を（　③　）という。

(4)　ボイラ水が激しく沸騰し，発生した蒸気に混じって水分や溶解固形物などが送り出されてしまう現象を一般的に（　④　）という。

(3)「水気立ち」ともいう

## ■冷凍装置

**【26】**　ヒートポンプについて述べなさい。

**【27】**　蒸気圧縮冷凍機と吸収冷凍機のおもな特徴を述べなさい。

吸収冷凍機は圧縮機を必要としない。

**【28】**　次の文中の空欄に語句を入れなさい。

(1)　冷凍機は，物体の温度を下げる側の低温側から高温側に熱エネルギーを移動させる（　①　）という作動流体を利用する。

(2)　冷媒液は熱を吸収すると気化して冷媒蒸気になり，物体から熱エネルギーを受け取り，物体は冷やされる。気化した冷媒蒸気は，別の物体に熱エネルギーを移し，再び冷媒液にもどる。この一連の繰返しを（　②　）とよぶ。

(3)　冷凍機の（　③　）は，蒸発器からの冷媒蒸気を圧縮し，高温高圧の冷媒蒸気にして凝縮器へ送る機械である。

(4)　（　④　）は，高温高圧の冷媒蒸気を冷却させ，冷媒液に戻すための熱交換器の役目をしている。

(5)　（　⑤　）は，それ自身では状態変化をすることなしに蒸発器で冷媒に熱エネルギーを渡し，蒸発器と冷却管の間を移動して熱エネルギーの授受を行う液体である。

(5)冷媒とは異なったはたらきをしている。

## ■総　　合

**【29】**　次の文中の（　　）の中に適当な数字を記入しなさい。

(1)　1kW＝（　　　　　　）N・m/s である。

(2)　1N/mm² ＝（　　　　　　）Pa である。

(3)　4.9kN の力で荷物を 15 秒間に 30m 持ち上げる起重機がある。このときの動力は（　　　　　）kW となる。

(4)　5 分間に 60kJ の仕事をしたときの動力は（　　　）kW である。

(5)　エンジン出力 80PS と書かれたカタログの数値を SI 単位に換算すると（　　　）kW である。

> **ヒント！**　(3)動力は単位時間当たりの仕事のことで仕事率ともいう。
> (5) 1 PS＝735.5W。

**【30】**　次の単位の単位名を（　　）内に記入しなさい。

記入例，N・m/s －（動力）

(1)　m/s² －（　　　　　　）　　(2) J/（kg・K）－（　　　　　　）

(3)　m³/s －（　　　　　　）　　(4) N・m －（　　　　　　）

(5)　m³/kg －（　　　　　　）　　(6) kg/m³ －（　　　　　　）

(7)　Pa －（　　　　　）　　(8) m/s －（　　　　　　）

> **ヒント！**　速度を微分したものが加速度。比熱とは，単位質量の温度を 1K 上げるのに必要な熱量。仕事は，力×距離で表される。

**【31】**　次の文中の空欄に適当な語句を入れなさい。

(1)　ガソリン機関に用いられてきた気化器は，空気の通路に（　①　）を設けて流路を絞り，圧力の低下を利用してガソリンを吸い上げ，運転に適した混合気を作る装置である。

(2)　動力用の原子炉で核分裂が次々に起こっていくことを（　②　）という。原子炉では，この反応を制御しながら，多量の熱エネルギーを用いて水を加熱し，水蒸気を発生させている。

(3)　現在市販されているハイブリッド自動車は，動力源に内燃機関と（　③　）を搭載している。

(4)　原子炉の出力制御は，核分裂反応数が一定になる状態で運転するため，挿入する制御棒の数や深さを調節して行う。この一定になった状態を（　④　）という。

(5)　蒸気の熱エネルギーを考える場合，圧力一定のもとで，単位

質量の液体を蒸発させるのに必要な熱量のことを（　⑤　）という。

(6) 気体の圧力 $p$, 体積 $V$, 任意の正数 $n$ の間で,「$pV^n = $一定」の関係式であらわされる変化を（　⑥　）変化という。

(7) ボイラの排出ガス中に含まれる（　⑦　）・窒素酸化物は, 酸性雨の原因と考えられているので, 排煙脱硫装置や排煙脱硝装置による除去などが行われている。また, 排出ガス中の（　⑧　）は温室効果ガスとして地球温暖化の原因物質の1つにあげられており, 同時に発生するばいじんなどは集じん装置で捕集して除去する方法がとられている。

 (1)流路を絞ると流速が上昇し, 減圧する。

**【32】 次の文章において正しいものに○, 誤っているものに×をつけなさい。**

(1) 4サイクルエンジンでは, クランクシャフトが2回転すると, カムシャフトが1回転する。

(2) ロケットエンジンは, ジェットエンジンと同じように燃料だけを携行し, 燃焼ガスの噴出によって推力を得る原動機である。

(3) 湿り蒸気において, 乾き度0.85ということは, 湿り度0.15のことである。

(4) ガソリン機関で, 燃料系統が何らかの加熱によって燃料管内のガソリンが気化して気泡が生じ, 燃料が流れなくなることがある。これをベーパロックという。

(5) 100℃を絶対温度で表すと, 273.15K である。

(6) 冷凍機の冷凍能力を示す値として用いられる1冷凍トンは, 0℃の水1000 kgを, 10時間で0℃の氷にする能力のことをいう。

 (2)ロケット機関では, 燃料のほか, 酸素源も携行する。
(5)絶対零度（0 K）は－273.15℃である。(6)冷凍トンとは, 日本冷凍トンとも呼ばれている。

**【33】 次の文章において正しいものに○, 誤っているものに×をつけなさい。**

(1) 1PS は 735.5W である。

(2) 理論空燃比（理論混合比）とは, 空気と燃料が燃焼する限界

の混合割合のことである。

⑶　カルノーサイクルは理想的な熱機関サイクルで，これを実現することはできない。

⑷　ガソリンのオクタン価が低いとノッキングを起こしやすい。

⑸　着火点とは，炎を近づけたときに燃焼を始める最低温度である。

⑹　マスキー法とは，1970 年に米国で制定された自動車排出ガス規制法の通称で，この規制値を最初にクリアしたのは，当時の西ドイツ車のエンジンだった。

⑺　GWP とは，地球温暖化係数のことで，大気中に放出されたある物質が地球温暖化に与える効果を，$CO_2$ を 1.0 とした単位重量あたりの相対値として表している。

　⑷ディーゼルの場合はセタン価。⑸着火点……点火源がなくても加熱して自然に燃焼を始める最低温度のことで，発火点ともいう。⑺GWP……Global Warming Potential のこと。

# 原動機　チェックリスト

☐ 自然界に存在するいろいろなエネルギーを利用し，機械を動かすための
力学的エネルギーに変換する装置を＜ *1* ＞という。

☐ 力 $F$〔N〕と移動距離 $s$〔m〕の積を＜ *2* ＞と呼び，その単位は〔N・m〕であらわす。

☐ 1J（ジュール）＝＜ *3* ＞〔N・m〕

☐ ＜ *4* ＞エネルギーと位置エネルギーを総称して機械的エネルギー，また
は力学的エネルギーと呼ぶ。

☐ 単位時間にする仕事の割合を＜ *5* ＞といい，その単位はW（ワット）を用いる。

☐ 1kW（キロワット）＝＜ *6* ＞kJ/s ＝ 1kN・m/s

☐ 物質の質量を単位体積($1m^3$や$1cm^3$など)あたりの質量であらわしたのが＜ *7* ＞である。

☐ 水の密度 $\rho$ は＜ *8* ＞ $kg/m^3$ である。

☐ 圧力の単位 1Pa（パスカル）＝＜ *9* ＞ $N/m^2$ である。

☐ ゲージ圧＝＜ *10* ＞−大気圧

☐ ＜ *11* ＞の原理とは，密閉された容器内の液体の一部に圧力を加えると，
その圧力と同じ大きさの圧力が，液体のあらゆる部分に伝わることである。

☐ マノメータとはどのような計器か，その原理を説明しなさい。＜ *12* ＞

☐ 定常流で，任意のどの点でも速度・圧力・位置の各ヘッド（水頭）の和
は常に一定であるという定理を＜ *13* ＞の定理という。

☐ $v=\sqrt{2gh}$ を＜ *14* ＞の定理といい，流出口からの流出速度 $v$ は，流出口
から水面までの高さ $h$ だけで決まることがわかる。

☐ 流体機械などに用いられる水や空気などの流体を＜ *15* ＞流体という。

☐ 層流から乱流にかわる限界の速度を＜ *16* ＞速度という。

☐ 水が流れている管路の弁を急に閉じたり急に開けると，大きな圧力上昇または
降下が生じ，圧力波となって管内を伝わる。この圧力変動現象を＜ *17* ＞作用という。

☐ 液体の流れの中で圧力が急激に低下すると，液体の一部が沸騰して気泡
が発生する。この現象を＜ *18* ＞という。

☐ 送風機・圧縮機を低流量で運転するとき，流量や圧力が周期的に激しく
変動し，振動現象を起こす。これを＜ *19* ＞という。

☐ 油圧・空気圧装置に使われるアクチュエータについて説明しなさい。＜ *20* ＞

☐ セルシウス温度 $t$〔℃〕と絶対温度 $T$〔K〕の関係式は，$T=t+$＜ *21* ＞である。

☐ 単位質量の物質の温度を1Kだけ高めるのに必要な熱量のことを＜ *22* ＞という。

☐ ピストンが下死点と上死点の間を移動し，その1行程で押しのける容積
を排気量または＜ *23* ＞という。

☐ 内燃機関の圧縮比とは，シリンダ容積と＜ *24* ＞の比をいう。

☐ 燃料の燃焼熱で水を加熱し，水蒸気を発生させる装置を＜ *25* ＞という。

☐ 流量測定で，ノズルとディフューザを組み合わせて絞り部を設け，絞り
部の前後の圧力差から流量を求める流量計を＜ *26* ＞流量計という。

☐ 動力用の原子炉には減速材と冷却材に軽水を用いる軽水炉があり，
＜ *27* ＞型原子炉と＜ *28* ＞型原子炉がある。

☐ 冷凍装置では，熱エネルギーを低温側から高温側へ連続的に移動させる
＜ *29* ＞とよばれる作動流体を利用する。

---

*1.* 原動機

*2.* 仕事

*3.* 1

*4.* 運動

*5.* 動力

*6.* 1

*7.* 密度

*8.* 1000

*9.* 1

*10.* 絶対圧

*11.* パスカル

*12.* U字管などに液体を入れ，液柱の高さの差によって圧力差を測定する計器

*13.* ベルヌーイ

*14.* トリチェリ

*15.* 作動

*16.* 臨界

*17.* 水撃

*18.* キャビテーション

*19.* サージング

*20.* 油圧シリンダや油圧モータなどのように，流体のもつエネルギーを機械的仕事に変換する装置

*21.* 273.15

*22.* 比熱

*23.* 行程容積

*24.* すきま容積

*25.* ボイラ

*26.* 差圧

*27.* 加圧水（沸騰水）

*28.* 沸騰水（加圧水）

*29.* 冷媒

# 機械製図

○図面は情報伝達手段の１つであり，図形やその他の記入事項が正しく記入されていなければならない。そのためには，図面を正確に作成したり，読む能力を養うとともに，製図についてのいろいろな知識と技術を習得する必要があります。

○JIS 規格の尺度の表し方，線の種類，寸法補助記号などの基本的なことがらについて，特に調べておくことが大切です。

○投影図を読むには，想像力を養うことが必要であり，「製図は正しく，明りょうに，迅速に」をモットーに，正確な作業と検図の習慣をつけることが大切です。

## 重要事項の整理

### 1 図面の基礎

(1) 線
　①形は実線，破線，一点鎖線，二点鎖線の４種類。
　②太さの比率による種類
　　細線：太線：極太線＝１：２：４

(2) 尺度
　尺度はＡ：Ｂで表す。（Ａ；図形の長さ，Ｂ；実際の長さ）
　現尺はＡ，Ｂともに１，縮尺の場合にはＡを１，倍尺の場合にはＢを１とする。

(3) 投影法を表す記号
　第三角法

(4) 断面図示をしない部品や部分
　軸，キー，ピン，ボルト・ナット，座金，小ねじ・止めねじ，リベット，リブ，アーム，歯車の歯，玉軸受の鋼球，ころ軸受の円筒ころ。

(5) 寸法に用いる記号
　$\phi$（まる，ふぁい）；直径，$R$（あーる）；半径，$S\phi$・$SR$；球の直径・半径，□（かく）；正方形の辺，$t$；厚さ，$C$；45° 面取り，⌒；円弧

(6) 穴
　①６×25 キリとは６個の直径 25 の穴。
　②12H7 リーマとは，直径 12 で，はめあい H7 のリーマ穴。
　③イヌキとは，鋳抜き穴（鋳物であいている穴）。

(7) こう配とテーパ
　①こう配，テーパは，図のように記入する。

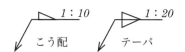

こう配　　　テーパ

　②式は，ともに $\dfrac{a-b}{l}$ であるが，
　テーパは相対する対称面も傾斜。

(8) 表面粗さ
　断面曲線から，表面うねりの成分を取り除いたものが粗さ曲線。
　①算術平均粗さ Ra　②最大高さ粗さ Rz

(9) 面の肌の図示記号
　①除去加工をするとき ▽
　②除去加工をしないとき ▽

(10) サイズ公差

　　上の許容サイズ−下の許容サイズ＝サイズ公差

(11) はめあいの種類と ISO はめあい方式

　　①すきまばめ　②中間ばめ　③しまりばめ

　穴基準は H の穴に色々な公差クラスの軸，軸基準は h の軸に色々な公差クラスの穴を組み合わせる。

(12) 幾何公差の主な図記号

　　▱；平面度　○；真円度　−；真直度

　　⌭；円筒度　∥；平行度　⊥；直角度

　　◎；同軸度　⹀；対称度　↗；円周振れ

(13) 材料記号

　　①最初の部分は，材質を表す。

　　②中間の部分は，規格名・製品名を表す。

　　③最後の部分は，材料の種類を表す。

　　　（例 1）SS400；一般構造用圧延鋼材

　　　　①S；Steel（鋼）

　　　　②S；Structural（構造用）

　　　　③400；引張強さ 400MPa（N/mm$^2$）

　　　（例 2）S10C；機械構造用炭素鋼

　　　　①S；Steel（鋼）

　　　　②中間部分の記号なし

　　　　③10C；炭素含有量0.10%（0.08〜0.13%）

## 2　機械要素の製図

(1) リードとピッチの関係…… $L = nP$

　　$L$；リード，$P$；ピッチ，$n$；ねじの条数

(2) ねじの種類

　　三角ねじ，メートルねじ（並目，細目），管用ねじ，角ねじ，台形ねじ，丸ねじ，ボールねじ〔ねじ記号〕M；メートルねじ，Tr；メートル台形ねじ，G；管用平行ねじ，R：管用テーパねじ，旧 JIS（PF；管用平行ねじ，PT；管用テーパねじ）。「管用」は「くだよう」と読む。

(3) ボルト

　○ボルトの用い方

　　①通しボルト　②押えボルト　③植込みボルト

　○ボルトの座

　　①ざぐり　②さらざぐり（さらもみ）　③深ざぐり（沈み穴ぐり）

(4) 軸継手

　　①フランジ形固定軸継手

②フランジ形たわみ軸継手　③自在軸継手

④かみあいクラッチ　⑤摩擦クラッチ

(5) 軸受

　○機構による分類

　　①すべり軸受　②ころがり軸受

　○荷重による分類

　　①ラジアル軸受……回転軸と垂直（直角方向）に荷重を受ける。

　　②スラスト軸受……荷重が回転軸と同じ方向（軸方向）に作用する。

(6) 歯車の歯形曲線

　　①製作しやすく一般的なインボリュート歯形，②精密用のサイクロイド歯形。

(7) 歯車の種類

　　①平歯車　②はすば歯車　③やまば歯車

　　④ラックとピニオン　⑤すぐばかさ歯車

　　⑥まがりばかさ歯車　⑦ハイポイド歯車

　　⑧ウォームギヤ　⑨ねじ歯車

(8) 歯車要目表記入事項

　　①歯車歯形（標準・転位などの区別）

　　②工具の歯形（並歯・低歯などの区別）

　　③工具のモジュール（ピッチ）・圧力角

　　④歯数　⑤基準ピッチ円直径　⑥歯厚

　　⑦仕上方法　⑧精度　⑨備考

(9) ばね

　　①コイルばね　②うず巻ばね　③板ばね

　　④トーションばね

(10) 溶接記号

　　① I 形グルーブ　②V形グルーブ

　　③レ形グルーブ　④すみ肉

## 3　CAD

　Computer Aided Design の略で，コンピュータ支援による設計という意味。CAD により描かれた図面はデータベース化され，設計段階で利用するほか，生産活動と直結が可能。

(1) ハードウェア

　　中央処理装置，入力装置（キーボード，マウス，デジタイザ，イメージスキャナ），出力装置（ディスプレイ，プリンタ，プロッタ），補助記憶装置（ハードディスク，フロッピーディスク，MO，CD − R）

(2) ソフトウェア

　　OS，CAD アプリケーションプログラム

# 力 だ め し

## さ あ や っ て み よ う ！

【典型問題1】　次の等角図を，第三角法による投影図であらわしました。正しく投影されているか答えなさい。

等角図

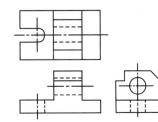

解　答

　正しくない。右側面図で，上部の切り欠き部が，左右反対に描かれている。

【典型問題2】　空欄に適当な語句を下の語群から選んで入れなさい。

(1)　めねじの呼びは，ねじの（　①　）で表し，おねじの呼びは，ねじの（　②　）で表す。

　　外径　　　　内径　　　　谷の径　　　　半径　　　　ピッチ円直径

(2)　台形ねじのねじ山の角度は，メートルねじ系では（　③　）度である。

　　60　　　　30　　　　118　　　　90

(3)　おねじとめねじがはまり合っているとき,製図では（　④　）の方を主にして描く。そのとき，（　⑤　）の切り始めの線は太線で，おねじの外径まで描く。

　　おねじ　　　めねじ

(4)　一般用メートルねじには，並目ねじとピッチの細かい（　⑥　）ねじがある。

ここがポイント！

典型問題1
この投影図では，正面図と平面図は正しく投影されている。

典型問題2
(1)　おねじの大きさは，おねじの外径であらわし，めねじは，かみ合うおねじの大きさであらわす。
(2)　台形ねじは工作機械の送りねじ，角ねじはプレスやジャッキなど力のかかる伝達部に使われる。
(3)　ねじのはまり合った部分は，めねじの切り始めをあらわす直線をおねじの外径の線まで太線で描く。

ここがポイント！

並目　　　細目　　　荒目　　　単目

解　答

①谷の径　　②外径　　③30　　④おねじ　　⑤めねじ　　⑥細目（ほそめ）

典型問題3
φ50H7とは直径 50mm で，公差クラスが H7 ということである。大文字の記号は穴を表す。φ50 g6 の g6 は，小文字なので軸の公差クラスの記号である。
サイズ公差＝上の許容サイズ－下の許容サイズ。

**【典型問題3】** はめあいの表を参考にして，解答欄の空欄に適切な数値を mm の単位で入れなさい。（小数第3位まで）また，このはめあいの種類を答えなさい。

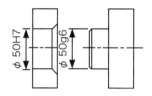

穴と軸に対する許容差（単位 $\mu$m = 0.001mm）

| 図示サイズ（mm） | | H7 | g6 |
|---|---|---|---|
| 超 | 以下 | | |
| 30 | 40 | + 25 | − 9 |
| 40 | 50 | 0 | − 25 |
| 50 | 65 | + 30 | − 10 |
| 65 | 80 | 0 | − 29 |

解答欄

| 項目　＼　寸法 | φ 50H7 | φ 50g6 |
|---|---|---|
| 上の許容サイズ | | |
| 下の許容サイズ | | |
| サイズ公差 | | |

解　答

φ 50 は 50 以下だから，図示サイズは「40 超 50 以下」の欄を見る。

| 項目　＼　寸法 | φ 50H7 | φ 50g6 |
|---|---|---|
| 上の許容サイズ | 50.025 | 49.991 |
| 下の許容サイズ | 50.000 | 49.975 |
| サイズ公差 | 0.025 | 0.016 |

軸の上の許容サイズ 49.991 が穴の下の許容サイズ 50.000 より小さいから，すきまばめである。

※参考　旧 JIS →現行 JIS
基準寸法→図示サイズ　　　　　　　許容限界寸法→許容限界サイズ
最大許容寸法→上の許容サイズ　　　最小許容寸法→下の許容サイズ
上の寸法許容差→上の許容差　　　　下の寸法許容差→下の許容差
寸法公差→サイズ公差　　　　　　　基本公差→基本サイズ公差

# 実戦就職問題

## ■回転体・展開図・断面

【1】 A図の展開図を組み立てたら，B図のうち，どの形になりますか。

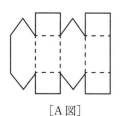

[A図]

① 　② 　③ 　④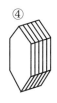

[B図]

 空間判断力を問う問題である。

【2】 次の図の断面図示をしてはならない部分や部品の名称を答えなさい。

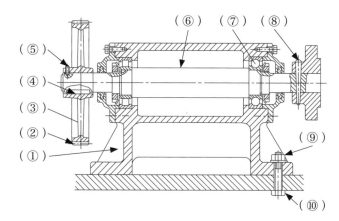

① (　　　　　　) ② (　　　　　　) ③ (　　　　　　)

④ (　　　　　　) ⑤ (　　　　　　) ⑥ (　　　　　　)

⑦ (　　　　　　) ⑧ (　　　　　　) ⑨ (　　　　　　)

⑩ (　　　　　　)

 JIS に規定されているので，自己流ではいけない。

【3】　図において，ＡとＯを直線で結んだ場合，図形の中に含まれる三角形の個数は，元の図の場合よりいくつ増えるか，下の①〜⑤の中から選び，番号で答えなさい。

①6個　　②7個　　③8個

④9個　　⑤10個

## ■寸法・製図記号

【4】　次の図の溶接部を溶接記号で表したもののうちから，適するものを選び，記号で答えなさい。

（Ｔ継手・片側すみ肉溶接）

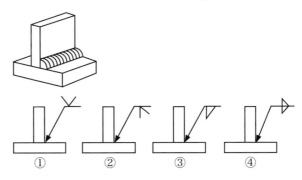

　溶接継手（つぎて）には，突合せ継手，重ね継手，かど継手，Ｔ継手，当て金継手などの種類がある。

【5】　図面の記号や図示の方法で，次のものは何を意味するか説明しなさい。

(1)　R8　　(2)　5キリ　　(3)　✓　　(4)　φ20H7

(5)　C1　　(6)　M12×1.25　　(7)　FC200　　(8)　G¼

(9)　13×20キリ　　(10)　Rz

　(1) レイディアスのR　　(3) 面の指示記号の1つ　　(4) H7は，はめあいの公差クラス記号　　(5) Chamfer（角をそぐ）のC　　(6) メートルのM　　(7) 材料記号　　(8) 旧JISではPF1/4と表記されていた　　(10) ラフネスのR

【6】 製図機械（ドラフター等）を用いて手書きで製図するとき，およその順序になるよう記号を並べかえさない。

(ア) 寸法を記入する。

(イ) 全体のバランスを考えて中心線を引く。

(ウ) 製図機械のスケールが直角になっているか確かめる。用紙をはる。

(エ) 品物の輪郭を各図形の関連をみながら，線でうすくひく。

(オ) 輪郭線と中心マークをかき，表題欄をかく。

(カ) まちがいやかき落としがないか検図する。

(キ) 図形を完成させ，不要な線を消す。

(ク) 表題欄の中に必要事項を記入する。

 製図の実技の時間に学習したことをよく思い出してみよう。

## ■はめあい・面の指示記号

【7】 図のような内径寸法 $D$ が $\phi 25^{+0.01}_{0}$ のリングと表2に示す寸法の3種類のプラグを組み合わせるとする。はめあい状態はそれぞれどうなりますか。適切な組合わせとなるよう，表1の①，②，③の右に，記号をかきなさい。

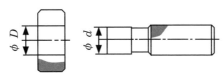

| はめあい | リング<br>$D$ | プラグ<br>$d$ |
|---|---|---|
| しまりばめ | $\phi 25^{+0.01}_{0}$ | ① |
| 中間ばめ | 〃 | ② |
| すきまばめ | 〃 | ③ |

〔表1〕

| | |
|---|---|
| (ア) | $\phi 25^{-0.02}_{-0.04}$ |
| (イ) | $\phi 25^{+0.03}_{-0.05}$ |
| (ウ) | $\phi 25^{+0.03}_{+0.02}$ |

〔表2〕dの寸法

 穴より軸の方が大きく，必ずしめしろができるはめあいをしまりばめといい，穴より軸が小さく，必ずすきまができるはめあいをすきまばめという。

【8】　大部分が同一の肌で，一部分だけが異なる場合，面の肌を指示するのに合理的な方法がある。図1と同じ意味になるように，指示記号を図2にかき入れなさい。

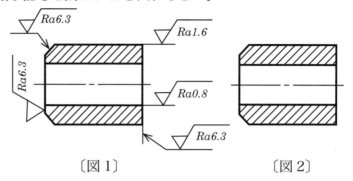

〔図1〕　　　　　　　　　　　　〔図2〕

　　部品の大部分が同一の仕上げ程度のとき，図面がごちゃごちゃしないための方法。

## ■ねじ・ボルト・ナット

【9】　歯車の各部の名称①〜④をそれぞれ答えなさい。

　　歯先円，ピッチ円，歯底円，基礎円の中から選択せよ。

【10】　正しい表し方をしている図面の記号に○印をつけなさい。

(1)　①　　　　②　　　　　　(2)　①　　　　②

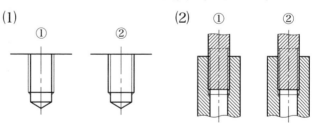

　　(1) めねじの場合。　(2) おねじとめねじがかみ合っている場合。
　　　　　　　　　　　　　　めねじの口元部に注意。

**【11】** ねじのあらわし方で，㋐～㋕は，何を示していますか。

(1) $\underset{㋐}{\text{M}}\ \underset{㋑}{12}\ \times\ \underset{㋒}{1.25}$　　(2) $\underset{㋓}{1/4}-\underset{㋔}{20}\ \underset{㋕}{\text{UNC}}$

 ㋓ 1インチの $\dfrac{1}{4}$ ということ。

**【12】** ボルトを締付け方法により３つに分類し，その３つの名称を答えなさい。

 ボルト頭の形状の分類ではなく，締付け方法による分類を答える。1つは通しボルト。

**【13】** ねじには用途に応じて種々の形がある。ねじの種類を答えなさい。

 ねじ山の形によって分類する。

**【14】** 図面に M5×10/φ4.2×13 という表示があった。製図するときの寸法および角度を記入しなさい。

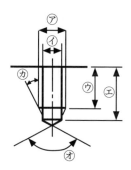

 下穴（したあな）はドリル加工。㋕は不完全ねじ部の角度。

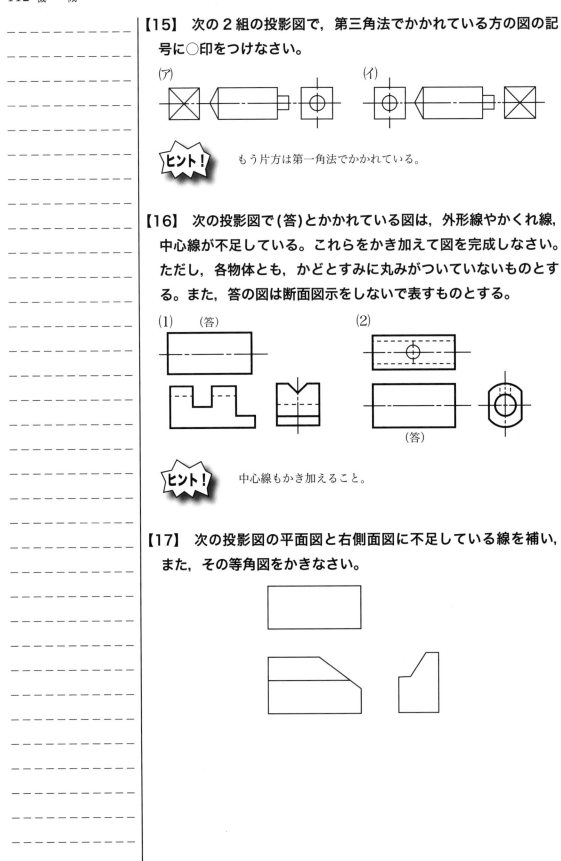

【15】　次の2組の投影図で，第三角法でかかれている方の図の記号に○印をつけなさい。

(ア)　　　　　　　　　　　　　　　(イ)

**ヒント！**　もう片方は第一角法でかかれている。

【16】　次の投影図で(答)とかかれている図は，外形線やかくれ線，中心線が不足している。これらをかき加えて図を完成しなさい。ただし，各物体とも，かどとすみに丸みがついていないものとする。また，答の図は断面図示をしないで表すものとする。

(1)　(答)

(2)

(答)

**ヒント！**　中心線もかき加えること。

【17】　次の投影図の平面図と右側面図に不足している線を補い，また，その等角図をかきなさい。

【18】 次の投影図の右側面図をかきなさい。

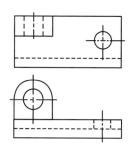

【19】 次の図は，ある品物を投影図で表現してある。この品物の
等角図をかきなさい。

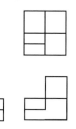

【20】 下図のような物体を，投影図で示すとどうなるか。正面図
に対応させて平面図と右側面図をわくの中におさまるようにかき
なさい。

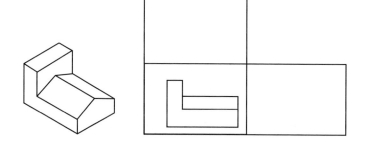

【21】 次の投影図の等角図をかきなさい。

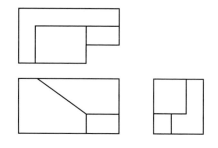

【22】　次の投影図の等角図をかきなさい。

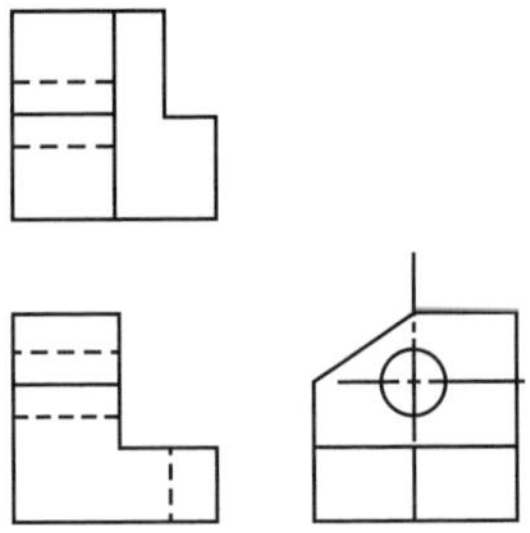

【23】　次の立体的に図示してある物体の投影図を第三角法でかき
なさい。

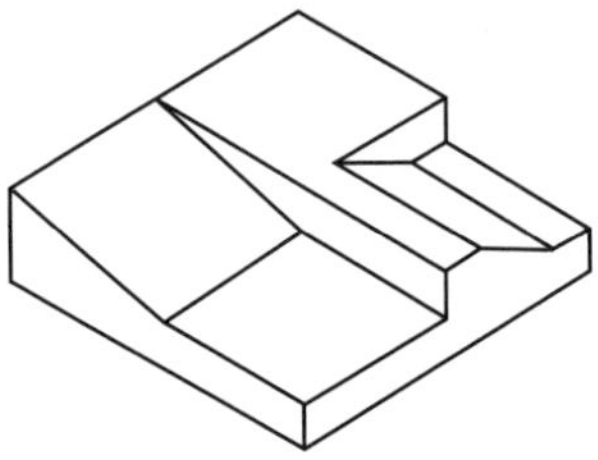

【24】　次の投影図の等角図をフリーハンドでかきなさい。

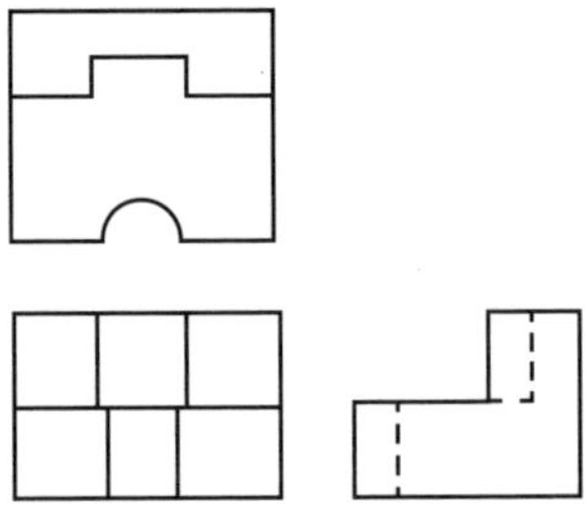

【25】　次に示す投影図の等角図をかきなさい。また, 体積を計算し,
cm$^3$ の単位で答えなさい。

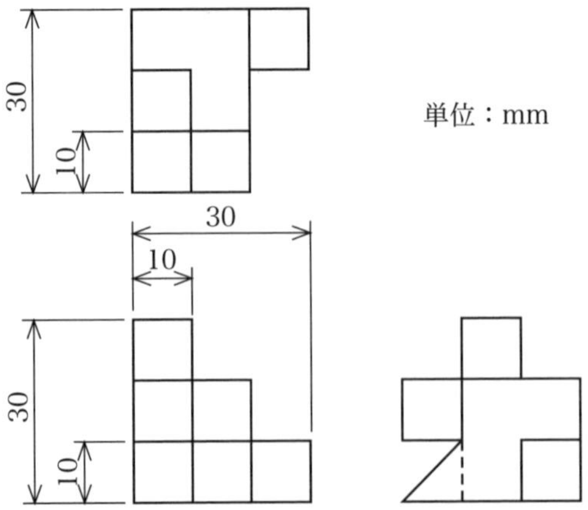

単位：mm

30

10

30

10

30

10

【26】　次の記述で正しいものには○印を，誤っているものには×印を番号につけなさい。

(1)　互いにかみ合うおねじとめねじでは，リードとピッチは同じであるが，有効径と呼び径は異なっている。

(2)　管用平行ねじはピッチが山数で表されるが，ねじ山数が28山とすると，ピッチは0.9071mmである。1インチは25.4mmとする。

(3)　スラスト軸受は，軸方向（軸線と同じ方向）に対する荷重を主に受ける軸受である。

(4)　穴と軸の実寸法によって，しめしろができたり，すきまができたりするはめあいを中間ばめという。

(5)　ユニファイ並目ねじのねじ山の角度は55°である。

(1) リードL＝ピッチ*P*×ねじの条数*n*。　有効径とは，おねじとめねじの山幅が等しくなるところの直径。呼び径とは，部品の大きさを代表させる直径のことで，ねじではおねじの外径の寸法。
(2) 割り算して求める。　(3) スラストの反対語はラジアル。軸と垂直な力を受けるのはラジアル軸受。　(4) 穴と軸のはまり合う関係をはめあいという。

【27】　CAD（コンピュータ援用設計）によるモデリングの分類に関して，次の用語を説明している文章を下から選びなさい。

(1)　ソリッドモデル
(2)　サーフェイスモデル
(3)　ワイヤフレームモデル

ア．3次元の輪郭形状の情報のみを持つ針金細工のようなモデル。

イ．物体の表面だけでなく，内部や外部の情報をも持つ3次元の形状モデル。

ウ．物体の3次元の表面情報のみを持つモデル。

ソリッドとは，中身がつまっていること。中空でないタイヤをソリッドタイヤという。サーフェイスは，surfaceで表面という意味。

【28】　一度，紙の上においた筆記具を紙からはなすことなく，9つの黒点すべてを4本の直線で連結しなさい。

・　　　・　　　・

・　　　・　　　・

・　　　・　　　・

**ヒント！**　　ひと筆がきではない。鉛筆を紙からはなさなければよい。柔軟な考え方が必要。

## 【29】　次の文中の（　　　）に適する語句を入れなさい。

(1)　表面あらさの表示法には，一般的に（　①　）平均粗さが用いられる。

(2)　断面を表す斜線部を（　②　）といい，断面の輪郭に沿って，赤鉛筆などで薄く塗ることをスマッジングという。

(3)　立体図には（　③　）や（　④　）などの種類がある。

(4)　歯車に用いられる歯形曲線には（　⑤　）と（　⑥　）がある。

(5)　2軸を連結し，動力を伝える部品を（　⑦　）といい，フランジをキーで軸に固定し，これをボルトで締め合わせるタイプのものが多い。

(6)　荷重を受けながら回転運動または直線運動する軸を支える部品を軸受といい，軸と軸受との接触方法の違いから滑り軸受と（　⑧　）軸受の2種類に大別され，荷重のかかり方から，ラジアル軸受と（　⑨　）軸受とに分類される。

(7)　次の図のうち，こう配を示す図は（　⑩　）図で，式は（　⑪　）で表す。また，テーパを示す図は（　⑫　）図で，式は（　⑬　）で表す。

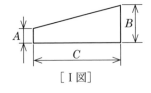
［Ⅰ図］

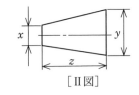
［Ⅱ図］

(8)　穴の下の許容サイズより軸の上の許容サイズが小さい場合のはめあいを（　⑭　）といい，穴と軸の間に必ずすきまがある。

(9)　歯車の大きさは（　⑮　）で表す。

(10)　自在軸継手を英語でいうと（　⑯　）である。

(4)「らせん状に巻いた」という意味の曲線と「循環性の」という意味の曲線。　(5) カップリングのこと。フランジ（突縁）とは，つば状の縁のこと。　(6) 軸受面とジャーナルとが油膜によって，滑り接触をする軸受を滑り軸受といい，平軸受ともいう。工場現場ではメタルという。荷重のかかり方は，軸と垂直方向にかかる場合と，軸と同じ方向にかかる場合の 2 つがある。　(8) はめあいには，すきまばめ，しまりばめ，中間ばめの 3 種類がある。　(9) $m = \dfrac{d}{z}$

(10) 自動車のプロペラシャフトに使われている。

## 【30】 空欄に適当な語句・数字を入れなさい。

(1)　ねじのねじ山と谷底は，（　①　）の投影図となる。

(2)　ねじのはまり合った部分は，（　②　）の方を優先してかく。

(3)　不完全ねじ部の谷底を示す線は軸線に対して（　③　）度の斜線とする。

(4)　ドリル穴の行止まり部は，外形線で（　④　）度でかく。

(5)　一般用メートルねじの山の角度は（　⑤　）度，管用ねじは（　⑥　）度である。

(6)　参考寸法は，寸法数字を（　⑦　）で囲んだもの。

(7)　加工方法の略号で，旋削は L，穴あけ（ドリル加工）は D，中ぐりは B，（　⑧　）は M，研削は（　⑨　）である。

(8)　ねじの種類を表す記号で，M は（　⑩　）並目・細目ねじ，Tr は（　⑪　）ねじ，G は管用平行ねじを表す。

(9)　製図に用いる線の太さの比率は，太線と細線で，およそ（　⑫　）:1 である。

(10)　図面で，断面の輪郭に沿って周辺を薄く色付けすることを（　⑬　）という。ハッチング（hatching）とは異なる。

(11)　6 × 25 キリは，直径（　⑭　）mm の穴である。

(12)　機械製図の JIS 規格では，尺度を A:B で表す。たとえば，2 分の 1 の縮尺であれば（　⑮　），5 倍の倍尺であれば（　⑯　）と表す。

(13)　テーパピン，歯車の歯，キー，リブなどは，ふつう（　⑰　）図示をしてはならない。

(14)　穴と軸のはめあいで，（　⑱　）ばめとは，穴の上の許容サイズより軸の下の許容サイズが大きい場合をいう。

(15)　真円度，直角度，同心度，円周振れなどを，（　⑲　）公差

といい，形状や位置などが狂ってもよい範囲を数値で示す。

# 機械製図　チェックリスト

| | |
|---|---|
| ☐ M20 × 1.5 とは，メートルねじで呼び径が 20mm，＜ *1* ＞が 1.5mm を表している。 | *1.* ピッチ |
| ☐ 面の指示記号や数値は，原則として図の下側または＜ *2* ＞側から読めるようにする。 | *2.* 右 |
| ☐ はめあいには，すきまばめ，中間ばめ，＜ *3* ＞の 3 つがある。 | *3.* しまりばめ |
| ☐ ねじの条数 *n* にピッチ *P* を掛けたものが＜ *4* ＞である。 | *4.* リード |
| ☐ 歯車の歯の大ききは＜ *5* ＞で表す。 | *5.* モジュール |
| ☐ 歯車のピッチ円直径を *D*，歯数を *z* とすると，$\pi D/z$ は＜ *6* ＞であり，＜ *7* ＞で表す。また，$\dfrac{D}{z}$ は＜ *8* ＞で，＜ *9* ＞で表す。 | *6.* ピッチ<br>*7. p* *8.* モジュール *9. m* |
| ☐ ラジアル軸受は，回転軸と＜ *10* ＞方向に荷重を受ける。 | *10.* 垂直 |
| ☐ 歯車曲線には＜ *11* ＞と＜ *12* ＞がある。 | *11.* インボリュート |
| ☐ はめあいで，必ず＜ *13* ＞ができるはめあいをしまりばめという。 | *12.* サイクロイド |
| ☐ 記号 C の面取り角度は＜ *14* ＞度である。 | *13.* しめしろ　*14.* 45 |
| ☐ 1 インチは＜ *15* ＞ミリメートル。 | *15.* 25.4 |
| ☐ 国際標準化機構の略号は＜ *16* ＞である。 | *16.* ISO |
| ☐ JIS 規格では，尺度を A：B で表す。5 分の 1 の縮尺は＜ *17* ＞，2 倍の倍尺は＜ *18* ＞と表す。現尺は 1：1。 | *17.* 1：5<br>*18.* 2：1 |
| ☐ 寸法補助記号で，球の直径は＜ *19* ＞，球の半径は＜ *20* ＞で表す。 | *19.* S$\phi$　*20.* SR |
| ☐ ＜ *21* ＞は，寸法数値に（　　）をつける。 | *21.* 参考寸法 |
| ☐ 線の太さの比率は，細線と太線では，およそ＜ *22* ＞である。 | *22.* 1：2 |
| ☐ 第三角法が第一角法に比べて，すぐれている点は，正面図の左側面が＜ *23* ＞に，右側面が＜ *24* ＞に投影されるので見やすい。 | *23.* 左側　*24.* 右側 |
| ☐ 加工方法の略号で，B は＜ *25* ＞のことである。 | *25.* 中ぐり |
| ☐ 円がころがるとき，円周上の一点がえがく曲線を＜ *26* ＞という。 | *26.* サイクロイド |
| ☐ 上の許容サイズ−下の許容サイズ＝＜ *27* ＞。 | *27.* サイズ公差 |
| ☐ 軸や円筒の端面に張り出したつばを＜ *28* ＞という。 | *28.* フランジ |
| ☐ ＜ *29* ＞は，原動軸の運転を止めないで，軸を連結したり，切り離しが可能な軸継手である。 | *29.* 摩擦クラッチ |
| ☐ 軸に平行に歯すじを切った歯車を＜ *30* ＞といい，形状が単純である。 | *30.* 平歯車 |
| ☐ ＜ *31* ＞歯車は，歯すじが，つる巻線で，傾いた歯がきざまれている。平歯車より回転伝達がなめらかである。 | *31.* はすば |
| ☐ 平らな板やまっすぐな棒に歯を切ったものを＜ *32* ＞といい，ピニオン（小歯車）とかみ合って回転運動を直線運動に変える。 | *32.* ラック |
| ☐ 表面粗さの表示には，原則として＜ *33* ＞（Ra）を用いる。 | *33.* 算術平均粗さ |
| ☐ 寸法数値は，垂直方向の寸法線に対しては＜ *34* ＞から読めるようにかく。 | *34.* 右辺 |
| ☐ 1 つの視点と，立体の各点とを結ぶ線によって描いた図を＜ *35* ＞という。 | *35.* 透視図 |
| ☐ ＜ *36* ＞投影法は直交する 3 軸が 120°ずつ等角に交わる。 | *36.* 等角 |
| ☐ コンピュータ援用の設計・製図の略は＜ *37* ＞である。 | *37.* CAD |

# 電気・情報技術・計測制御

○電気基礎・情報技術は，それぞれ，電気に関する技術，電子計算機のプログラミングに関する技術の基礎を理解し，実際に活用する能力を養うことを目標にしています。また，計測・制御は各種の測定を行う能力と自動化機器を有効に活用できる能力を養うことを目標としています。

○これらの基礎は工業数理基礎・情報技術基礎・生産システム技術，機械工作で学習しますが，自動制御機器や電子機器の機能・特性を理解し，ハードウェアに関する知識とプログラム作成に必要な技法を使って工場生産の自動化を推進できる能力が，いま企業で求められています。

## 重要事項の整理

### 1　電気基礎

(1)　オームの法則……$I = \dfrac{V}{R}$ [A]

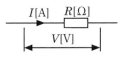

(2)　直列合成抵抗……$R_0 = R_1 + R_2$ [Ω]

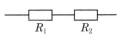

(3)　並列合成抵抗……$R_0 = \dfrac{1}{\dfrac{1}{R_1} + \dfrac{1}{R_2}}$ [Ω]

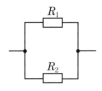

(4)　導体の電気抵抗……$R = \rho\dfrac{l}{A}$ [Ω]

　　$\rho$；抵抗率 [Ω・m], $l$；導体の長さ [m], $A$；断面積 [m$^2$]

(5)　ホイートストンブリッジ

平衡条件；$R_1 R_3 = R_2 R_4$

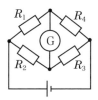

(6)　直流回路の電力

　　電力　$P = VI = RI^2 = \dfrac{V^2}{R}$ [W]

(7)　コンデンサの接続による合成静電容量

　　①並列接続……$C_0 = C_1 + C_2$[F],

　　②直列接続……$C_0 = \dfrac{1}{\dfrac{1}{C_1} + \dfrac{1}{C_2}}$ [F]

(8)　単相交流 $RL$ 直列回路

　　インピーダンス　$Z = \sqrt{R^2 + X_L{}^2}$ [Ω],

　　$E = I \cdot Z$　[Ω],

　　力率 $\cos\theta = \dfrac{R}{Z}$,

　　電力 $P = VI\cos\theta$ [W]

(9)　変圧器……$\dfrac{E_1}{E_2}=\dfrac{I_2}{I_1}=\dfrac{N_1}{N_2}=a$

　　$E$；電圧，$I$；電流，$N$；巻数，$a$；変圧比

⑽　三相誘導電動機

　　①同期速度 $N_S=\dfrac{120f}{P}$[min$^{-1}$](rpm)

　　②すべり$S=\dfrac{N_S-N}{N_S}\times100$[%]

　　$f$；周波数 [Hz]，$P$；極数，$N$：回転数 [min$^{-1}$]

⑾　整流回路

　　①半波整流回路

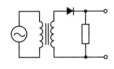

　　②ブリッジ整流回路

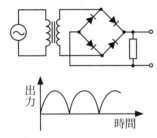

⑿　トランジスタ

　　pnp 形と npn 形トランジスタの 2 種類がある。中央の電極 B をベース，左右の電極 E，C をそれぞれエミッタ，コレタタという。

　　　　pnp 形　　　　　　npn 形

## 2　情報技術

(1)　電子計算機の構成

　　①入力装置　②出力装置　③記憶装置
　　④演算装置　⑤制御装置

(2)　2 進数・16 進数

　　①2 進数；0 と 1 の 2 種類の数字だけを使う。2 進数の数字 1 個（1 けた）のことをビットという。コンピュータの内部では，すべて 2 進数によって演算や制御が行われる。$n$ ビットの情報量は $2^n$ 個の状態を区別することができる。

　　②16 進数；0 から 9 までの数字と，A から F までの英字を用い，数を表現したもの。2 進数 4 ビットを 16 進数では 1 けたで表すことができる。

(3)　論理回路

　　① OR 回路（論理和回路）……$C=A+B$
　　② AND 回路（論理積回路）……$C=A\cdot B$
　　③ NOT 回路（否定論理回路）……$C=\bar{A}$

(4)　流れ図（フローチャート）……計算機の演算の手順を図で表したもの。

(5)　プログラム言語

　　①機械語（マシン語）……2 進数・16 進数
　　②アセンブリ言語……ニーモニック
　　③コンパイラ言語……FORTRAN（技術計算），COBOL（事務処理），PL1（総合処理），PASCAL，C 言語，RPG（報告書作成）
　　④インタプリタ言語……BASIC

## 3　制　御

(1)　オートメーション

　　FA（ファクトリオートメーション），OA（オフィスオートメーション），HA（ホームオートメーション）

(2)　自動制御

　　①シーケンス制御　②フィードバック制御

(3)　シーケンス制御

　　あらかじめ定められた順序で制御の各段階を逐次進めていく。

　　①電気シーケンス（リレー回路）
　　　有接点形・無接点形
　　②油圧シーケンス，　③空気圧シーケンス

(4)　フィードバック制御

　　出力信号の一部を，入力側に戻し，出力が目標値になっているかを検出して，出力の修正をする。

　　①サーボ機構　②プロセス制御

## 4　計　測

(1)　誤差

　　①誤差＝測定値－真の値，
　　②誤差率＝$\dfrac{誤差}{真の値}$

(2)　誤差の分類……まちがい，系統誤差，偶然誤差

(3)　標準偏差（$\sigma$）

$$\sigma=\sqrt{\sigma^2}=\sqrt{\dfrac{1}{n}\sum_{i=1}^{n}(x_i-\bar{x})^2}$$

$\sigma^2$；分散　$x_i$；測定値　$\overline{x}$；平均値

$n$；変量の数

(4) 有効数字……位取りを示す 0 を除いた意味

のある数字

(例) 0.025 は有効数字 2 ケタ，1.80 は 3 ケタ，12140 は 5 ケタ。

# カだめし

## さあやってみよう！

**ここがポイント！**

典型問題 1
AB 間，AC 間と順に合成抵抗を求める。全体の抵抗が求まれば，電圧が 12V だから，回路の電流が求まる。小さい区間からまとめていくのがポイント。

【**典型問題 1**】　図の直流回路で，AB 間および BC 間の電圧を求めなさい。また 4 Ω の抵抗を流れる電流は何 A か求めなさい。

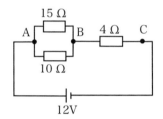

**解　答**

AB 間の合成抵抗　$R_{AB} = \dfrac{1}{\dfrac{1}{15} + \dfrac{1}{10}} = 6[\Omega]$

AC 間の合成抵抗 $R_{AC} = 6 + 4 = 10[\Omega]$

4 Ω の抵抗を流れる電流 $I = \dfrac{12}{10} = 1.2[A]$

A ～ B 間の電圧　$V_{AB} = 1.2 \times 6 = 7.2[V]$,

B ～ C 間の電圧　$V_{BC} = 1.2 \times 4 = 4.8[V]$

典型問題 2
10 進数では 0 ～ 9 までの 10 個の数字を使うが，2 進数は 0 と 1 の 2 個の数字しか使わない。したがって，ひとつの桁が 2 以上になると，桁上りが生じる。10 進数以外の数は，上の桁から順にそのまま数字を読む。$10_{(2)}$ は，イチゼロと読む。

【**典型問題 2**】　次の問いに答えなさい。

(1)　次の 2 進数を 10 進数に変換しなさい。

　①11　　②101　　③10111

(2)　次の 10 進数を 2 進数に変換しなさい。

　①2　　②7　　③12

**解　答**

(1)　① $11_{(2)} = 1 \times 2^1 + 1 \times 2^0 = 2 + 1 = 3$

② $101_{(2)} = 1 \times 2^2 + 0 \times 2^1 + 1 \times 2^0 = 4 + 0 + 1 = 5$

③ $10111_{(2)} = 1 \times 2^4 + 0 \times 2^3 + 1 \times 2^2 + 1 \times 2^1 + 1 \times 2^0$

$= 16 + 0 + 4 + 2 + 1 = 23$

(2)

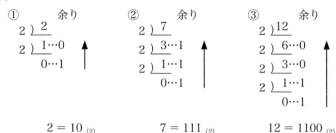

$$2 = 10_{(2)} \qquad 7 = 111_{(2)} \qquad 12 = 1100_{(2)}$$

**【典型問題3】** 工場の省力化・自動化に関連する次の事項について，語句に適する説明文を選び，記号で答えなさい。

(1) FMS　　(2) マシニングセンタ　　(3) CAD　　(4) CAM

(5) NC 工作機械　　(6) 産業用ロボット　　(7) シーケンス制御

(a) 複合多能加工数値制御工作機械で，テーブル回転，自動工具交換機能をもつ。

(b) コンピュータ援用による設計・製図。

(c) コンピュータ援用による生産方式。

(d) あらかじめ定められた順序に従って，制御を進めていく方式。

(e) 製品の設計変更や加工個数の変化に柔軟に対応できるシステム。

(f) 数値制御装置によって運転される工作機械。

(g) 自動組立用，溶接用，塗装用などの用途がある。

**解　答**

(1)−(e)　(2)−(a)　(3)−(b)　(4)−(c)　(5)−(f)　(6)−(g)　(7)−(d)

**【典型問題4】** 次の問いに答えなさい。

(1) 次の測定値の有効数字は何けたですか。

　① 212.3mm　　② $2.50 \times 10^3$cm　　③ 0.1205m

(2) 次の測定値の表す範囲を示しなさい。

　① 12.43cm$^2$　　② 120kg　　③ 0.123m　　④ 1.340g

(3) 次の測定値を第1位の有効数字の右側に小数点を打ち，$N \times 10^n$ の形で表しなさい。

　① 0.0987　　② 63.38　　③ 5720　　④ 0.000000653

**ここがポイント！**

典型問題3
英略字で書かれているものはきちんと英語で記憶しておくことが大切。
FMS（Flexible Manufacturing System）
(3) CAD（Computer Aided Design）
(4) CAM（Computer Aided Manufacturing）
(5) NC（Numerical Control）

典型問題4
物を測定して，数値を決めるときには，それぞれの目的に応じて意味のある数字を扱うことがポイント。
測定値 22.3 の最後のけたの3および22.30の最後のけたの0は，誤差を含んでいるが，意味

ここがポイント！

のある数字で，有効数字はそれぞれ，3 けたと 4 けたである。

**解　答**

(1) ① 4 けた　② 3 けた　③ 4 けた

(2) ① $12.425\ \text{cm}^2 \leqq x < 12.435\ \text{cm}^2$　② $119.5\text{kg} \leqq x < 120.5\text{kg}$
　　③ $0.1225\text{m} \leqq x < 0.1235\text{m}$　④ $1.3395\text{g} \leqq x < 1.3405\text{g}$

(3) ① $9.87 \times 10^{-2}$　② $6.338 \times 10^{1}$　③ $5.720 \times 10^{3}$　④ $6.53 \times 10^{-7}$

# 実戦就職問題

## ■直流回路

**【1】**　回路の ab 間の合成抵抗を求めなさい。

(1)

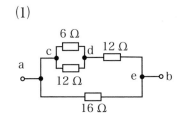

(2)

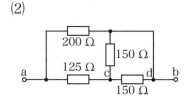

　　　　並列の合成抵抗は，各抵抗の逆数の和の逆数に等しい。回路の直列，並列部分をよく見分ける。

**【2】**　図の回路の各抵抗を流れる電流 $I$，$I_1$，$I_2$ を求めなさい。

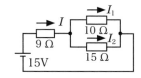

　　　　各抵抗に分流した電流は，抵抗値に反比例する。

**【3】**　右図の回路において，内部抵抗 1.2 Ω の電流計が 0.5A を，電圧計は 4V を指示した。抵抗 $R$ の値を求めなさい。

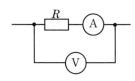

　　　　電圧計，電流計の指示から抵抗を求め，内部抵抗を引けばよい。

**【4】**　図は 4 個の抵抗と検流計 G，電源 $E$ を接続したホイートストンブリッジである。検流計 G に電流が流れない条件は次のどれですか。

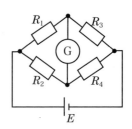

① $R_1 R_2 = R_3 R_4$

② $R_1 + R_2 = R_3 + R_4$

③ $R_1 + R_4 = R_2 + R_3$

④ $R_1 R_3 = R_2 R_4$

⑤ $R_1 R_4 = R_2 R_3$

**ヒント！** 検流計の上端，下端の電圧は等しい。

【5】　円形断面で，抵抗 2 Ω の導体がある。これと同じ材質で，直径が 2 倍，長さが 2 倍の導体の抵抗は何 Ω か求めなさい。

**ヒント！** $R = \rho \dfrac{l}{A}[\Omega]$　$\rho$；抵抗率 $[\Omega \cdot m]$, $l$；導体の長さ $[m]$,

$A$：断面積 $[m^2]$

## ■電力，電流の熱作用

【6】　100V の電圧で 5A の電流が流れるときの消費電力は何 W ですか。

**ヒント！** 電力 $P = VI$

【7】　100V，1.2kW の電気ストーブを 15 分間使用したとき，消費される電力量 [kWh] と発生熱量 [kJ] を求めなさい。

**ヒント！** 電力量 $W = Pt$

## ■静電容量

【8】　次の図の合成静電容量を求めなさい。

(1)

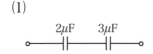

(2)

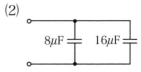

直列接続と並列接続の公式が，抵抗の場合と逆になることに注意して計算。

【9】　右の図のコンデンサ A，B に蓄積されるおのおのの電荷は何マイクロクーロンですか。

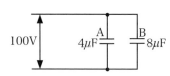

 　電荷 $Q$ ＝静電容量 $C$ ×電位差 $V$

## ■交流回路

【10】　極数 6 の三相誘導電動機がある。電源周波数が 50kHz のとき，同期速度を求めなさい。

 　同期速度 $N_S = \dfrac{120f}{P}$

【11】　一次電圧 2000[ V ]，巻数比が 40 の変圧器がある。次の問いに答えなさい。

⑴　二次電圧はいくらですか。

⑵　二次側に 2[kW] の抵抗負荷をつないだ場合，二次電流と一次電流を求めなさい。

 　$\dfrac{E_1}{E_2}=\dfrac{I_2}{I_1}=\dfrac{N_1}{N_2}=$ a （巻数比）である。

【12】　電気回路図に用いる略語の名称を下の解答群から選び，その記号を（　　）の中に書きなさい。

⑴　L （　　）　　⑵　R （　　）　　⑶　C （　　）

⑷　Z （　　）　　⑸　Tr （　　）　　⑹　SW （　　）

⑺　M （　　）　　⑻　GND （　　）　　⑼　I （　　）

⑽　E （　　）

《解答群》

㋐ 電流　　㋑ モータ　　㋒ コンデンサ　　㋓ スイッチ

(オ) 電圧　　(カ) コイル　　(キ) トランジスタ　　(ク) 接地

(ケ) 抵抗器　　(コ) 負荷インピーダンス

**ヒント！** *RLC* 回路やトランジスタ回路などに用いられる記号である。

**【13】　次の文中の空欄に適当な語句を入れなさい。**

(1)　直流モータの種類には，界磁コイルと電機子コイルとが直列に接続され，電源から流入する全電流が，そのまま界磁電流・電機子電流となる（　①　）電動機と，界磁コイルと電機子コイルとが並列に接続され，全電流が界磁電流と電機子電流とに分かれる（　②　）電動機および複巻電動機がある。

(2)　電圧は電流と抵抗の積に等しいという法則を（　③　）の法則といい，2 つの電荷 $Q_1$，$Q_2$ の間に作用する電気力 $F$ は，両電荷の積に比例し，距離 $r$ の 2 乗に反比例し，式にあらわすと，$F = \dfrac{Q_1 Q_2}{4 \pi \varepsilon r^2}$ となる法則を（　④　）の法則という。

(3)　磁石をコイルに出し入れしたり，導線を動かして磁束を切ったりすると，起電力が誘導される。この現象を（　⑤　）といいファラデーが発見した。

**【14】　右図の回路でベース電流が 10 μA の
とき，コレクタ電流 $I_c$ は何 mA になります
か。ただし，トランジスタの $h_{FE}$ は 200 と
する。**

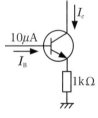

**ヒント！** トランジスタの $h_{FE}$ は，エミッタ接地回路における電流増幅率で，ベース電流 $I_B$ の $h_{FE}$ 倍が，コレクタ電流 $I_c$ として流れることを表す。

## ■情報技術基礎

**【15】　次の 2 進数を，10 進数で表しなさい。**

(1)　00010101　　(2)　01111000　　(3)　10010110

2進数の最下桁が$2^0$, 次の桁が$2^1$……と2のべき乗を合計する。$2^0 = 1$である。

**【16】 次の10進数を，2進数で表しなさい。**

(1) 11　　(2) 28　　(3) 42

 10進数を2で割り，最初の余りが2進数の最下位桁，最後の余りが最上位桁となる。

**【17】 次の2進数の計算をしなさい。**

| (1) | (2) | (3) | (4) |
|---|---|---|---|
| 1001 | 0111 | 1101 | 1101 |
| +) 0101 | +) 0011 | −) 0100 | −) 0110 |

 $0 + 0 = 0$　　$1 + 0 = 1$　　$0 + 1 = 1$　　$1 + 1 = 10$

**【18】 下の表の空欄にそれぞれに対応する数値を記入しなさい。**

| 2進数 | 10進数 | 16進数 |
|---|---|---|
| 1100101 | ① | ② |
| ③ | 66 | ④ |
| ⑤ | ⑥ | 1A |

**【19】 29 + 12 の計算を2進数で行い，結果を2進数で表示しなさい。**

**【20】 次の語句を説明しなさい。**

(1) ハードウェア（hardware）

(2) ソフトウェア（software）

(3) ファームウェア（firmware）

**【21】 次の文の空欄に適する語句を入れなさい。**

(1) 1バイトのデータを転送する場合，1ビットずつ順序転送する方式を（　①　）方式，全ビットを同時に転送する方式を（　②　）方式という。

(2) メモリのどの番地でも制御信号が与えられてから，読出し・書込みを一定の時間に行うメモリを（　③　），読出し専用のメモリを（　④　）という。

 (1) 直並列で考える。(2) random access memory と read only memory を考えればよい。

**【22】**　〔A 群〕の論理記号と関係あるものを〔B 群〕，〔C 群〕から選びなさい。

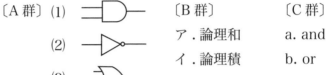

〔A 群〕(1)　　　　　　〔B 群〕　　　　　〔C 群〕

(2)　　　　　ア．論理和　　　a. and

イ．論理積　　　b. or

(3)　　　　　ウ．否定　　　　c. not

**【23】**　論理演算の論理和の定義を，真理値を用いて表しなさい。

 命題は $A$ と $B$ の 2 つ，組合わせは 4 通り。論理和は $A + B$

**【24】**　次の論理式を簡単にしなさい。

(1)　$X = A + \bar{A} + A$　　　(2)　$X = A \cdot A + A$

 (1) $A + \bar{A} = 1$ , $A + 1 = 1$　　(2) $A \cdot A = A$, $A + A = A$

**【25】**　図の論理回路について，$A$，$B$ を入力，$F$ を出力として論理式と真理値表を作りなさい。

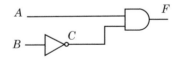

**【26】**　次の図の回路について下の問いに答えなさい。

(1)　各ゲート①，②，③，④の出力の論理式を書きなさい。

(2)　真理値表を完成させなさい。

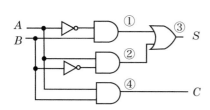

| 入力 | | 出力 | |
|---|---|---|---|
| $A$ | $B$ | $S$ | $C$ |
| 0 | 0 | | |
| 0 | 1 | | |
| 1 | 0 | | |
| 1 | 1 | | |

**【27】** 右の流れ図は，Kを読み込んで，1～Kまでの総和を求めるものである。流れ図の①②③に相当するものを下から選んで記号で答えなさい。

ア．Sを読み込む。

イ．Kを読み込む。

ウ．N＋1→N

エ．N－1→N

オ．S＋N→S

カ．S＋K→S

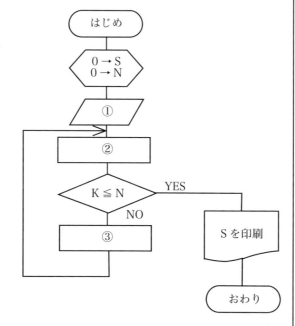

## ■自動制御

**【28】** 自動制御機器の制御動作において，検出信号の変換には，電気的な方法や機械的な方法がある。次の変換機構のうち，電気的な方法は（A），機械的な方法は（B）の記号で答えなさい。

(1)　差動変圧器（　　　）　　(2)　すべり抵抗器（　　　）

(3)　ホール素子（　　　）　　(4)　フロート弁（　　　）

(5)　ブルドン管（　　　）　　(6)　ダイヤフラム（　　　）

(7)　リンク機構（　　　）　　(8)　熱電対（　　　）

(9)　ベローズ（　　　）　　(10)　ストレインゲージ（　　　）

**【29】** 計測器のディジタル化の利点を述べなさい。

**【30】** フィードバック制御系の基本構成をブロック線図で表すとき，制御系の名称を下記から選んで入れなさい。

㋐ 調節部　　㋑ 制御対象　　㋒ 検出部　　㋓ 設定部
㋔ 操作部

## ■計　　測

**【31】** 次の測定値の有効数字は何けたですか。

(1) 12.14mm

(2) $2.52 \times 10^2$cm

(3) $1.50 \times 10^3$g

(4) 26.10m

**【32】** 次の（　　　　）の中に適切な語句あるいは数値を入れなさい。

(1) 一般的なマイクロメータの最小読取値は（　①　）mm，ノギスは（　②　）mm である。

(2) （　③　）ゲージとは，製品の上の許容サイズと下の許容サイズに合わせた2個のゲージを組み合わせ，製品の寸法が限度内にできているかどうかを検査するものである。

(3) マイクロメータでは，測定力を一定にするために（　④　）を数回まわす。

(4) ダイヤルゲージには，スピンドル式と（　⑤　）式とがある。

(5) （　⑥　）ゲージの接触面は平面度が高く作られており，2個の面を合わせると密着する。これを（　⑦　）という。

**【33】** A群の測定に関係のある測定器をB群から選び，（　　　）内にその記号を記入しなさい。

《A群》

(1) 回転数（　　　）　　(2) 硬度（　　　　）

(3) 流量（　　　）　　(4) 外径寸法（　　　）

(5) 穴径寸法（　　　）　　(6) 真直度（　　　）

《B群》

(a) オリフィス　　(b) マイクロメータ　　(c) オートコリメータ

(d) タコメータ　　(e) シリンダゲージ　　(f) ロックウェル

**ヒント！** (2) 代表的なものに，ロックウェル，ビッカース，ブリネル，ショアの4つがある。　(3) 油量計，水量計や気体の流量を測定する計器も流量計である。　(6) 測定対象の直線部分が幾何学的に正しい直線からずれている量をいう。

**【34】** 関係のある語句を下から選んで（　　　　）内にその記号を書きなさい。

(1) 流速（　　　）　　(2) 流量（　　　）

(3) 角度（　　　）　　(4) 平面度（　　　）

(5) 長さ（　　　）　　(6) ねじの有効径（　　　）

(7) 温度（　　　）　　(8) 動力（　　　）

(9) 圧力（　　　）　　(10) 引張強さ（　　　）

《解答群》

(a) サインバー　　(b) オプチカルフラット　　(c) ピトー管

(d) 三針法　　(e) ベンチュリー計　　(f) 水動力計

(g) マノメータ　　(h) ノギス　　(i) 熱電対

(j) 万能材料試験機

**ヒント！**　　(1) ピトー管が代表的である。　(3) ブロックゲージを併用し，三角関数の正弦を利用して精度の高い測定をする。　(4) 干渉じまを利用する。　(6) 三本のピンとマイクロメータを使用する。　(9) マノメータも圧力計のひとつ。

【35】　次の量と関係のある単位を下の解答群から選び，その記号を（　　）の中に書きなさい。

(1)　角度（　　）　　　　(2)　回転数（　　）

(3)　周波数（　　）　　　(4)　絶対温度（　　）

(5)　電力（　　）　　　　(6)　熱量（　　）

(7)　流量（　　）　　　　(8)　インダクタンス（　　）

(9)　静電容量（　　）　　(10)　流速（　　）

《解答群》

(a) ケルビン　　(b) ジュール　　(c) ワット　　(d) m/s

(e) $m^3/s$　　(f) ラジアン　　(g) ヘルツ　　(h) $min^{-1}$

(i) ヘンリー　　(j) ファラド

**ヒント！**　　(9) $Q = CV$ の $C$ をコンデンサの静電容量という。　(a) ケルビンの単位記号は K である。K°としないこと。　(h)「一分間あたり」という意味になる。

■**総　　合**

【36】　次の文章で正しいものには○，誤っているものには×をつけなさい。

(1)　電圧 100V で，50W のテレビをつけたときの消費電流値は 0.5A である。

(2)　同一材質，同一長さの導線の電気抵抗は，導線の太さが太くなるほど小さくなる。

(3)　電圧が一定のとき，電流が増加するにつれて電力は減少する。

(4)　鉛蓄電池の電解液は，精製希硫酸を使用する。

(5)　三相誘導電動機がうなって起動しないときは，ヒューズが 1

本切れている場合が考えられる。

(6)　永久磁石可動コイル形の計器は，直流，交流，両方とも測定できる。

**ヒント！**　(1) 電力 $P = VI$　(2) 長さに比例し，断面積に反比例する。(3) $P = VI$　(4) 自動車のバッテリー。　(5) うなる原因には，負荷が大き過ぎて回転トルクが不足している場合もある。

## 【37】　次の記述で正しいものには○印を，誤っているものには×印を番号につけなさい。

(1)　陰極線は磁界によって曲げられる。

(2)　周波数 60Hz とは，交流電流において 1 秒間の振動数が 60 回であることを意味する。

(3)　LSI とは大規模トランジスタのことである。

(4)　フォートランやコボル，PLl はコンパイラ言語であるが，ベーシック言語はインタプリタ言語である。

(5)　8 ビットは 2 進数の 8 けたを扱うことができる。

**ヒント！**　(1) 電子の流れ。　(2) 東日本では 50kHz。　(3) large scale integration　(4) インタプリタは対話型言語。

## 【38】　A 群の項目に関連のあるものを B 群より選び，記号で答えなさい。

《A 群》

(1)　NC 機械（　　）　　　(2)　シーケンス制御（　　）

(3)　フォートラン（　　）　(4)　IC（　　）

(5)　流れ図（　　）　　　　(6)　LSI（　　）

(7)　CPU（　　）　　　　　(8)　フィードバック制御（　　）

《B 群》

㋐ 集積回路　　㋑ 大規模集積回路　　㋒ クローズド・ループ

㋓ ラダーチャート　　㋔ 中央処理装置　　㋕ 数値制御

㋖ フローチャート　　㋗ コンパイラ言語

# 電気・情報技術・計測制御　チェックリスト

- □　＜*1*＞をオームの法則という。
- □　5Ωの抵抗を2個直列接続した場合の合成抵抗は＜*2*＞，並列接続した場合は＜*3*＞である。
- □　キルヒホッフの法則の第1法則は，「回路の任意の接合点において，電流の総和は＜*4*＞である。
- □　＜*5*＞とは，抵抗に電流が流れるとき，抵抗の両端に生ずる電位差のことをいう。
- □　30μFと10μFのコンデンサを直列接続したとき，その合成静電容量は＜*6*＞である。
- □　40Ωの抵抗と30Ωのリアクタンスをもつコイルを100Vの交流電源に接続したとき，流れる電流は＜*7*＞である。
- □　ある電池から5Aを取るときに端子電圧は0.7Vになり，2Aを取るときは1.0Vになるとすれば，この電池の内部抵抗は＜*8*＞である。
- □　抵抗率 $1.71 \times 10^{-8}$ [Ω・m]，断面積 $3mm^2$，長さ100mの銅線の抵抗は＜*9*＞である。
- □　一次電圧6000V，二次電圧100Vの変圧器がある。一次巻線の巻数が3600回とすると二次巻線の巻数は＜*10*＞である。
- □　周期的に繰り返して変化する現象の繰返しの数を＜*11*＞といい，＜*12*＞で表す。
- □　4極50Hzの三相誘導電動機の同期速度は＜*13*＞である。
- □　トランジスタは，ベース電流に比べて大きい比率のコレクタ電流が得られる。これを＜*14*＞作用という。
- □　2進数10010を10進数に変換すると＜*15*＞である。
- □　10進数250を16進数に変換すると＜*16*＞である。
- □　2進法では，1＋1＝＜*17*＞である。
- □　＜*18*＞は機械語の数個の命令を人間にわかりやすく記号化したもので，機械語と1対1の対応をもつ。
- □　＜*19*＞は，ソースプログラムの1命令ごとに翻訳して実行する言語である。
- □　1バイトは＜*20*＞で構成され，表現可能なコード数は最大＜*21*＞個である。
- □　誤差＝測定値–真の値。誤差率＝＜*22*＞である。
- □　 $1.50 \times 10^4$ gの有効数字は＜*23*＞けたである。
- □　ブロックゲージの等級は，精度により分類されている，最も精度の高いものは＜*24*＞級である。
- □　最小目盛1mmのスケールの19目盛を20等分したバーニヤで読みうる最小値は，＜*25*＞mmである。
- □　あらかじめ決められた順序のとおりに，各段階の動作の制御を自動的に進めて行く制御を＜*26*＞制御という。
- □　リレーで，a接点とはノーマリ・オープン（常時開）端子で，＜*27*＞接点とはノーマリ・クローズド端子である。
- □　全社的な協力体制で総合的に行う品質管理を＜*28*＞（総合的品質管理）という。

*1.* $I = \dfrac{V}{R}$　　*2.* 10Ω

*3.* 2.5Ω

*4.* 0

*5.* 電圧降下

*6.* 7.5μF

*7.* 2A

*8.* 0.1Ω

*9.* 0.57Ω

*10.* 60回

*11.* 周波数　　*12.* Hz

*13.* $1500min^{-1}$ (rpm)

*14.* 増幅

*15.* 18

*16.* FA

*17.* 10

*18.* アセンブリ言語

*19.* インタプリタ言語

*20.* 8ビット　　*21.* 256

*22.* $\dfrac{誤差}{真の値}$　　*23.* 3

*24.* K

*25.* 0.05

*26.* シーケンス

*27.* b

*28.* TQC

一般教科

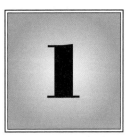

# 数　　　学

○数学は，数量，図形などに関する基礎的な概念や，原理・法則の理解を深め，数学的な表現や処理の仕方についての能力を高めることを目的としています。

○その内容は，「数と式」，「関数」，「図形」，「確率・統計」からなっています。

○小学校の算数から高校で学習した数学まで，基本となる公式を覚え，電卓などを使わずに計算する習慣を身につけておくことが大切です。

## 重要事項の整理

### 1. 式の計算

(1) 乗法公式

$$m(a+b) = ma + mb$$
$$(a \pm b)^2 = a^2 \pm 2ab + b^2$$
$$(a+b)(a-b) = a^2 - b^2$$
$$(x+a)(x+b) = x^2 + (a+b)x + ab$$
$$(ax+b)(cx+d) = acx^2 + (ad+bc)x + bd$$
$$(a \pm b)^3 = a^3 \pm 3a^2b + 3ab^2 \pm b^3$$
$$(a \pm b)(a^2 \mp ab + b^2) = a^3 \pm b^3$$

(2) 因数分解

①共通因数をくくり出す。

②乗法公式の逆を用いる。

(3) 指数法則

$$a^m \times a^n = a^{m+n} \quad (a^m)^n = a^{mn} \quad a^{-n} = \frac{1}{a^n}$$

$$\left(\frac{a}{b}\right)^n = \frac{a^n}{b^n} \qquad a^m \div a^n = a^{m-n} \qquad a^0 = 1$$

(4) 平方根の計算 $(a > 0, \ b > 0)$

$$\sqrt{a^2 b} = a\sqrt{b}$$
$$\sqrt{a} \times \sqrt{b} = \sqrt{ab}$$
$$\frac{\sqrt{a}}{\sqrt{b}} = \sqrt{\frac{a}{b}}$$

(5) 分母の有理化 $(a > 0, \ b > 0)$

$$\frac{m}{\sqrt{a}} = \frac{m\sqrt{a}}{\sqrt{a} \times \sqrt{a}} = \frac{m\sqrt{a}}{a}$$

(6) 対数計算の公式（$a, b, M, N$は1でない正の実数）

$$\log_a MN = \log_a M + \log_a N$$

$$\log_a \frac{M}{N} = \log_a M - \log_a N$$

$$\log_a M^n = n\log_a M$$

$$\log_a M = \frac{\log_b M}{\log_b a} \text{（底の変換公式）}$$

$$\log_a a = 1, \qquad \log_a 1 = 0$$

### 2. 方程式と不等式

(1) 2次方程式 $ax^2 + bx + c = 0 \ (a \neq 0)$

①解の公式　$x = \dfrac{-b \pm \sqrt{b^2 - 4ac}}{2a}$

②判別式　$D = b^2 - 4ac$

$D > 0 \ \Leftrightarrow \ $ 異なる2つの実数解をもつ。

$D = 0 \ \Leftrightarrow \ $ 重解をもつ。

$D < 0 \ \Leftrightarrow \ $ 異なる2つの虚数解をもつ。

③解と係数の関係（2つの解を $\alpha$, $\beta$ とする）

$$ax^2 + bx + c = a(x-\alpha)(x-\beta)$$

$$\alpha + \beta = -\frac{b}{a} \quad \alpha\beta = \frac{c}{a}$$

(2) 2次不等式

不等号の向きと，判別式$D$の大きさに注意する。

(3) 高次方程式・不等式

因数定理を用いる。

## 3．関数とグラフ

(1)　直線の方程式と1次関数

①$(0, b)$ を通り，傾き$a$の直線　→　$y = ax + b$

②2直線の交点$y = ax + b$と$y = a'x + b'$の交点の座標は，2つの式の連立方程式の解である。

③2直線の位置関係$y = ax + b$と$y = a'x + b'$で

2直線が平行であるとき，$a = a'$　$b \neq b'$

2直線が垂直であるとき，$a \cdot a' = -1$

(2)　2次関数とグラフ

①$y = ax^2$頂点は原点$(0, 0)$と軸は$y$

②$y = ax^2 + bx + c$（一般形），$y = a(x - p)^2 + q$

頂点の座標$(p, q)$

## 4．三角関数

(1)　諸公式

$$\tan\theta = \frac{\sin\theta}{\cos\theta}, \ \sin^2\theta + \cos^2\theta = 1, \ 1 + \tan^2\theta = \frac{1}{\cos^2\theta}$$

(2)　三角関数の性質

$\sin(-\theta) = -\sin\theta$

$\cos(-\theta) = \cos\theta$

$\tan(-\theta) = -\tan\theta$

$\sin(90° \pm \theta) = \cos\theta$

$\cos(90° \pm \theta) = \mp\sin\theta$

$\tan(90° \pm \theta) = \mp\cot\theta$

$\sin(180° \pm \theta) = \mp\sin\theta$

$\cos(180° \pm \theta) = -\cos\theta$

$\tan(180° \pm \theta) = \pm\tan\theta$

(3)　特別な角度の三角関数

$$\sin30° = \frac{1}{2}, \quad \cos30° = \frac{\sqrt{3}}{2}, \quad \tan30° = \frac{1}{\sqrt{3}},$$

$$\sin45° = \cos45° = \frac{1}{\sqrt{2}}, \quad \tan45° = 1,$$

$$\sin60° = \frac{\sqrt{3}}{2}, \quad \cos60° = \frac{1}{2}, \quad \tan60° = \sqrt{3}$$

(4)　加法定理

$\sin(\alpha \pm \beta) = \sin\alpha\cos\beta \pm \cos\alpha\sin\beta$

$\cos(\alpha \pm \beta) = \cos\alpha\cos\beta \mp \sin\alpha\sin\beta$

$$\tan(\alpha \pm \beta) = \frac{\tan\alpha \pm \tan\beta}{1 \mp \tan\alpha\tan\beta}$$

（複合同順）

## 5．図　形

(1)　直線でできた図形の性質

①平行線と角

$l \parallel m$ならば

⑦同位角は等しい　$\angle a = \angle b$，

④錯角は等しい　$\angle c = \angle d$，

⑨同側内角の和は$180°$　$\angle e + \angle f = 180°$

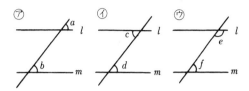

②三角形の内角

内角の和は$180°$となる。

③$n$角形の内角・外角の和

内角の和　$180° \times (n - 2)$

外角の和　$360°$

④$n$角形の対角線

1つの頂点からひける対角線の数　$(n - 3)$本

⑤平行線と線分の比

中点連結定理

(2)　円に関する性質

①円周角と中心角

○等しい長さの弧に対する円周角は等しい。

○同じ弧に対する中心角は円周角の2倍である。

○直径に対する円周角は$90°$である。

②円と接線

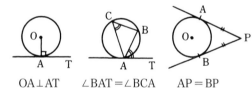

OA⊥AT　　∠BAT＝∠BCA　　AP＝BP

(3)　面積・体積の公式

①面積の公式

三角形　$S = \frac{1}{2}ah$　　　　平行四辺形　$S = ah$

台形　$S = \frac{1}{2}(a + b)h$　　　　円　$S = \pi r^2$

球　$S = 4\pi r^2$

②体積の公式

柱　$V = Sh$　　　　すい　$V = \frac{1}{3}Sh$

球　$V = \frac{4}{3}\pi r^3$

③三平方の定理

$a^2 + b^2 = c^2$

## 6．順列と組合せ，確率・統計

(1)　場合の数（和の法則・積の法則）

(2) ①順列 $_nP_r = \dfrac{n!}{(n-r)!}$　②組合せ $_nC_r = \dfrac{n!}{r!(n-r)!}$　　$a : A$ の起こる場合の数

　$n :$ 起こり得るすべての場合の数

(3) 確率 $P(A) = \dfrac{a}{n}$　　(4) 統計　①平均値　②標準偏差

# 力だめし

## さあやってみよう！

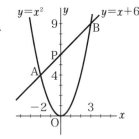

### ここがポイント！

**典型問題1**

1次方程式は移項することで左辺に $x$ を含む項，右辺に含まない項をもっていき解く。

2次方程式は因数分解を用いる解き方と，解の公式を用いる解き方とがある。

**【典型問題1】**　次の方程式を解きなさい。

(1)　$4x - 7 = 2x + 29$

(2)　$x^2 + 3x = 0$

(3)　$x^2 - 4x + 18 = 4$

---

**■解　答■**　(1)両辺を移項して，$2x = 36$　∴$x = 18$

(2)左辺を因数分解して，$x(x+3) = 0$　∴$x = 0, -3$

(3)右辺を左辺に移項して，$x^2 - 4x + 14 = 0$

　解の公式を用いて，

$$= \frac{-(-4) \pm \sqrt{(-4)^2 - 4 \times 1 \times 14}}{2 \times 1} = \frac{4 \pm \sqrt{16 - 56}}{2} = \frac{4 \pm \sqrt{40}\,i}{2} = \frac{4 \pm 2\sqrt{10}\,i}{2}$$

$$= 2 \pm \sqrt{10}\,i$$

**典型問題2**

2つの関数の交点の座標は，連立方程式をつくり，それを解いて求める。

座標間の距離は三平方の定理を用いる。

**【典型問題2】**　図のように2次関数 $y = x^2$ と1次関数 $y = x + 6$ のグラフが2点A，Bで交わっているとき，次の値を求めなさい。

(1)　A，Bの座標

(2)　線分ABの長さ

(3)　△OAPと△OBPの面積比

---

**■解　答■**　(1)$y = x^2$…①と $y = x + 6$…②について，連立方程式を解く。

①を②に代入して，$x^2 = x + 6$　$x^2 - x - 6 = 0$

因数分解して　$(x+2)(x-3) = 0$　∴$x = -2, 3$

$x = -2$ のとき $y = 4$，　$x = 3$ のとき $y = 9$

∴A$(-2, 4)$　　B$(3, 9)$

(2)ABは三平方の定理より，$AB = \sqrt{\{3-(-2)\}^2 + (9-4)^2} = \sqrt{25+25} = \sqrt{50} = 5\sqrt{2}$

(3)△OAPと△OBPは底辺をOPとすると，底辺は共通だから，面積比は高さの比と等しくなる。△OAPの高さは2，△OBPの高さは3　　∴△OAP：△OBP＝2：3

【**典型問題3**】　次の図形に示される斜線部分の面積を求めなさい。

（円周率はπとする）

(1)　一辺が10の正方形ABCDで，A，Cを中心として半径10の円をかいたとき。

(2)　半径が3の円に内接する正三角形をかいたとき。

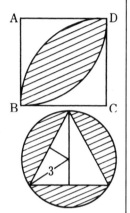

典型問題3
円の面積は$S = \pi r^2$。1辺の長さが$a$である正三角形について，高さ$h = \dfrac{\sqrt{3}}{2}a$

**解　答**　(1)扇形ABDと扇形CBDの面積をたしたものから正方形の面積をひいたものが斜線部分の面積となる。

$$\pi \times 10^2 \times \frac{1}{4} \times 2 - 10 \times 10 = 50\pi - 100$$

(2)AO＝BO＝CO＝3（半径）

$$OM = \frac{1}{2}AO = \frac{3}{2} \quad \therefore AM = AO + OM = 3 + \frac{3}{2} = \frac{9}{2}$$

$$AB = BC = CA = \frac{2}{\sqrt{3}} AM = \frac{2}{\sqrt{3}} \times \frac{9}{2} = \frac{9 \times \sqrt{3}}{3} = 3\sqrt{3}$$

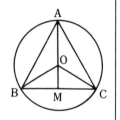

正三角形の面積は，$3\sqrt{3} \times \dfrac{9}{2} \times \dfrac{1}{2} = \dfrac{27\sqrt{3}}{4}$

よって斜線部分の面積は，$\pi \times 3^2 - \dfrac{27\sqrt{3}}{4} = 9\pi - \dfrac{27\sqrt{3}}{4}$

【**典型問題4**】　8％の食塩水120gに水を加え，3％の食塩水にするには，何gの水を加えればよいですか。

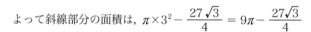

典型問題4
食塩水の濃度 $= \dfrac{食塩の量}{食塩水の量} \times 100$（％）

**解　答**　加える水の量を$x$gとすると，$3 = \dfrac{120 \times 0.08}{120 + x} \times 100$

$3 \times (120 + x) = 120 \times 0.08 \times 100$

$3 \times 120 + 3x = 120 \times 0.08 \times 100$

$3 \times 120 + 3x = 960 \quad 360 + 3x = 960 \quad 3x = 600 \quad \therefore x = \dfrac{600}{3} = 200$

答　200g

# 実戦就職問題

## ■数と式の計算

**【1】** 次の計算をしなさい。

(1) $(-2)^3 \div (-4) \times 2 - (-4)$

(2) $\dfrac{1}{3} + \dfrac{1}{5} + 0.4$

(3) $\dfrac{1}{12} + \dfrac{4}{7} \times \dfrac{35}{6} - 0.25$

(4) $\dfrac{\dfrac{1}{5}}{\dfrac{1}{2} + \dfrac{1}{3}}$

(5) $\sqrt{81} - 2\sqrt{8}$

(6) $2\sqrt{3} \times 3\sqrt{2} + 3\sqrt{6}$

(7) $\left(3\sqrt{5} - 2\sqrt{3}\right)^2$

(8) $\dfrac{1}{\sqrt{3}+1} + \dfrac{1}{\sqrt{3}-1}$

(9) $\left(-\dfrac{1}{2}x^2 y\right)^3 \div \left(-\dfrac{1}{4}x^2 y\right)^2 \times 3xy^2$

(10) $\dfrac{x+2}{x^2-x} + \dfrac{2x+1}{x^2-3x+2} - \dfrac{x-3}{x^2-2x}$

**ヒント!** (1) $(-2)^3 = (-2) \times (-2) \times (-2)$　　(2) 0.4を分数に直して通分する。
(7) $(a-b)^2 = a^2 - 2ab + b^2$　　(8) 通分する。
(10) まず，それぞれの分母を因数分解する。

**【2】** □の中に適当な数字を入れて，次の計算を完成しなさい。

$$
\begin{array}{r}
\square 1 \square \\
\times \ 3 \square 2 \\
\hline
\square 3 \square \\
3 \square 2 \square \ \ \\
\square 2 \square 5 \ \ \ \ \\
\hline
1 \square 8 \square 3 0 \\
\end{array}
$$

1種類の数字しか入らない□から埋めていく。

**【3】** 2進数の1101は10進数ではいくつですか。

**【4】** 次の式を簡単にしなさい。

(1) $\sqrt{11+6\sqrt{2}}=$

(2) $\dfrac{i-1}{2-3i}=$

(3) $\dfrac{t-1}{t-\dfrac{2}{t+1}}=$

(4) $(6x^3y^2-4xy^3)\div 2xy^2=$

(5) $\dfrac{c+a}{(a-b)(b-c)}+\dfrac{a+b}{(b-c)(c-a)}+\dfrac{b+c}{(c-a)(a-b)}=$

　(1) $\sqrt{a+2\sqrt{ab}+b}=\sqrt{a}+\sqrt{b}$　　(2) $i^2=-1$，分母と共役な複素数を
分母と分子に掛ける。　　(3) $t+1$を分母と分子に掛ける。

**【5】** $x:y=3:4$ のとき $\dfrac{x^2-y^2}{x^2+y^2}$ の値を求めなさい。

　$\dfrac{x}{3}=\dfrac{y}{4}=k$とおくと，$x=3k$，$y=4k$

## ■因数分解

**【6】** 次の式を因数分解しなさい。

(1) $ax^2-x^2-a+1$

(2) $a(x-y)+b(y-x)$

(3) $a^2-6ab+9b^2$

(4) $4x^2-1$

(5) $2x^2+5x-3$

(6) $3x^2+7xy-20y^2$

(7) $a^2+3ab+2b^2+ac+bc$

(8) $x^3+5x^2-2x-24$

(9) $8x^3+27y^3$

(10) $2x^2-5xy-3y^2+x+11y-6$

**ヒント!** (8) 因数定理を用いて1つの解を見つけ因数分解する。$(x-2)$ が因数である。　　(9) $a^3 + b^3 = (a+b)(a^2 - ab + b^2)$

## ■方　程　式

【7】　次の方程式を解きなさい。

(1) $\begin{cases} 2x + 3y = 11 \\ 6x + 3y = 27 \end{cases}$

(2) $\begin{cases} x + y + z = 2 \\ x - y + z = 7 \\ x + y - z = 10 \end{cases}$

(3) $\begin{cases} x + y = 3 \\ x^2 + y^2 = 17 \end{cases}$

(4) $\begin{cases} \dfrac{5}{x} + \dfrac{3}{y} = 2 \\ \\ \dfrac{15}{x} + \dfrac{6}{y} = 3 \end{cases}$

(5) $x - 5 = \sqrt{x - 5}$

**ヒント!** (1) 2つの直線の交点。　　(3) 円と直線の交点。　　(4) $\dfrac{1}{x} = X,\ \dfrac{1}{y} = Y$ とおく。　　(5) $x - 5 \geqq 0$ かつ $(x-5)^2 = x - 5$ と同値。

【8】　2次方程式 $3x^2 - 5x + 1 = 0$ の解を $\alpha$, $\beta$ とするとき，次の式の値を求めなさい。

(1) $\alpha + \beta$

(2) $\alpha\beta$

(3) $\alpha^2 + \beta^2$

(4) $\alpha^3 + \beta^3$

**ヒント!** 2次方程式 $ax^2 + bx + c = 0$ の解を $\alpha$, $\beta$ とすると，$\alpha + \beta = -\dfrac{b}{a}$, $\alpha\beta = \dfrac{c}{a}$ となる。

【9】　A地点からB地点を往復した。行きは5km/h, 帰りは3km/h の速さで歩き，4時間かかった。AB間の距離を求めなさい。

**ヒント!** 距離＝時間×速さ

【10】　ある仕事をAが30日で，Bが20日で，Cが15日で仕上げるという。そのとき，AとBがそれぞれ8日間仕事をしたとすれば，Cが何日仕事をすれば仕上がりますか。

【11】　子ども達に柿を分配するのに，1人に5個ずつ配ると10個あまり，7個ずつ配ると最後の1人には2個足りなくなる。子どもの人数と柿の個数を求めなさい。

【12】　前日の売上げ個数がA部品とB部品あわせて820個であった。今日は前日より合計で72個の売上げ増で，内訳はA部品が8％，B部品が10％の増加であったという。今日のA部品とB部品の売上げ個数を求めなさい。

 前日のA部品，B部品の売上げ個数をそれぞれ$x$個，$y$個として解く。

【13】　縦40m，横50mの土地がある。一区画の面積が$252\mathrm{m}^2$ですべて等しいものとする。右図のように土地の中に幅の等しい道路をつけた場合，道路の幅を求めなさい。

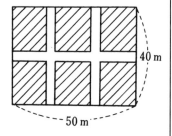

 道路の幅を$x$mとして方程式をたてる。

【14】　長辺と短辺の差が5cmの長方形の四隅を3cm×3cmずつ切り離し，ふたのない箱を作ったら容量は$72\mathrm{cm}^3$だった。長方形の長辺と短辺の長さを求めなさい。

 図をかいてみる。

## ■不 等 式

【15】　次の不等式を解きなさい。

(1)　$-3x+2<5$

(2)　$x>3+\dfrac{x}{2}$

(3)　$|2x+5|<7$

(4) $2x^2 + 4x - 1 > 0$

(5) $-4x^2 - 4x + 3 \leqq 0$

(6) $x + 2 \geqq \dfrac{6}{x+1}$

(7) $\sqrt{x+1} < 3 - x$

(8) $\begin{cases} 2x - 3 > x - 1 \cdots ① \\ x + 5 > 4x - 4 \cdots ② \end{cases}$

(9) $\begin{cases} x^2 - 7x + 10 < 0 \cdots ① \\ x^2 - 3x - 4 > 0 \ \cdots ② \end{cases}$

(10) $(x+2)(x-1)(x-4) > 0$

**ヒント!** (8)(9)連立不等式は，2式でそれぞれ求められた答えの共通範囲。

## ■関数とグラフ

### 【16】 次の条件を満たす直線の方程式を求めなさい。

(1) 点$(2, 0)$を通り，傾き3の直線

(2) 2点$(4, 5)$，$(1, 7)$を通る直線

(3) 点$(2, 1)$を通り，$3y = x - 4$に平行な直線

(4) 点$(-2, 1)$を通り，$2x - y - 5 = 0$に垂直な直線

**ヒント!** (3) 2直線$l : y = mx + n$, $l' : y = m'x + n'$において，$l \parallel l' \Leftrightarrow m = m'$
(4) $mm' \neq 0$のとき，2直線$l : y = mx + n$, $l' : y = m'x + n'$において，$l \perp l' \Leftrightarrow mm' = -1$

### 【17】 右図を見て，次の各問いに答えなさい。

(1) 直線Aの方程式

(2) 直線Bの方程式

(3) 直線Cの方程式

(4) 直線Aと直線Bの交点の座標

(5) 直線Aと直線Cの交点の座標

(6) 三直線によってつくられる三角形の面積

### 【18】 $y = 2x^2 + 5x - 3$について次の各問いに答えなさい。

(1) $x$軸と交わる点の座標

(2) $y = x + 3$との交点の座標

【19】　$y = 2x^2 - 4x - 1$ について次の各問いに答えなさい。

(1)　頂点の座標

(2)　原点に対して対称な方程式

(3)　$x$ 軸の正の方向に $4$,　$y$ 軸の負の方向に $3$ だけ平行移動した方程式

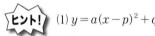 $y = a(x - p)^2 + q$ の形に変形して考える。頂点の座標は $(p, q)$ となる。

【20】　次の条件を満たす $2$ 次関数をおのおの求めなさい。

(1)　頂点が $(-1,\ -2)$ で，点 $(-2, 1)$ を通る

(2)　$3$ 点 $(0, 1)$，$(1, 0)$，$(-1, 6)$ を通る

 (1) $y = a(x - p)^2 + q$ の頂点の座標は $(p, q)$ である。

【21】　次の曲線と $x$ 軸とで囲まれた部分の面積を求めなさい。

(1)　$y = 2 + x - x^2$

(2)　$y = 2(x - 2)(x - 1)$

(3)　$y = x^3 - 2x^2 - x + 2$

 図示してみる。そして，積分を用いて求める。

【22】　$y = ax^2 + bx + 2a^2$ で $x = 1$ のとき最大値 $1$ である。次の各問いに答えなさい。

(1)　$a,\ b$ の値を求めなさい。

(2)　$2 \leqq x \leqq 4$ で最小値，最大値を求めなさい。

【23】　$y = 2x^3 + 3x^2 - 12x + 1$ の極大値および極小値を求めなさい。

 微分して増減を調べる。

【24】　次の条件を満たす円の方程式を求めなさい。

(1)　原点を中心とする半径 $1$ の円

(2)　点 $(4,\ -3)$ を中心とし，原点を通る円

(3)　点 $(-3, 2)$ を中心とする半径 $\sqrt{3}$ の円

(4)　$2$ 点 $(3, 4)$，$(5,\ -2)$ を結ぶ線分を直径とする円

**ヒント!** 中心 $(x_1,\ y_1)$，半径 $r$ の円の方程式は $(x-x_1)^2+(y-y_1)^2=r^2$

**【25】** 次の各図の斜線部の領域は，それぞれどのような不等式で表されるか求めなさい。

(1)

(2)

**ヒント!** (1) $y=f(x)$ のグラフより，$y>f(x)$ は上側の領域を，$y<f(x)$ は下側の領域を示す。　　(2) $(x-a)^2+(y-b)^2<r^2$ は円の内部を示す。

**【26】** 次のグラフを表す式を求めなさい。

(1)

(2)

(3)

(4)

**ヒント!** (3)無理関数のグラフ。　　(4)三角関数のグラフ。

## ■三角関数

**【27】** 次の値を求めなさい。

(1)　$\tan 45°$　　　(2)　$\cos 135°$　　　(3)　$\sin 660°$

(4)　$\tan(-300°)$　　(5)　$\sin 45°\cos 60°+\cos 45°\sin 60°$

**ヒント!** $30°60°90°$の直角三角形と $45°45°90°$の直角三角形の三角比は暗記しておくこと。

【28】　$0 \leqq \theta \leqq 90°$のとき，$\sin\theta = \dfrac{3}{5}$すると，$\cos\theta$を求めなさい。

ヒント！　$\sin^2\theta + \cos^2\theta = 1$の公式を用いる。$\theta$の大きさに注意する。

【29】　$\tan\theta = \dfrac{1}{2}$のとき，$\sin\theta \times \cos\theta$を求めなさい。

【30】　$\sin\theta + \cos\theta = \sqrt{2}$のとき，$\sin\theta \times \cos\theta$を求めなさい。

【31】　次の式の値を求めなさい

(1)　$\cos75° \sin15°$　　　　(2)　$\cos75° - \cos15°$

ヒント！　(1)積和公式 $\cos\alpha \sin\beta = \dfrac{1}{2}\{\sin(\alpha+\beta) - \sin(\alpha-\beta)\}$

(2) 和積公式 $\cos A - \cos B = -2\sin\dfrac{A+B}{2}\sin\dfrac{A-B}{2}$

【32】　次の各グラフの式を求めなさい。

(1)　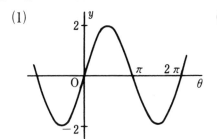　　　　(2)　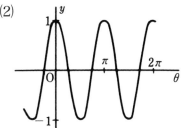

【33】　次の三角関数の値を求めなさい。

(1)　$\sin\dfrac{\pi}{6}$　　(2)　$\cos\dfrac{2}{3}\pi$　　(3)　$\tan\dfrac{5}{4}\pi$

ヒント！　$180°$は$\pi$ラジアン。

【34】　次の三角関数の値を求めなさい。

(1)　$\cos75°$　　(2)　$\sin15°$　　(3)　$\tan105°$

ヒント！　加法定理を用いる。

## ■数　列

**【35】** 次の数列の（　　　）に適する数を求めなさい。

(1) $3, 5, 8, 12, (\quad), 23, \cdots\cdots$

(2) $2, -1, \dfrac{1}{2}, (\quad), \dfrac{1}{8}, -\dfrac{1}{16}, \cdots\cdots$

(3) $1, 4, (\quad), 16, 25, \cdots\cdots$

(4) $-10, -2, 6, 14, (\quad), 30, \cdots\cdots$

(5) $\sqrt{2}, 2, 2\sqrt{2}, (\quad), 4\sqrt{2}, \cdots\cdots$

 (1)差が, 2, 3, 4, ……　　(2)公比が$-\dfrac{1}{2}$　　(3)$n^2$　　(4)公差が8

(5)公比が$\sqrt{2}$

**【36】** 第4項が1，第17項が40である等差数列の第30項を求めなさい。

 初項が$a$，公差が$d$の等差数列の一般項$a_n = a + (n-1)d$

**【37】** 初項が3，公比が2のとき，等比数列の和が1533だった。何項目で1533になるか求めなさい。

 初項が$a$，公比が$r$の等比数列の初項から第$n$項までの和は $S_n = \dfrac{a(r^n - 1)}{r - 1}$

**【38】** 次の和を求めなさい。

(1) $\displaystyle\sum_{k=1}^{n}(5 - 6k)$　　　　(2) $\displaystyle\sum_{k=1}^{n}(3k^2 - 2k + 5)$

 (1)$\displaystyle\sum_{k=1}^{n}k = \dfrac{n(n+1)}{2}$　　(2)$\displaystyle\sum_{k=1}^{n}k^2 = \dfrac{n(n+1)(2n+1)}{6}$

## ■ベクトル

**【39】** 図において，$\overrightarrow{\mathrm{AB}} = \vec{a}$，$\overrightarrow{\mathrm{BC}} = \vec{b}$とするとき，次の各問いに答えなさい。

(1) $\overrightarrow{\mathrm{CD}}$を$\vec{a}$，$\vec{b}$を用いて表しなさい。

(2) $\overrightarrow{\mathrm{CE}}$を$\vec{a}$，$\vec{b}$を用いて表しなさい。

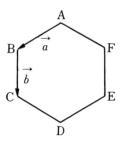

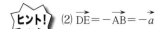 (2)$\overrightarrow{\mathrm{DE}} = -\overrightarrow{\mathrm{AB}} = -\vec{a}$

【40】 $\overrightarrow{OA}=(2,-3)$, $\overrightarrow{OB}=(-2,1)$, $\overrightarrow{OC}=(6,17)$ であるとき, $\overrightarrow{OC}$を$\overrightarrow{OA}$, $\overrightarrow{OB}$で表しなさい。

**ヒント!** $\vec{c}=k\vec{a}+l\vec{b}$

【41】 2つのベクトル $\vec{a}=(1,\sqrt{3})$, $\vec{b}=(\sqrt{3}+1,\sqrt{3}-1)$ があるとき, 次の各問いに答えなさい。

(1) $\vec{a}$と$\vec{b}$の内積を求めなさい。

(2) $\vec{a}$と$\vec{b}$のなす角 $\theta$ を求めなさい。

**ヒント!** $\vec{a}$と$\vec{b}$の内積は, $\vec{a}\cdot\vec{b}=|\vec{a}||\vec{b}|\cos\theta$

## ■対数・行列・極限値

【42】 次の各式の値を求めなさい。

(1) $\log_3\dfrac{1}{81}$

(2) $\log_2\dfrac{1}{2}+\log_28+\log_39$

(3) $\log_3(4-\sqrt{7})+\log_3(4+\sqrt{7})$

**ヒント!** (3) $\log_a m+\log_a n=\log_a mn$

【43】 $\log_{10}2=0.3010$, $\log_{10}3=0.4771$ とするとき, 次の値を求めなさい。

(1) $\log_2 1$

(2) $\log_{10}6$

(3) $\log_{10}8^2$

(4) $\log_{10}0.2$

**ヒント!** (1) $\log_n 1=0$　　(2) $\log_a m+\log_a n=\log_a mn$　　(3) $\log_a m^n=n\log_a m$
(4) $\log_a\dfrac{m}{n}=\log_a m-\log_a n$　$\log_a a=1$

【44】 $A=\begin{pmatrix}1&2\\3&4\end{pmatrix}$ のとき逆行列 $A^{-1}$ を求めなさい。

**ヒント!** $A=\begin{pmatrix}a&b\\c&d\end{pmatrix}$ の逆行列 $A^{-1}=\dfrac{1}{ad-bc}\begin{pmatrix}d&-b\\-c&a\end{pmatrix}$

【45】 次の極限値を求めなさい。

(1) $\displaystyle \lim_{x \to -1} (2x-1)^2 (x^2 -x+1)$

(2) $\displaystyle \lim_{x \to 1} \frac{x^3-1}{x-1}$

(3) $\displaystyle \lim_{x \to \infty} (\sqrt{x^2-4} - x)$

【46】 次の等式が成り立つように定数$a$, $b$の値を定めなさい。

$$\lim_{x \to 2} \frac{2x^2+ax+b}{x^2-x-2} = \frac{5}{3}$$

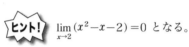 ヒント! $\displaystyle \lim_{x \to 2} (x^2-x-2) = 0$ となる。

■図　形

【47】 次に示す図形の斜線部の面積を求めなさい。ただし，円周率は$\pi$とする。

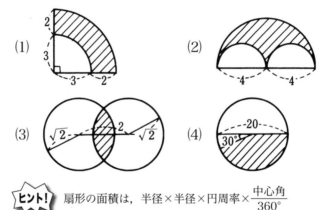

(1)

(2)

(3)

(4)

ヒント! 扇形の面積は，半径×半径×円周率×$\dfrac{中心角}{360°}$

【48】 右図の展開図の辺ABは，組み立てた場合，どの辺につくことになりますか。

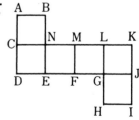

**【49】** 右図に示す円すいの体積を求めなさい。

　　ただし，円周率はπとする。

 円すいの体積は，底面積×高さ×$\frac{1}{3}$

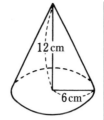

**【50】** 右図において，DAとDCの長さ

　　を求めなさい。

 相似な三角形を見つけ，対応する辺
　　の比を求める。

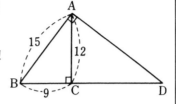

**【51】** 右図の円すいの展開図において，

　　∠AOBの大きさを求めなさい。

 円すいの底面の周の長さはABに等
　　しい。すなわち$\overset{\frown}{AB}=4\pi$。また，弧
　　の長さと中心角は比例するから，
　　∠AOBが求まる。

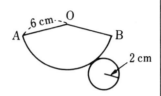

**【52】** 右図のように，正方形ABCDにお

　　いて，CDの中点をMとし，AD，BMを

　　延長して，その交点をEとする。CとE

　　を結ぶとき，次の問い答えなさい。

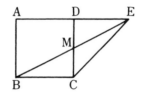

(1)　四角形ABMDの面積は△CEMの面積の何倍ですか。

(2)　AB＝$a$cmであるとき，△BCEの面積を$a$で表しなさい。

 (1)相似な図形の性質を利用する。AD＝DEである。

　　(2)△CEM，△MED，△BCMの面積は等しく□ABCDの$\frac{1}{4}$で$\frac{a^2}{4}$

■**確率・統計**

**【53】** 男5人，女3人の計8人の中から3人の委員を選ぶとき，次

　　の各確率を求めなさい。

(1)　男ばかり3人が選ばれる確率

(2)　男1人，女2人が選ばれる確率

 組合せの考えによる。

【54】 2つのサイコロを同時に投げたとき，同じ目の出る確率を求めなさい。

【55】 4問でできたテストがある。1問目10点，2問目10点，3問目10点，4問目20点であるとき次の問いに答えなさい。

| 点数 | 0 | 10 | 20 | 30 | 40 | 50 |
|------|---|----|----|----|----|----|
| 人数 | 3 | 5  | 9  | 6  | 3  | 9  |

(1) このクラスの平均は何点ですか。

(2) 4問目ができた人は少なくとも何人いますか。

 4問目のみ20点であることに注意する。

【56】 A，B，C，D，4人の平均身長は171cmで，AはDより8cm高く，BはAとDの平均身長より5cm高く，CはDより7cm高い。このとき，4人のうちで一番背の高い人は誰ですか。また，一番低い人の身長を求めなさい。

 A, B, C, Dの身長をそれぞれ$A$cm, $B$cm, $C$cm, $D$cmとすると，$A = D + 8$，$B = \dfrac{A+D}{2} + 5$よりBはDより9cm高い。一番高いのはB，一番低いのはDである。

# 数　学　チェックリスト

□　$(x+2y)^2$ を展開すると〈　1　〉である。

□　$25x^2-9y^2$ を因数分解すると，〈　2　〉である。

□　$(-2)^4=$〈　3　〉となり，$-2^4=$〈　4　〉となる。

□　$\dfrac{\sqrt{2}}{\sqrt{3}-2}$ の分母を有理化すると，〈　5　〉となる。

□　12と15の最小公倍数は〈　6　〉であり，また最大公約数は〈　7　〉である。

□　$\log_a 1=$〈　8　〉である。

□　時速180kmは秒速〈　9　〉mである。

□　2次方程式 $ax^2+bx+c=0$ の解の公式は，〈　10　〉である。

□　$3x+6=9$ が成り立つとき，$x$ の値は〈　11　〉である。

□　$x^2+3x+2=0$ を解くと $x$ の値は2つあり，〈　12　〉と〈　13　〉である。

□　2次方程式が重解をもつときは，判別式の $D$ の値が〈　14　〉となるときである。

□　$-x^2+3x-2>0$ を解くと，〈　15　〉である。

□　$\begin{cases} 2x+1\geqq 5 \\ x+2<6 \end{cases}$　を解くと，〈　16　〉である。

□　1次関数 $y=ax+b$ のグラフは，$a>0$ のとき〈　17　〉上がりの直線となる。

□　傾きが2である直線に垂直な直線の傾きは〈　18　〉である。

□　$y=x^2-2x+3$ のグラフは $y=x^2$ のグラフを $x$ 軸方向に〈　19　〉，$y$ 軸方向に〈　20　〉だけ平行移動したものである。

□　$\tan\theta=\dfrac{\langle\ 21\ \rangle}{\cos\theta}$ である。

□　$\sin 45°$ の値は〈　22　〉であり，$\tan 60°$ の値は〈　23　〉である。

□　$90°$ は〈　24　〉ラジアンである。

□　中心 $(1,2)$，半径 $\sqrt{3}$ の円の方程式は，〈　25　〉である。

□　底辺が5cm，高さが4cmの三角形の面積は〈　26　〉$cm^2$ である。

□　半径3cmの球の表面積は〈　27　〉$cm^2$ である。

□　相似な図形において，長さが2倍であれば面積は〈　28　〉，また体積は〈　29　〉倍になる。

□　2つのサイコロを同時に振って出た目の和が10になる確率は〈　30　〉である。

□　A，B，Cの3人の点数がそれぞれ84，63，72点のとき，3人の平均点は〈　31　〉点である。

□　速さは距離÷〈　32　〉で求められる。

□　600円の品物に5％の消費税がかけられているとき，支払う金額は〈　33　〉円である。

□　3％の食塩水200gには〈　34　〉gの食塩が含まれている。

□　五角形の内角の和は〈　35　〉°であり，また対角線の総数は〈　36　〉本になる。

---

1. $x^2+4xy+4y^2$

2. $(5x+3y)(5x-3y)$

3. 16

4. $-16$

5. $-\sqrt{6}-2\sqrt{2}$

6. 60

7. 3

8. 0

9. 50

10. $x=\dfrac{-b\pm\sqrt{b^2-4ac}}{2a}$

11. 1

12. $-2$

13. $-1$

14. 0

15. $1<x<2$

16. $2\leqq x<4$

17. 右

18. $-\dfrac{1}{2}$

19. $+1$

20. $+2$

21. $\sin\theta$

22. $\dfrac{1}{\sqrt{2}}$

23. $\sqrt{3}$

24. $\dfrac{\pi}{2}$

25. $(x-1)^2+(y-2)^2=3$

26. 10

27. $36\pi$

28. 4

29. 8

30. $\dfrac{1}{12}$

31. 73

32. 時間

33. 630

34. 6

35. 540

36. 5

# 2 理　　科

○第1に物理，次に化学に重点をおき，基本的内容の理解と実際に問題を解く力の養成を目的としています。そのため，「重要事項の整理」・「力だめし」の例題は，各分野とも基本的な事項を中心にまとめてあります。

○生物は，とくによく出題される人体に関する内容を扱いました。なお，電気関係のところはここでは詳しく取り上げていないので，専門教科のページでよく勉強することが大切です。

## 重要事項の整理

### 1. 物理

(1) 速度・加速度

①等速運動；$s = vt$

②平均の速さ；$v = \dfrac{s_2 - s_1}{t_2 - t_1} = \dfrac{\Delta s}{\Delta t}$

③瞬間の速さ；$v = \lim\limits_{\Delta t \to 0} \dfrac{\Delta s}{\Delta t}$

④速度；速さと向きをもつベクトルで合成や分解ができる。$\vec{v} = \vec{v_x} + \vec{v_y}$

⑤加速度；$a = \dfrac{v_2 - v_1}{t_2 - t_1} = \dfrac{\Delta v}{\Delta t}$

⑥等加速度運動；$v = v_0 + at$　$s = v_0 t + \dfrac{1}{2} at^2$

$v^2 - v_0{}^2 = 2as$

(2) 運動…力は変形や速度変化の原因

①運動の第1法則…慣性の法則

運動の第2法則…運動の法則

運動の第3法則…作用・反作用の法則

②自由落下；加速度$g$の等加速度運動；

$v = gt$　　　$s = \dfrac{1}{2} gt^2$　$g = 9.8[\text{m/s}^2]$

③真上に投げ上げ；$v = v_0 - gt$　$s = v_0 t - \dfrac{1}{2} gt^2$

④水平方向投げ出し；水平方向には速度$v_0$の等速度，鉛直方向には加速度$g$の等加速度運動を

する。

⑤最大静止摩擦力…$F = \mu N$，動摩擦力…$F' = \mu' N$

(3) 仕事，エネルギー，熱

①仕事；$W = Fs$，仕事率；$P = \dfrac{W}{t}$

②運動エネルギー；$U_K = \dfrac{1}{2} mv^2$

③重力による位置エネルギー；$U_p = mgh$

④弾性力によるエネルギー；$U_p = \dfrac{1}{2} kx^2$

⑤力学的エネルギー保存の法則；

$U = U_p + U_k = $ 一定

⑥熱量；$Q = mc(t - t_0)$ [cal]

⑦熱の仕事当量；$W = JQ$　$J = 4.2[\text{J/cal}]$

⑧エネルギー保存の法則

### 2. 化学

(1) 物質の分類

①物質

- 純物質
  - 単体……1種類の元素からなる物質（水素，酸素など）
  - 化合物…2種以上の元素が化学結合している物質（水，二酸化炭素など）
- 混合物…2種以上の純物質が混っているもの。（物理的方法で分離することができる。食塩水など）

②同素体……同じ元素の単体で性質の異なるもの（ダイヤモンドと黒鉛など）。

(2)　原子の構造

①原子 $\left\{\begin{array}{l}原子核\left\{\begin{array}{l}陽子……正の電荷をもつ\\中性子…電荷をもたない\end{array}\right.\\電子……負の電荷\end{array}\right.$

②原子番号＝陽子の数－電子の数

③質量数＝陽子の数＋中性子の数

④同位体……原子番号は同じで質量数が異なる原子（同じ元素に属し，質量が異なる）。

⑤イオン $\left\{\begin{array}{l}陽イオン……電子を失って正に帯電\\陰イオン……電子を得て負に帯電\end{array}\right.$

(3)　物質量（モル）

①原子量；$^{12}C$ を 12 としたときの各元素の原子の相対質量。

②分子量，式量；構成原子の原子量の総和。

③アボガドロ定数；$6.0 \times 10^{23}$

④物質量（モル数）；原子・分子・イオンなどの量を [mol] を単位として個数で表した量。

⑤1[mol] の気体の体積；標準状態（0℃，1気圧）では気体の種類によらず 22.4[L]

(4)　溶液の濃度

①質量パーセント濃度[%] ＝ $\dfrac{溶質の質量}{溶液（溶媒＋溶質）の質量} \times 100$

②モル濃度[mol/L] ＝ $\dfrac{溶質の物質量[mol]}{溶液の体積[L]}$

(5)　化学反応式のつくり方

①反応物（左辺）→生成物（右辺）

②係数は両辺の各原子の数が等しくなるようにつける。量的関係は次のようになる。

|  | $N_2$ | ＋ | $3H_2$ | → | $2NH_3$ |
|---|---|---|---|---|---|
| 分子数 | 1[個] |  | 3[個] |  | 2[個] |
| 物質量 | 1[mol] |  | 3[mol] |  | 2[mol] |
| 質量 | 28[g] |  | $3 \times 2$[g] |  | $2 \times 17$[g] |
| 体積比 | 1 | ： | 3 | ： | 2 |
| (0℃, 1気圧で22.4[L] | | | 67.2[L] | | 44.8[L] ) |

### 3. 生物

(1)　細胞の構造

細胞 $\left\{\begin{array}{l}原形質\left\{\begin{array}{l}核\\細胞質\left\{\begin{array}{l}ミトコンドリア\\葉緑体，細胞膜など\end{array}\right.\end{array}\right.\\後形質；細胞壁，貯蔵物質，老廃物\end{array}\right.$

(2)　遺伝（メンデルの遺伝の法則）

①優性の法則；対立形質をもつ両親の間にできた雑種第一代（$F_1$）には，対立形質のうち優性な方だけが現れる。

②分離の法則；生殖細胞をつくるとき，対立遺伝子が分離して別々の配偶子に入るため，雑種第二代（$F_2$）では優性形質のほかに劣性形質も現れて，その比が3：1となる。

③独立の法則；2対の対立遺伝子による遺伝で，各対立遺伝子が互いに独立して遺伝すること。そのため，$F_2$ の表現型の比は，両方優性：一方が優性：他方が優性：両方劣性が9：3：3：1となる。

(3)　ヒトの体のしくみと働き

①消化と吸収；食物は消化分解され吸収される。

②血液の成分と働き；赤血球，白血球，血小板，血しょう

③血液循環；心臓の構造，動脈と静脈

④吸収と排出；肺の働き，腎臓の働き

⑤感覚器と神経系；中枢神経の働き

### 4. 地学

(1)　地球の構造……地表より，地殻，マントル，外核，内核。

(2)　岩石……①火成岩；マグマが冷えて固まったもの。

②堆積岩；堆石物が固まったもので，地層をつくる。化石を含むこともある。

③変成岩；岩石が熱や圧力で変えられたもの。

(3)　地球の運動……自転と公転を行うが，自転の軸（地軸）は公転面に対し，66.6°の傾きをもつ。

(4)　太陽系……8個の惑星とその衛星，すい星よりなる。

(5)　銀河系……直径10万光年の約1000億個の恒星の集まり。

# 力だめし

## さあやってみよう！

**典型問題1**

運動方程式$F = ma$。この場合の$F$は重力の斜面方向の成分と摩擦力の和（向きは逆）。

$\sin 30° = \dfrac{1}{2}$

$\cos 30° = \dfrac{\sqrt{3}}{2}$

**【典型問題1】** 水平面と30°傾いた斜面を物体がすべり下りるときの加速度を求めなさい。ただし，重力加速度の大きさを$g$，斜面と物体との間の動摩擦係数を$\mu'$とする。

■解答■　物体の質量を$m$，斜面方向下向きの加速度を$a$とすると，次の運動方程式が成り立つ。

$ma = mg\sin 30° - \mu'N \cdots ①$

斜面に垂直な方向の力はつりあっているから，

$N = mg\cos 30° \cdots ②$

$\sin 30° = \dfrac{1}{2}$　$\cos 30° = \dfrac{\sqrt{3}}{2}$

②より$N = \dfrac{\sqrt{3}}{2}mg$，これを①に代入すると$a = \dfrac{1 - \sqrt{3}\mu'}{2}g$

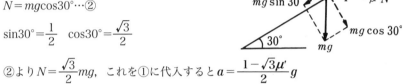

**典型問題2**

燃焼は$O_2$との反応である。化学反応式をつくるときは，係数を正確につける。

**【典型問題2】** メタン$CH_4$を完全燃焼させると，二酸化炭素と水を生じる。原子量は$H = 1.0$，$C = 12$，$O = 16$とし，次の問いに答えなさい。

(1)この反応を化学反応式で表しなさい。

(2)メタン4.0gを完全燃焼させるのに必要な酸素は何gですか。また，そのとき生じる二酸化炭素は標準状態で何Lですか。

■解答■

(1) 化学反応式

| | $CH_4$ | $+$ | $2O_2$ | $\rightarrow$ | $CO_2$ | $+$ | $2H_2O$ |
|---|---|---|---|---|---|---|---|
| (2) 量的関係は（物質量） | 1[mol] | | 2[mol] | | 1[mol] | | 2[mol] |
| （質量） | 16[g] | | 2×32[g] | | 44[g] | | |
| （標準状態の体積） | | | | | 22.4[L] | | |
| （問題では） | 4[g] | | $x$[g] | | $y$[L] | | |

$CH_4$ 16[g]と$O_2$ 2×32[g]が反応する。

$CH_4$ 4[g]と反応する$O_2$を$x$[g]とすると，

$\dfrac{4}{16} = \dfrac{x}{2 \times 32}$ よって$x = 16$[g]

同様に，$CH_4$ 16[g]が反応すると$CO_2$ 22.4[L]が生じる。

$CH_4$ 4[g]が反応して生じる$CO_2$を$y$[L]とすると，

$\dfrac{4}{16} = \dfrac{y}{22.4}$ よって$y = 5.6$[L]

# 実戦就職問題

## ■物　理

**【1】** 30[m/s]の速さで真上に投げ上げたとき，物体が最高点に達するまでの時間とその高さを求めなさい。

 最高点では，速さ$v$が0になる。

**【2】** 地上から2000[m]の上空をヘリコプターが108[km/h]で水平に飛んでいる。そこからある物体mを静かに落とした。次の問いに答えなさい。ただし，重力加速度$g = 9.8$[m/s$^2$]とする。

(1) 落した瞬間の物体mの速度の水平成分と垂直成分はそれぞれ何[m/s]ですか。

(2) 物体mの速度の水平成分は，その後時間とともにどのように変化しますか。

(3) 物体mの速度の垂直成分は，その後時間とともにどのように変化しますか。

(4) 物体mが地上に到着するのは何秒後ですか。

 水平成分はヘリコプターと同じ。垂直成分は自由落下と同じ。単位をなおす。　(4)$s = \frac{1}{2}gt^2$

**【3】** 次の各図で，力がつり合い各物体は静止している。また，摩擦や滑車と糸の質量は無いものとする。A，B，Cの質量はそれぞれ何kgですか。

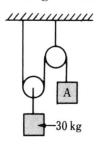

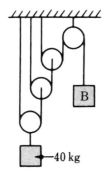

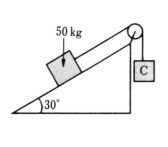

 動滑車1個につき，力は半分になる。

【4】　右図のように，動滑車と定滑車に糸をかけ，糸の一端を天井に固定した。動滑車と，糸の他の端に質量の等しいおもりAとBをそれぞれつり下げたときのAおよびBの加速度を求めなさい。ただし，糸の伸び，糸と滑車の質量は無視できるものとし，重力加速度は$g$とする。

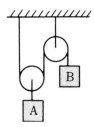

 Bの加速度はAの加速度の2倍。

【5】　下の図で，質量$m$の物体がAから斜面を静かにすべり始め，Bから平面を通過し，Cから斜面を登りDに達する。この間，エネルギーの損失はないものとする。高さをそれぞれ$h_1$，$h_2$とすると，Bを通過するときの速さとDに達したときの速さを求めなさい。

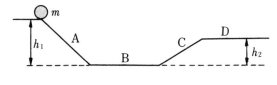

 力学的エネルギー保存の法則。$U = U_p + U_k = $一定

【6】　次の各都市に供給されている交流電流の周波数のうち，まちがっているものはどれですか。

　(ア) 函館市…50[Hz]　　(イ) 新潟市…50[Hz]　　(ウ) 静岡市…50[Hz]

　(エ) 山口市…60[Hz]　　(オ) 福岡市…60[Hz]　　(カ) 長野市…60[Hz]

【7】　右の回路の各抵抗の大きさは，すべて$r[\Omega]$とすると，合成抵抗$R$はいくらですか。

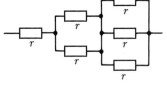

【8】　100[V]，40[W]の電球4個と，500[W]の洗濯機と90[W]のテレビを同時に並列に接続して使用するとき，流れる電流はいくらになりますか。

 並列回路のとき，流れる電流は各器具の電流の和。また，電力$P$，電圧$V$，電流$I = \dfrac{P}{V}$

【9】 次の文章の（　　　　）の中に適当な語句，または数値を入れて正しい文章にしなさい。

(1) 物体がその場所を保とうとする性質は，弾性，慣性，粘性のうち（　　　　）である。

(2) 地上より50[m]の高さにある質量15[kg]の物体の位置エネルギーは（　　　　）[J]である。

(3) 自由落下する物体の始めの5秒間の落下距離は（　　　　）[m]である。

(4) 純水1[m³]はおよそ（　　　　）[kg]で，大気圧が1気圧のとき水は（　　　　）[℃]で沸騰し，（　　　　）[℃]で凍る。

(5) 水150[g]の温度を15[℃]から100[℃]にするには，（　　　　）[kJ]の（　　　　）が必要である。

(6) プリズムに白色光を当てるとこれから出て来る光は数種の色光に分かれる。このときできる光の帯を（　　　　）という。

(7) 赤色から紫色までの目に見える部分の光を可視光線というが，赤色より波長の長い光を（　　　　），紫色より波長の短い光を（　　　　）という。

(8) 観測者と音源が互いに近づいていくときは音が（　　　　）く聞こえ，遠ざかっていくときは音が（　　　　）く聞こえる。

(9) 1[μm]は（　　　　）[cm]，1オングストロームは（　　　　）[m]である。

(10) kWは（　　　　）の単位であり，kW·hは（　　　　）の単位である。また，1[kW·h]は（　　　　）[J]である。

> **ヒント！** (1)運動の第1法則　(2)$U_p = mgh$　(3)$s = \dfrac{1}{2}gt^2$　(5)$Q = m(t - t_0) \times 4.2$[J]
> (8)ドップラー効果による。　(9)$\mu$は$10^{-6}$倍を表す。オングストロームは原子の半径などを表すとき用いる単位。　(10)1[W] = 1[J/s]

【10】 次の各法則の名前を下群より選び，記号で答えなさい。

(1) 圧力一定のとき，一定量の気体の体積は，温度が1℃上昇するごとに0℃のときの体積の$\dfrac{1}{273}$ずつ増加する。　（　　　）

(2) 温度一定のとき，一定量の気体の体積は圧力に反比例する。　（　　　）

(3) 導線の2点間に電圧を加えたとき，流れる電流は電圧に比例し，抵抗に反比例する。　（　　　）

(4) ばねのような弾性体に力を加え変形させるとき，力の大きさがある範囲内であれば，変形の大きさは，加えた力の大きさに比例する。　　　　　　　　　　　　　　（　　　）

(5) 閉じこめられた流体の一部に圧力を加えると，その圧力は流体のあらゆる部分に等しい大きさで伝わる。　　　　　（　　　）

(6) 流体中の物体がその流体から受ける浮力の大きさは，その流体が排除している流体の重さに等しい。　　　　　　　（　　　）

(ｱ)アルキメデスの法則　　　　(ｲ)オームの法則

(ｳ)シャルルの法則　　　　　　(ｴ)パスカルの法則

(ｵ)フックの法則　　　　　　　(ｶ)ボイルの法則

## ■化　　学

【11】　次の元素の元素記号を（　　　）の中に書きなさい。

(1) 鉄（　　　　　）　　　　(2) 銅（　　　　　）

(3) アルミニウム（　　　　）　(4) 鉛（　　　　　）

(5) スズ（　　　）　　　　　(6) マグネシウム（　　　　）

(7) 金（　　　）　　　　　　(8) ウラン（　　　　）

(9) ケイ素（　　　　）

【12】　次の化学式で表される物質の名称を（　　　）に書きなさい。

(1) $NaCl$（　　　　　）　　(2) $NH_3$（　　　　　　）

(3) $C_6H_{12}O_6$（　　　　）　(4) $H_2SO_4$（　　　　　）

(5) $C_2H_5OH$（　　　　）

【13】　次の文中の（　　　）に適する語句，数値を入れなさい。

(1) 原子の中心には正の電気をもった（　　）があり，これは，正の電気をもった陽子と電気をもたない（　　）からできている。また，そのまわりを負の電気をもった（　　）が運動している。

(2) 中性の原子が（　　）を失えば，（　　）に帯電した原子，すなわち（　　）になり，（　　）を得れば（　　）になる。

(3) 大理石に塩酸をかけると，発生する気体は（　　）である。

(4) （　　）とは水素イオン指数のことで，その値が（　　）より小さい水溶液は（　　）性，大きいときは（　　）性で，（　　）に等しいときに（　　）性という。

(5)　水を電気分解すると，（　　）極に水素，（　　）極に酸素が
　　発生し，その体積比は（　　：　　）である。

(6)　一定量の気体の体積は（　　）に反比例し，（　　）に比例する。

(7)　$Cl^-$ を含む水溶液に（　　）の水溶液を加えると白色沈殿を
　　生ずる。

**ヒント！**　(3)大理石の主成分は炭酸カルシウム $CaCO_3$ である。　(4)水素イオン指数は酸性，塩基性の程度を表すもので，アルファベットの小文字と大文字で示す。　(6)ボイル・シャルルの法則。　(7)$Cl^-$ の検出に用いる。$AgCl$ の白色沈殿を生じる。

【14】　塩化ナトリウム（NaCl）23.4[g]を水に溶かして500[mL]
　にした溶液のモル濃度を求めなさい。ただし，原子量は Na＝
　23，Cl＝35.5とする。

【15】　二酸化炭素（$CO_2$）11[g]の物質量は何[mol]ですか。また，
　標準状態（0℃，1atm）での体積は何[L]ですか。ただし，原子量
　は C＝12，O＝16とする。

**ヒント！**　標準状態で1[mol]の気体の体積は22.4[L]。

【16】　次の金属のうち水に溶けやすいものはどれですか。○で囲
　みなさい。

Al　　Cu　　Mg　　K　　Cr　　Na

**ヒント！**　アルカリ金属，アルカリ土類金属のイオン化傾向が大きいものが水に溶ける。

【17】　次の文中の（　　）の中に適する語句を入れなさい。

(1)　溶媒に溶質を溶かすには限度があり，その限度に達した溶液
　　を（　　）という。

(2)　化合物から酸素を取り除くことを（　　）という。

(3)　フッ素，塩素，臭素，ヨウ素はともに同族元素であり，一括
　　して（　　）という。

(4)　過酸化水素を分解して酸素を発生させるとき，二酸化マンガ
　　ンを加えると，反応が速くなる。このときの二酸化マンガンの
　　ような働きをする物質を（　　）という。

**ヒント！** (2)酸化の逆のこと。 (4)自分自身は変化しない。

**【18】 次の文中の（　　）の中より正しいものを選び○で囲みなさい。**

(1) 食塩水は（①酸性，②中性，③アルカリ性）である。

(2) pHとは（①酸・アルカリ性の程度を表す数値である。②100[g]の水に溶けることができる溶質のグラム数である。③ $^{12}C$ を12とした原子の相対質量である。）

(3) 炭水化物・タンパク質・アルコールなどは，成分元素として炭素を含む化合物で，一般に（①無機物，②有機物）という。

(4) 周期表のO族の元素は，いずれも化学的にきわめて不活性な気体で，まとめて（①LPガス，②ハロゲン，③希ガス）といい，アルゴン，ネオンや（④リチウム，⑤ヘリウム，⑥カリウム）があげられる。

**ヒント！** (4)クリプトン，キセノン，ラドンもこの仲間である。

## ■生　　物

**【19】 次の各文に相当するものを下群より選び，記号で答えなさい。**

(1) 感覚や記憶・思考の中枢

(2) 呼吸や心臓の運動の中枢

(3) 腱（けん）の反射などの中枢

(4) 運動を調節し，体の平衡を保つ中枢

　(ア)大脳　　(イ)小脳　　(ウ)延髄　　(エ)脊髄

**ヒント！** 中枢神経の役割。

**【20】 文中の（　　）に適する語句を入れなさい。**

　血液の成分のうち，ヘモグロビンによって酸素を運ぶ働きをするのは（　　）であり，体内に入りこんだ細菌などを殺す働きをするのは（　　）である。また，（　　）は血液が体の外に出たときに凝固させる働きをする。栄養や二酸化炭素，老廃物を運ぶ液体を（　　）という。

**【21】** 次の文中の（　　）に適する語句を入れなさい。

　ヒトが3大栄養素を口から取り入れたとき，炭水化物（デンプン）は，だ液などの働きによってまず（　　）に分解され，さらにすい液や腸液によって分解され（　　）になり，小腸より吸収される。タンパク質は，胃液でペプトンになり，さらにすい液，腸液によって（　　）に分解される。脂肪は，すい液・腸液の働きにより（　　）とグリセリンに分解される。

**【22】** 次の文の（　　）の中から適する語句を選び○で囲みなさい。

(1)　ヒトの体内に入ったバクテリアを捕食するのは，（赤血球，白血球，血小板）である。

(2)　肝臓でつくられる消化に重要な液を一時蓄えておく器官は（胆のう，膀胱，十二指腸）である。

(3)　胃は食べた物を消化するために胃液によって中が（酸性，中性，アルカリ性）になっている。

(4)　血液中から尿をろ過する器官は（すい臓，肝臓，腎臓）である。

**ヒント!**　(3)消化管の他の部分は，中性から弱アルカリ性である。

**【23】** オシロイバナの赤色（RR）と白色（rr）を交雑させると，Rとrの優劣関係が不完全なため，雑種第一代$F_1$は中間の桃色となる。次の組合わせで交雑させた場合，生じる表現型の比はどのようになるか答えなさい。

(1)　赤×赤　　(2)　桃×桃　　(3)　桃×赤　　(4)　桃×白

**ヒント!**　桃色の遺伝子型はRrである。

**【24】** 次の文中の（　　）に適する語句を入れなさい。

(1)　生物が酸素を用いてグルコース（ブドウ糖）を分解しエネルギーを得るとき，分解で生じる物質は（　　）と（　　）である。

(2)　心臓から出る血液が通る血管を（　　）といい，心臓へ戻る血液が通る血管を（　　）という。

(3)　3大栄養素とは，炭水化物，脂肪と（　　）である。

(4)　ウマ，カエル，フナ，トンボ，スズメのうち分類上別の仲間

に属するのは（　　　）である。

(5) 血液の中で酸素を運ぶものは，血しょう，白血球，赤血球の
うち（　　　）である。

**ヒント!** (1)酸素呼吸，光合成の逆の反応式が書ける。

【25】　次の文の（　　　）の中から適する語句を選び○で囲みなさい。

(1) マツやスギは，分類上（コケ類，シダ類，裸子植物，被子植物）
に属する。

(2) 細胞の中にあって酢酸カーミンなどでよく染まる球状のもの
を（核，葉緑体，中心体）といい，この中には，遺伝情報を担っ
ている（BTB，ATA，DNA）を含んでいる。

(3) 植物の成長にとって害になる物質の1つに（カリウム，リン，
銅，窒素）があげられる。

(4) 体内に入ったバクテリアを捕食するのは，（白血球，赤血球，
血小板）である。

## ■地　　学

【26】　次の文中の（　　　）に適する語句を入れなさい。

(1) 日食のとき，直線上に並んだ太陽，地球，月のうち，真ん中
にあるのは（　　　）である。

(2) 惑星とは（　　　）のまわりを公転する天体をいい，（　　　）
とは惑星の周囲をまわる天体をいう。

(3) 世界の時刻の基準とされている天文台は，イギリスの（
　）天文台である。

(4) 地球が太陽のまわりを回っている運動を地球の（　　　）と
いい，地軸を中心にして回転する運動を地球の（　　　）という。

(5) 火星，木星，金星のうち，地球より太陽に近い軌道をもつも
のは（　　　）である。

(6) 太陽のように自分で光を出す星を（　　　）という。

【27】　次の文中の（　　　）に適する語句または数値を入れなさい。

(1) 地球は1年で太陽を1周する。そのため，星座をなす星の南
中時刻は1日に約（　　　）分ずつ早くなる。

(2)　光の速さは30万[km/s]である。1光年は（　　　）×10^( )

[km]である。

(3)　潮の満干が最も小さくなるのは，新月，半月，満月のうち，

（　　　）のときである。

(4)　台風の日に向かって吹き込む風は，北半球では（　　　）ま

わりの渦巻きとなる。

(5)　暖かく湿った風が高い山を越えると，乾いた熱風となる。こ

れを（　　　）現象という。

**ヒント!** (1)1年間で24時間早くなる。　(2)1光年は光が1年間で進む距離。　(4)北半球では直進しようとする物体は右方向に曲げられる。　(5)大火の原因となることがある。

**【28】**　次の文の（　　　）の中より最適なものを選び，記号で答えなさい。

(1)　マグマが冷えて固まってできた岩石を（①堆積岩，②火成岩，③変成岩）という。

(2)　花こう岩の中にある灰色でガラス質の鉱物は（①黒雲母，②長石，③石英）である。

(3)　日本の冬によく見られる，強い北西の季節風を吹かせる気圧配置を（①南高北低，②西高東低，③北高南低）型という。

# 理　科　チェックリスト

- □　速さ–時間線図で，グラフの接線の傾きは〈　1　〉を，面積は〈　2　〉を表す。
- □　自由落下において，$t$秒後の速さは〈　3　〉の式で，$t$秒間の落下距離は〈　4　〉の式で求められる。
- □　重力加速度$g$は，およそ〈　5　〉[m/s²]である。
- □　ニュートンの運動の法則で，第1法則は〈　6　〉といわれ，第3法則は〈　7　〉といわれる。
- □　物体に力を加えると加速度を生じ，その大きさは力の大きさに比例し，物体の質量に反比例する。これを式で表すと，〈　8　〉である。
- □　運動エネルギーは〈　9　〉で，重力による位置エネルギーは〈　10　〉で表される。
- □　水1[g]の温度を1[℃]上昇させる熱量が〈　11　〉[cal]である。
- □　比熱$c$，質量$mg$の物質の温度を$t$℃だけ上昇させる熱量$Q$は〈　12　〉[cal]である。
- □　1[cal]の熱量に相当する仕事の量は，〈　13　〉[J]である。
- □　固体→液体の変化を融解といい，その逆を〈　14　〉という。同様に，液体→気体を気化，その逆を〈　15　〉，固体→気体の変化及びその逆を〈　16　〉という。
- □　原子は原子核と〈　17　〉から成り，原子核は，〈　18　〉と〈　19　〉からできている。
- □　K殻，L殻，M殻は〈　20　〉。
- □　原子番号が同じで質量の異なる元素を〈　21　〉という。
- □　元素記号がHeの元素名はヘリウム，Cは〈　22　〉，Siは〈　23　〉，Cuは〈　24　〉，Znは〈　25　〉，Hgは〈　26　〉である。
- □　HClは塩酸，$HNO_3$は〈　27　〉，NaOHは〈　28　〉，AgClは〈　29　〉である。
- □　次の物質の式量，分子量，NaClは58.5，$H_2O$は〈　30　〉，$NH_3$は〈　31　〉，$H_2SO_4$は〈　32　〉である。
- □　100[g]の水に食塩25[g]を溶かすと，濃度〈　33　〉[%]の食塩水ができる。
- □　$H_2O$ 1[mol]は18[g]であるから，90[g]は〈　34　〉[mol]である。
- □　$1.8 \times 10^{24}$個の原子は〈　35　〉[mol]であり，標準状態で112[L]の気体は，〈　36　〉[mol]である。
- □　細胞の中には，核，ミトコンドリア，葉緑体などがあるが，植物細胞だけに見られるのは〈　37　〉である。
- □　血液中の固形成分である血球は，白血球，赤血球，〈　38　〉から成る。
- □　タンパク質は消化・分解すると〈　39　〉に，デンプンは〈　40　〉に，脂肪は脂肪酸と〈　41　〉になる。
- □　両親の血液型がA型と〈　42　〉型の場合，子どもがO，A，B，ABのいずれにもなる可能性がある。
- □　〈　43　〉とは−273[℃]で，これより低い温度はありえないという温度。
- □　観測者に近づいてきている音源からの音が高く聞こえる現象を〈　44　〉という。
- □　地球が1年間で太陽を1周することを〈　45　〉という。
- □　〈　46　〉とは，梅雨期に日本列島に現れる暖気団と寒気団の勢力がつりあって動かない状態の前線。

---

1. 加速度
2. (進行)距離
3. $v=gt$
4. $s=\frac{1}{2}gt^2$
5. 9.8
6. 慣性の法則
7. 作用反作用の法則
8. $F=ma$
9. $U_K=\frac{1}{2}mv^2$
10. $U_P=mgh$
11. 1
12. $Q=mct$
13. 4.2
14. 凝固
15. 液化
16. 昇華
17. 電子
18. 陽子
19. 中性子
20. 電子の軌道
21. 同位体
22. 炭素
23. けい素
24. 銅
25. 亜鉛
26. 水銀
27. 硝酸
28. 水酸化ナトリウム
29. 塩化銀
30. 18
31. 17
32. 98
33. 20
34. 5
35. 3
36. 5
37. 葉緑体
38. 血小板
39. アミノ酸
40. グルコース(ブドウ糖)
41. グリセリン
42. B
43. 絶対温度
44. ドップラー効果
45. 公転
46. 梅雨前線

# 3 国　語

○国語の勉強の比重の置き方は，ここに出題した問題数の割合に比例していると思ってよいでしょう。ただ，ここに出されている問題は，実際に出題されたものを中心にしているので，確実性を期したい人は，基礎知識の勉強をまず行ってから取り組まれるとより効果的です。

○今後マークシートなどによる出題も多くなると予想されるので，それに対処できるように新傾向の問題も用意しました。マークシートに対しては確実な知識をもって取り組まないと迷いが生ずるので注意する必要があります。とにかく繰り返し勉強してほしいと思います。

## 重要事項の整理

### 1.漢字の読み

　漢字の読みの問題が難しいのは，同じ文字でも音が異なるからである。日本語でも地方によって言葉がちがうように，漢字にも地域差・時代差があるということを銘記してもらいたい。

(1)　呉音＝最も早く日本に渡ってきた漢字音。
　揚子江下流域の呉地方の音が主流のため，呉音という。

(2)　漢音＝隋・唐時代の首都長安の標準語。
　今の読み方の中心。

(3)　唐音＝中国の唐末以降のものである。量は多くない。
　各音による読みのちがいの例

| 呉音 | 行儀ぎょうぎ | 灯明とうみょう | 頭上ずじょう |
| 漢音 | 行動こうどう | 明白めいはく | 頭髪とうはつ |
| 唐音 | 行脚あんぎゃ | 明国みんこく | 饅頭まんじゅう |

(4)　これに対して日本固有の漢字もある。江戸時代の新井白石が書いた『同文通考（どうぶんつうこう）』によると，国字81字があげられている。魚偏が24字もある。国字は音（オン）はなく訓（クン）だけである。

〔例〕

凪(なぎ)　峠(とうげ)　凩(こがらし)　笹(ささ)　躾(しつけ)

躮(せがれ)　椛(もみじ)　辻(つじ)　俤(おもかげ)　畑(はたけ)

などいろいろある。辻という字は江戸時代，合計の意味で使われていた。

(5)　次に読みを難しくしているのは熟字訓といわれるもの，いわゆるあて字である。これはごく限られた場合だけのものであるから覚えてしまう以外に方法はない。一字一字の読み方を覚えても意味がない。理屈ぬきにそう読むのだと思うのである。しかし，ただ覚えるのではなく，単語帳やカードを作ったりすることが必要だ。その際同じような語はまとめて覚えるとよい。たとえば，日時に関する読みとしては，一日（ついたち）・二日（ふつか）・二十日（はつか）・昨日（きのう），今日（きょう）・明日（あした）というように覚えるのである。

### 2.漢字の書き取り

　漢字は表意文字であり，一字一字が異なった意味を表している。したがって読みだけ覚えてもその言葉の意味を理解していないと，正しい漢字の書き取りができないことになってしまう。日ごろ常に辞書で意味を確かめて書く習慣をつけると誤字は減少する。また，パソコンや携帯電話の普及によって発音だけに頼ってしまって，とんでもない誤字を書くケースが多くなっている。機械は万能ではない。君

自身の頭で判断することを常に忘れないでおこう。

(1) 同音異字＝音読みは同じであるが，意味や使い方がちがう漢字。これは意味を覚えておくと混乱しない。

〔例〕

・験→ためす（試験は覚えたことをためす）。

・倹→むだをはぶく（倹約・節倹）。

・検→しらべる（検査・検分　もともとは書状の封印からきたという）。

・険→あらくはげしい（危険・険悪，けわしい場所という意味がもと）。

(2) 同訓異字＝訓読みが同じであっても意味のちがう漢字。意味のとりにくい場合は，そのことばの使い方を覚えてしまうことである。

〔例〕

・早いという字は時刻がまえであるという意味で使われている。速いは動きがすみやかであるという意味になる。したがって「朝早い」と「球が速い」という使いわけが可能になる。

(3) このほか，形が似ている漢字（例えば送・迭，縁・緑・録）などは，一字一字覚えるよりは熟語として覚える。送金・更迭と覚えれば，意味や，どういうときに使うかも判断がつく。要するに出題者としては，どのような誤字が書かれるかを予想しているのであり，君はこの落し穴にひっかからないように注意すべきなのである。

## 3.四字熟語・ことわざ・慣用句

四字熟語についても誤りの傾向は同じである。以前どこかの会社で「□肉□食」という四字熟語が出題されたとき，「焼肉定食」と解答した人がいたということが新聞で話題となった。確かに意味が通れば誤りとはいえないかもしれないが，出題者には出題者の意図した解答があるのであり，その意図に沿った答を出さない限り君の採用はありえないのである。次に四字熟語の誤りやすい例をあげる。

〔例〕

・自業（×行）自得

・危機一髪（×発）→007の映画で一発のイメージが強くなったが，ピストルで射つのではない。

・言語道（×同）断

・単（×短）刀直入

・絶体（×対）絶命

・無我夢（×霧）中→五里霧中と混同しないように。

・異口（×句）同音

このほかに数字を使った四字熟語もよく出題される。これらは必ずその熟語が作られた背景があるので，その背景を研究しておくとよい。例えば，「四苦八苦」という言葉は仏教からきたもので，四苦は生・老・病・死，八苦はこれにさらに愛別離苦・怨憎会苦・出不得苦・五陰盛苦を加えたもので，人生の意味を深く問う言葉なのである。このように考えると単に暗記するのでなく，その言葉に現れる意味を研究することは自分自身の血となり肉となるのだと思えば，単なる受験勉強とは全くちがった意味で勉強ができる。

学んだあとの君の成長はきっと会社の人事の人も評価してくれると思う。要は何事においても自分の有益な方向に頭を働かせることが肝要だと思う。君がこの本に出会ってそこまで理解してくれることを願っている。

## 4.文学史

もちろん，単に表面的に理解しただけでは人生経験の豊富な人々は，その君の本質をすぐに見抜いてしまう。ほんとうに自分のものとすることで君に実行してもらいたいことは，愛読書を持つことである。

古典といわれ，長く人々に愛読されてきたものには，人々の心を奪う何かが存在するのである。近代の文学もそうである。しかし，何百万部も売れた本が必ずしも名作かというとそうではない。確かにすっと頭にはいって簡単に読める本もあるが，あとでふりかえってみると何ひとつ頭に残っていないものも多い。要はたった一語でもよいから君の人生の指標となる言葉があるか否かである。たとえば，太宰治の『走れメロス』は中学校の教科書で出てきている。しかし，同じ本でも中学時代と高校時代，そして社会人となった場合にそれぞれ読んでみるとまったく新鮮な角度から読んでいる自分に気がつくであろう。とにかく読書が最良の勉強であることを君にわかってもらいたい。

# 力だめし

## さあやってみよう！

**【典型問題1】　次の漢字の読みを書きなさい。**

(1)　捺印　　　(2)　出納　　　(3)　為替　　　(4)　定款　　　(5)　斡旋

　**解　答**　たった5問と思うなかれ。毎年多くの企業で必ず出題される読みである。なぜだろうか。これらは企業で日常使用される言葉なのだ。それが読めない，書けないでは社会人として失格してしまう。(1)会社にはいったら君はこの重要性をいやというほど知らされる。ハンコといえばわかるだろう。印形をおすこと，また，おした印の両方の意味がある。　(2)「シュツノウ」などと読んではいけない。だしいれの意味で，金銭または物品の収入と支出のことだ。古くは蔵人所に属し，雑事・雑具の出納を掌った職を意味した。こういうことも知っていれば君は教養ある人物と評価される。　(3)遠くの地にいる者が貸借の決済のために，お金を送付する労費・不便・危険などを免れるために手形・小切手などによって送金を処理する方法のこと。室町時代には「カワシ」と言っていた。郵便為替・銀行為替・電報為替・内国為替・外国為替の種類がある。また，為替手形・約束手形・小切手を総称してこの言葉が用いられることもある。　(4)会社などの目的・組織・業務執行などの基本規則のこと。君の受験する会社の定款がどんなものか知っておこう。　(5)世話のことといったらわかるかな。就職の斡旋は職業安定所などでもしてくれるが，君は先生の斡旋かな？

　　答　(1)なついん　(2)すいとう　(3)かわせ　(4)ていかん　(5)あっせん

**【典型問題2】　細かい部分に気をつけて，次のカタカナの部分を漢字になおしなさい。**

(1)　社内旅行のために毎月五千円ずつヨキンする。

(2)　ヒンプの差が激しい国もある。

(3)　センモンカにはハカセ号を持つ人が多い。

(4)　○○庁ゴヨウタシと書くお菓子はおいしい。

(5)　予算の追加をヨウセイする。

(6)　損害をホショウする。

　**解　答**　A社の入社試験で，A社の正式の社名を書かせる書き取りの試験があった。多分この問題ができなかった人は採用されなかっただろう。書き取りの問題はそれほど難問は出題されない。しかし，やさしいからといっておろそかにしてはいけない。誤字・脱字の多い文章はそれだけで君の人格を疑われる。ワープロの多くなった最近であるからこそ，とんでもない漢字を書かないようにしよう。ワープロにだって誤りはある。(1)はへんの縦画ははねないことが多いが，その例外として出した。イ・牛・木これらははねない。扌・犭・子・予などははねるので注意。　(2)はつく・つかないで注意するもの。会はくっついているが，分

はくっつかない。はなれているのは公・沿・貧など。　(3)専門家には点と口を書いてはいけないが，博には点がある。試・式・銭・求など点のあるものも覚えよう。　(4)この字は「ゴヨウタツ」と誤読する人が多い。達の幸の部分を幸としない，幸福の幸とはちがう。　(5)月の一画めははらうが，青の五画目ははらわない。晴・清も同様。　(6)ネ（シメス）とネ（コロモ）も注意しよう。漢字は一点一画をていねいに。筆順を正しく。自己流のくずしはやめよう。日ごろから正しく書く習慣を身につけよう。

　答　(1)預金　(2)貧富　(3)専門家，博士　(4)御用達　(5)要請　(6)補償

典型問題3
まず解答群を見るまえに自分で解答しよう。そうして解答群の中で自分が確信を持った答えのある肢を見つけよう。
それが正答と思ってまちがいはない。

【典型問題3】　次の空欄内に適当な漢字1字を入れて四字の熟語を完成し，正しい組み合わせの解答を選びなさい。

(1)　支離□裂　　　　　(2)　無我□中
(3)　五里□中　　　　　(4)　□価償却
(5)　栄枯盛□　　　　　(6)　喜怒□楽

　(a)分——最——十——定——装——苦
　(b)滅——夢——霧——滅——衰——哀
　(c)滅——霧——十——定——衰——昔
　(d)滅——霧——夢——滅——哀——衰
　(e)爆——無——無——原——水——愛

**解答**　マークシート問題にも対処できるような問題方式として出題してみた。四字熟語の問題は読み・書きの次に出題が多い。それでいて，誤りが多い。ここに出題したものはもっとも出題の多いものである。(1)と(4)，(2)と(3)，(5)と(6)はそれぞれ似た漢字であるため，正確に覚えることを要求される。ところで出題する側からすれば，(a)〜(e)の5つの肢のうち3つはいいかげんな組み合わせである。残りの2つの肢から正解を見つけることだ。(1)はめちゃめちゃになること。マークシートは何が何だかわからない解答とならないよう注意。　(2)は夢見る心地をいう。我を無くして夢の中と覚えよう。　(3)は夢の中ではなく霧の中。広さ五里にもわたる深い霧の中にいること。　(4)会社で決算期によく使用される。減価＝年々減らして償却すること。原価ではない。　(5)盛んになることと衰えること。(6)喜びと怒りと，哀は悲しみ，そして楽しみ。

　答　(b)

# 実戦就職問題

## ■漢字の読み

**【1】** 次の漢字の読みを書きなさい。

(1) 意 図　　(2) 会 得　　(3) 為 替　　(4) 形 相

(5) 容 赦　　(6) 哀 悼　　(7) 精 進　　(8) 風 情

(9) 土 産　　(10) 時 雨　　(11) 建 立　　(12) 促 進

(13) 捺 印　　(14) 発 足　　(15) 添 付　　(16) 思 惑

(17) 体 裁　　(18) 所 謂　　(19) 斡 旋　　(20) 募 る

(21) 境 内　　(22) 匿 名　　(23) 絡 む　　(24) 出 納

(25) 請 負

**ヒント!**　典型問題1にもいくつかあった！ (9) などは熟字訓＝海女・田舎・芝生・太刀・凸凹・眼鏡などとともに，いわゆるあて字として出てくる。ほかにも日本固有の漢字「凪・凧・峠・躾・辻・俤」など読めるかな？

**【2】** 次の故事成語の読みを書き，右からそれぞれの意味を選び記号で答えなさい。

(1) 呉越同舟　(a) 仲の悪い人同士が，同一の場所・境遇にならびたつこと。

(2) 杞憂　　　(b) 学問に志すこと。

(3) 蛇足　　　(c) 将来のことについて，あれこれといらぬ心配をすること。

(4) 志学　　　(d) 70歳のこと。

(5) 古稀　　　(e) あっても益のない無用の長物のたとえ。

**ヒント!**　故事成語の成り立ちを理解しよう。

**【3】** 例にならって次の読みを書きなさい。

〔例〕率先 (そっせん) の率→ (ひき) いる。

(1) 会釈 (　　) の会→ (　　) う。

(2) 帰省 (　　) の省→ (　　) みる。

(3) 教唆 (　　) の唆→ (　　) かす。

(4) 破綻 (　　) の綻→ (　　) びる。

(5) 華奢 (　　) の奢 → (　　) る。

**ヒント!** 音と訓。これが君の頭を悩ます。こういう覚え方も1つの方法だ。

## 【4】 次の文章の下線部の読みを書きなさい。

　江戸の三大祭りには，山王祭・神田祭・芝明神の祭礼があります。神社の<u>境内</u>(　①　)では<u>神主</u>(　②　)によって<u>祝詞</u>(　③　)があげられ，<u>拝殿</u>(　④　)では<u>神楽</u>(　⑤　)が舞われています。まもなく，<u>稚児</u>(　⑥　)行列や<u>山車</u>(　⑦　)が町中を<u>練</u>(　⑧　)り歩き，人々はお<u>神酒</u>(　⑨　)を飲んで<u>景気</u>(　⑩　)よく<u>神輿</u>(　⑪　)をかつぎます。

　江戸時代の<u>名残</u>(　⑫　)をとどめた祭りは，<u>長閑</u>(　⑬　)な一日を人々に与えます。各家々の玄関には<u>提灯</u>(　⑭　)がつりさげられ，<u>黄昏</u>(　⑮　)時には<u>蝋燭</u>(　⑯　)の灯も入れられます。足を<u>足袋</u>(　⑰　)でつつみ，<u>下駄</u>(　⑱　)をはいた子どもたちが<u>大人</u>(　⑲　)以上に楽しそうにはしゃぎまわっています。

**ヒント!** お祭りを題材に関係のある語を集めてみた。③は「しゅくし」と読むと祝いの言葉となり意味が異なる。　⑤東京に神楽坂という地名がある。⑦壇尻（だんじり）・山鉾（やまぼこ）も覚えておこう。京都の祇園会の山鉾，飛騨祭の山車は有名。　⑨般若湯（はんにゃとう）も酒。　⑭松明・行灯・雪洞・狼火なども読めるかな？⑰，⑱のほか草履・鼻緒も覚えよう。

## 【5】 次の熟語について，左のカッコのある漢字と同じ読みをする漢字を使ってある熟語をそれぞれ(ア)〜(ウ)から選び，さらに選んだ熟語の読みを書きなさい。

(1) 偏 (重)　(ア)軽重　(イ)厳重　(ウ)重荷

(2) 結 (納)　(ア)出納　(イ)納豆　(ウ)納税

(3) 非 (業)　(ア)失業　(イ)業苦　(ウ)業績

(4) (気) 配　(ア)気力　(イ)気質　(ウ)呆気

(5) 帰 (依)　(ア)依願　(イ)依怙　(ウ)依頼

(6) 久 (遠)　(ア)遠忌　(イ)遠望　(ウ)遠雷

(7) (相) 性　(ア)相殺　(イ)世相　(ウ)相客

(8) 勘 (定)　(ア)定石　(イ)定款　(ウ)定型

(9) (発) 作　(ア)発起　(イ)発掘　(ウ)発露

これもけっこう出てきたものがある。全部読めないとお話しにならない例として出題した。これができない人はもう一度勉強の方法を反省しよう！

【6】　次の漢字は同じ字が含まれていますが，それぞれ読み方が異なります。それに注意して読みを書きなさい。

(1)　流布—流暢　　(2)　成就—就中　　(3)　老舗—店舗

(4)　反応—反古　　(5)　烏有—有為　　(6)　強情—風情

(7)　永劫—億劫　　(8)　素地—素姓　　(9)　納得—出納

(10)　割拠—証拠　　(11)　定款—定石　　(12)　吹聴—吹奏

(13)　静寂—寂寥　　(14)　所以—所謂　　(15)　憎悪—悪態

 ここでは字が同じで読みのちがうものを集めてみた。そのほか(1)流石，(5)有職・含有，(8)素人，(9)納涼・結納，(10)鼓吹，(14)所望，(15)嫌悪・悪寒・悪臭などもおさえておこう。

【7】　次にあげられているのは有名な俳句です。俳句が五・七・五の十七音で成り立っていることに注意してカッコ内の読みを書きなさい（ただし，現代かなづかいで答えること）。

(1)　初 (時雨) 猿も小蓑をほしげなり

(2)　としとへば片手出す子や (更衣)

(3)　山蟻のあからさまなり (白牡丹)

(4)　(桐一葉) 日当たりながら落ちにけり

(5)　(五月雨) をあつめてはやし最上川

(6)　(啄木鳥) や落葉をいそぐ牧の木々

(7)　とどまればあたりにふゆる (蜻蛉) かな

(8)　(鰯雲) 人に告ぐべきことならず

(9)　(糸瓜) 咲いて痰のつまりし仏かな

(10)　(紫陽花) に秋冷いたる信濃かな

 季語の中で注意するものをあげてみると，土筆・若布・百日紅・西瓜・山茶花・紅葉など，特に花の名前・鳥の名前・食物などはまとめて覚えておこう。

## ■漢字の書き取り

【8】　次にあげた漢字はどれも２つの異なる音をもっています。例にならって，それぞれの読み方による漢字２字の言葉をつくりな

さい。ただし，言葉をつくる場合，字の順序は問わないが，できた言葉の読み方は音読みになるようにして（　）の中に読みを書きなさい。

〔例〕率　能率（のうりつ）引率（いんそつ）

(1)　解　□□（　　）　　□□（　　）

(2)　対　□□（　　）　　□□（　　）

(3)　易　□□（　　）　　□□（　　）

(4)　遺　□□（　　）　　□□（　　）

(5)　音　□□（　　）　　□□（　　）

**ヒント！** この問題はいろいろな答えがある。(1)カイ・ゲ，　(2)ツイ・タイ，　(3)エキ・イ，　(4)イ・ユイ，　(5)イン・オン

**【9】　次のカタカナの部分を漢字に直しなさい。**

(1)　首相のシセイ方針演説が行われた。

(2)　問題の意味をハアクしないと今後のことは決定できない。

(3)　次の項目にガイトウする者は前に出なさい。

(4)　この点に関してはシンチョウにシンギする必要がある。

(5)　交通事故による損害をホショウする。

(6)　冷害によって物価がトウキした。

(7)　栄養がケツボウして病気になった。

(8)　カンイ保険に加入する。

(9)　米の輸入問題で日本はたいへんなキョクメンに立たされた。

(10)　物事はオンビンに取りはからうことが大切だ。

**ヒント！** 特に政治に関係した言葉で新聞などに出てくるものに注意。所信・答申・罷免・諮問・遊説・批准・幹旋などは，読み・書き取りともに対策をたてよう。(2)ハアク＝手でしっかりにぎること。理解すること。(3)亥・効・核など区別できるかな。　(5)保証・保障・補償の使いわけに注意。(6)登記もよく出る。　(9)曲面ではない。事件のなりゆき，ありさま。(10)安穏とか穏健，穏匿などまぎらわしいものも勉強しておこう。

**【10】　次の（　）に同じ音の漢字を書き入れ，熟語を完成しなさい。**

(1)　(ア)　交通事故の（　　　）因を調査する。

　　(イ)　皆さんお（　　　）気ですか。

　　(ウ)　円高の影響で輸出量が（　　　）少した。

　　(エ)　森林資（　　　）を大切にしよう。

　　(オ)　憲法に（　　　）論の自由の規定がある。

(カ)　小さいときから（　　）格にしつけられた。

(キ)　今（　　）在という時を大切にしよう。

(2) (ア)　危険を（　　）す。

(イ)　罪を（　　）す。

(ウ)　領土を（　　）す。

(3) (ア)　社会にはいろいろな習（　　）がある。

(イ)　毎月雑誌を（　　）行する。

(ウ)　箱根は有名な（　　）光地です。

(エ)　事件の（　　）係者が警察に呼ばれた。

(オ)　一年間連載された物語もついに（　　）結した。

(カ)　この道路を（　　）理しているのは国土交通省です。

(4) (ア)　（　　）悪品を出さないようにきちんと検査する。

(イ)　消費税も（　　）税の一種です。

(ウ)　人数が多くて入場を（　　）止された。

(エ)　都会では（　　）外感を感じる人が多い。

(オ)　我が家の（　　）父は九十歳でまだまだ元気です。

(カ)　（　　）上の魚を料理する。

(キ)　数学で（　　）数のことを学んだ。

**ヒント！**　ついでに覚えてほしい，同じ音で似た文字。倹・剣・険・検・験，清・晴・精・請，招・詔・紹，愉・諭・輸，暮・墓・慕・募，議・犠・儀・義，違・偉・緯，講・購・構，適・滴・摘，裁・載・栽，嬢・譲・醸。

**【11】** 次の「たつ」という言葉にあてはまる漢字を書き，次にその意味を下から選び，記号で答えなさい。

(1)　都市の再開発が進められ，高層ビルが<u>たつ</u>

(2)　航空機が太平洋上で消息を<u>たつ</u>

(3)　家庭科の実習で布を<u>たつ</u>

(4)　面接が終わって席を<u>たつ</u>

(5)　逃亡犯人の退路を<u>たつ</u>

(6)　就職試験の時間があっというまに<u>たつ</u>

(a)切りはなす　　　(b)過ぎていくこと

(c)立ちあがること　(d)なくすること

(e)できること　　　(f)さえぎること

**ヒント！**　漢字の意味を考えたり，その漢字を使った熟語を思い出して書くとよい。

**【12】 次のカタカナの漢字として正しいものを選びなさい。**

(1) 真理をツイキュウする（㋐追及　㋑追求　㋒追究）

(2) 高校のカテイを修める（㋐過程　㋑課程　㋒仮定）

(3) 生命の安全をホショウする（㋐補償　㋑保証　㋒保障）

(4) 総会の決議に対してイギをとなえる（㋐意義　㋑異議　㋒威儀）

(5) 映画をカンショウする（㋐鑑賞　㋑感傷　㋒観賞）

(6) 統計調査のタイショウとしてあなたが選ばれました（㋐対称　㋑対照　㋒対象）

**ヒント！** まず，解答を見ないで自分なりの答えを出すこと。(1)どこまでも，おいきわめること。　(2)ある期間に修得すべき一定の範囲のことがら。(6)称＝よびな。象＝すがた，かたち。照＝光をあてる。

**【13】 例にならってそれぞれ2字の熟語となることのできる文字を中央の空欄にあてはめなさい。ただし，読みが異なる場合もあります。**

(例)
```
竣 完        竣 完
┌─┐   →   成
語 功        語 功
```

(1)
```
接 感
┌─┐
診 手
```
(2)
```
伝 教
┌─┐
業 戒
```
(3)
```
予 訃
┌─┐
道 酬
```
(4)
```
陰 撮
┌─┐
像 響
```
(5)
```
展 希
┌─┐
郷 外
```
(6)
```
実 観
┌─┐
地 量
```
(7)
```
拒 断
┌─┐
筆 版
```
(8)
```
謙 空
┌─┐
像 構
```
(9)
```
施 興
┌─┐
進 事
```
(10)
```
鑑 常
┌─┐
別 者
```
(11)
```
脱 引
┌─┐
陣 官
```
(12)
```
名 翻
┌─┐
文 詩
```

**ヒント！** どれかひとつがわかればあとはそれによってあてはめてみればよい。(1)さわること。　(3)天気　(4)カメラ　(6)建物を建てる場合に必要。(7)親子の断□　(11)やめること　(12)日本語を英語に。

**【14】 次の語の反対語を漢字で書きなさい。**

(1) 保守　(2) 損失　(3) 縮小　(4) 野党

(5) 平等　(6) 供給　(7) 積極的　(8) 主観的

**ヒント！** (1)と(4)は対で覚えよう。　(5)不平等も誤りではないが。　(7)・(8)〜的と的がつく言葉をまとめておこう。

【15】　次の組み合わせが反対語になるように □ に漢字を書きなさい。

(1)　原告／□告

(2)　優勢／□勢

(3)　否定／□定

(4)　凡人／□人

(5)　感情／□性

(6)　建設／破□

(7)　悲哀／□喜

(8)　暗黒／□明

(9)　具体／□象

(10)　上昇／下□

**ヒント！**　(1)裁判で使われる。　(4)ぼんにんとも読む。　(8)は読みの問題でも出るので注意。　(9)ピカソの絵を思いだそう。

【16】　次のそれぞれの組の4つの言葉の中から反対語を2つ選び出し，その番号を書きなさい。

(ア)　①韻文　　②散文　　③条文　　④国文

(イ)　①平和　　②敗戦　　③戦争　　④講和

(ウ)　①実現　　②理想　　③現実　　④理性

(エ)　①権利　　②人権　　③義務　　④義理

(オ)　①外形　　②内在　　③形式　　④内容

(カ)　①酸化　　②液化　　③復元　　④還元

(キ)　①妥協　　②受諾　　③絶交　　④拒絶

(ク)　①転勤　　②左遷　　③栄転　　④任命

(ケ)　①融解　　②凝固　　③凝視　　④誤解

(コ)　①債権　　②社債　　③債券　　④債務

**ヒント！**　(ア)韻文＝韻をふんだ，よいひびきを持つ文章。詩。　(カ)・(ケ)理科の問題？　(コ)法律と経済の言葉を区別しよう。

## ■ことわざ・慣用句

【17】　次の文中の □ に漢字，○にひらがなを1字ずつ入れ，慣用句を使った文を完成させなさい。

(1)　友人と駅で待ち合わせたが，いくら待っても来ないので，○

○○をきらした。

(2)　人を○○○□○ようないばった態度の上司はきらわれる。

(3)　君の人間性については先生が○○○□を押すよ。

(4)　ラグビーの試合にどちらが勝つか□○○○○見守る。

(5)　セールスにいって取りつく□もなく追いかえされた。

(6)　友人は前にけんかしたことをまだ□○もっている。

(7)　社長から□○○○○○○ほど説諭された。

(8)　A君の努力には□○□○○。

(9)　入社試験の論文を，□○□○とほめられた。

(10)　そんなに○○○□ばかりたたいているときらわれるよ。

**ヒント!** (1)足にくることもある。　(2)体の一部。　(3)保証。　(4)息を殺すも使われる。　(6)うらんでいつまでも忘れない。　(7)ガミガミやられるとまずどこに声は届くかな？　(8)感服すること。　(9)たっしゃに文章を書く。　(10)口はわざわいのもと。

**【18】　次の慣用句の意味として適当なものを選びなさい。**

(1)　糠に釘　　　　　　　　(ア) こまりはてる。

(2)　枯木（こぼく）死灰　　(イ) みはなす。

(3)　口さがない　　　　　　(ウ) てごたえやききめのない意味。

(4)　さじをなげる　　　　　(エ) いいかげんにその場をごまかす。

(5)　歯をくいしばる　　　　(オ) 口うるさい。

(6)　手を焼く　　　　　　　(カ) 活気や情熱のないこと。

(7)　目から鼻へぬける　　　(キ) 苦しさをこらえる。

(8)　爪に火をともす　　　　(ク) ひどくけちなこと。

(9)　身につまされる　　　　(ケ) すぐれてかしこい。

(10)　お茶をにごす　　　　　(コ) わが身に比べて思いやられる。

**ヒント!** どれも一度は目にしているもの。(2)槁木死灰とも書く。かれ木と，つめたくなった灰から転じた言葉。槁＝藁

**【19】　次の空欄の中に適当な漢字1字を入れて4字の熟語を完成しなさい。**

(1)　有為□変　　　　(2)　起□転結　　　　(3)　縦横無□

(4)　支離□裂　　　　(5)　新陳□謝　　　　(6)　馬□東風

(7)　□田引水　　　　(8)　温故□新　　　　(9)　□刀直入

(10)　□苦八苦　　　　(11)　千載□遇　　　　(12)　危機一□

(13)　異□同音　　　　(14)　用意周□　　　　(15)　喜怒□楽

(16) 無我□中　　(17) 適材□所　　(18) 四面□歌

(19) 花鳥□月　　(20) 一□打尽　　(21) 責任転□

(22) □心伝心　　(23) 五里□中　　(24) 一石二□

(25) 羊頭□肉　　(26) 質実□健　　(27) 暗中□索

(28) 呉越同□　　(29) □機応変　　(30) 一□一会

**ヒント!** 多くの会社で出題されている。(1)はかないこと。　(4)減ではない。　(9)短ではない。　(14)倒ではない。　(15)誤字注意。　(20)綱ではない。　(21)稼ではない。　(30)最期などの期は，「ご」と読む。

**【20】 空欄内に適当な漢数字を入れて熟語を完成させなさい。**

(1) □進□退　　(2) □人□色　　(3) □面楚歌

(4) □方美人　　(5) 終始□貫　　(6) □部始終

(7) □喜□憂　　(8) □知半解　　(9) 破顔□笑

(10) □拝□拝　　(11) □挙両得　　(12) □刻□金

(13) □寒□温　　(14) □変□化　　(15) □望□里

(16) □人□首　　(17) 差□別　　(18) □捨□入

(19) □朝□夕　　(20) □日□秋　　(21) □束□文

**ヒント!** (3)故事成語も研究せよ。　(5)・(6)読みも注意。　(8)何事もなまかじりしないこと。致ではない。　(10)おがみたおすこと。　(12)すばらしいひととき。　(13)三日寒さが続くと次の四日間はあたたかいという大陸の冬の気候。四字熟語は中国の事を表す場合が多い。　(16)和歌に関係あり。(18)算数でならった。

# ■文 学 史

**【21】 次の作家と作品，文学における立場の中で正しい組み合わせのものを選びなさい。**

(1) 島崎藤村——自然主義——詩集『月に吠える』

(2) 二葉亭四迷——写実主義——『浮雲』

(3) 菊池寛——白樺派——『父帰る』

(4) 小林多喜二——プロレタリア文学——『太陽のない街』

(5) 島木赤彦——ホトトギス派——歌集『柿蔭集』

**ヒント!** (1)若菜集は？　(3)白樺派＝武者小路実篤・志賀直哉・有島武郎など。(4)「蟹工船」はだれ？　(5)アララギ派。

**【22】** 次の作者の作品をそれぞれの⒜～ⓒから選び，記号で答えなさい。

(1)　吉田兼好 (ⓐ枕草子　ⓑ平家物語　ⓒ徒然草)

(2)　井原西鶴 (ⓐ雨月物語　ⓑ好色一代男　ⓒ奥の細道)

(3)　ヘミングウェイ (ⓐ武器よさらば　ⓑ赤と黒　ⓒ狭き門)

(4)　トルストイ (ⓐ罪と罰　ⓑ大地　ⓒ戦争と平和)

(5)　シェイクスピア (ⓐベニスの商人　ⓑ若草物語　ⓒ宝島)

**ヒント!**　(2)好色一代女もある。　(3)アメリカの作家，『老人と海』もある。　(4)ナポレオンのロシア侵攻を題材とした長編。　(5)肉を血を流すことなく切りとれるかな？

**【23】** 次の作者の名を漢字になおし，それぞれの作品を⒜～⒣から選んで記号で答えなさい。

(1)　夏目ソウセキ　　　　　(a)奥の細道

(2)　石川タクボク　　　　　(b)武蔵野

(3)　松尾バショウ　　　　　(c)小説神髄

(4)　十返舎イック　　　　　(d)邪宗門

(5)　坪内ショウヨウ　　　　(e)こころ

(6)　森オウガイ　　　　　　(f)悲しき玩具

(7)　国木田ドッポ　　　　　(g)東海道中膝栗毛

(8)　北原ハクシュウ　　　　(h)阿部一族

**ヒント!**　作家と文学作品（日本・海外）をまとめておこう。

**【24】** 次の文章の空欄にあてはまる語群の正しい組み合わせを，⑴～⑸から選びなさい。

　　明治時代の文学は口語体で書かれた最初の小説（　　）によって口火が切られ，ついでロマン主義が流行，『舞姫』の（　　），樋口一葉の（　　）などによって詩歌・小説に新風がふきこまれた。明治末期には自然主義文学の（　　）の『破戒』，知性派を代表する（　　）の『坊っちゃん』が書かれ，日本文学に深みと理性を与えた。

(1)　小説神髄――二葉亭四迷――にごりえ――北原白秋
　　――夏目漱石

(2)　浮雲――坪内逍遥――若菜集――島崎藤村――夏目漱石

(3)　小説神髄──森鴎外──たけくらべ──島崎藤村

　　──山本有三

(4)　浮雲──森鴎外──たけくらべ──島崎藤村──夏目漱石

(5)　浮雲──芥川龍之介──たけくらべ──志賀直哉

　　──山本有三

**ヒント!** 二葉亭四迷は言文一致体の文章と優れた心理描写とで新生面を開いた。一葉の作品はこの2つが有名。藤村は『若菜集』『夜明け前』など，ロマン主義的詩風。山本有三は『路傍の石』で有名。

**【25】** 次の各文は古典文学の一節である。作品名と作者を答えなさい。

(1)　月日は百代の過客にして，行きかう年も亦旅人なり。

(2)　ゆく川の流れは絶えずして，しかも，もとの水にあらず。

(3)　かく，ありし時過ぎて，世の中に，いと物はかなく……

(4)　天道もの言はずして，国土に恵み深し。人は実あって，偽り多し。

(5)　東路の道の果てよりも，なお奥つ方に生ひ出でたる人，いかばかりかはあやしかりけむを，いかに思ひ始める……

**ヒント!** (1)百代＝永遠の。過客＝旅人。　(3)平安中期の日記。　(4)江戸初期の浮世草子。　(5)平安後期の日記。

**【26】** 次の作品と作者を線で結びなさい。

(1)　狭き門　　　　　(ア)紀貫之

(2)　みだれ髪　　　　(イ)カミュ

(3)　土佐日記　　　　(ウ)ジイド

(4)　赤と黒　　　　　(エ)与謝野晶子

(5)　異邦人　　　　　(オ)スタンダール

**【27】** 次の俳句の季語と季節を書きなさい。

(1)　いわし雲天にひろがり萩咲けり

(2)　万緑の中や吾子の歯生えそむる

(3)　朝顔につるべとられてもらひ水

(4)　荒海や佐渡に横たう天の川

(5)　長々と川一すじや雪の原

(6)　菊の香や奈良には古き仏たち

(7)　木の芽ふく十坪の庭を散歩かな

(8)　五月雨や大河を前に家二軒

(9)　わが声のふきもどさるる野分かな

⑽　春の月ふけしともなくかがやけり

ヒント!　季語は旧暦（太陰暦）で表され，現在使われている新暦（太陽暦）と約1か月ほどのずれがあるので注意。

【28】　次の漢字で略された国名を書きなさい。

(1)　加　(2)　伊　(3)　英　(4)　蘭　(5)　豪

ヒント!　このほか，米＝アメリカ，仏＝フランス，印＝インド，独＝ドイツなどまとめておこう。

【29】　次の数を数えるのに用いる語を書きなさい。

(1)　一（　）の馬。

(2)　二（　）の鏡。

(3)　三（　）の舟。

(4)　一（　）の薬。

(5)　二（　）のスーツ。

(6)　七（　）の花。

(7)　一（　）のよろい。

(8)　百人一（　）。

(9)　一（　）の屏風。

⑽　一（　）の土地。

ヒント!　数の単位も要注意。

【30】　次の俳句の最初の句と残りの句を結びつけて俳句を完成しなさい。

(1)　ゆさゆさと　　　　(ア)氷踏みけり谷の道

(2)　ひやひやと　　　　(イ)雲が来るなり温泉の二階

(3)　ずんずんと　　　　(ウ)からみし蔓や枯木立

(4)　もこもこと　　　　(エ)月浴びてあり夕紅葉

(5)　うすうすと　　　　(オ)引く潮うれし潮干狩

(6)　ばりばりと　　　　(カ)大枝ゆるる桜かな

(7)　ほろほろと　　　　(キ)砂吹きあぐる清水かな

(8)　きりきりと　　　　　　　　　　(ク)山吹散るか滝の音

**ヒント!**　いずれも情景を考えるとすぐわかる。

## 【31】　次の品詞の中で１つだけ異なるものがあります。その記号を答えなさい。

(1)　(ア)大きな　　　(イ)ていねいな　　　(ウ)きれいな　　　(エ)静かな

(2)　(ア)この　　　　(イ)あの　　　　　　(ウ)その　　　　　(エ)やっと

(3)　(ア)ずいぶん　　(イ)もしもし　　　　(ウ)ちっとも　　　(エ)なぜ

(4)　(ア)だが　　　　(イ)しかし　　　　　(ウ)そして　　　　(エ)やがて

(5)　(ア)広い　　　　(イ)遠い　　　　　　(ウ)たとい　　　　(エ)長い

**ヒント!**　(1)「だ」でおきかえる。　(2)こそあど言葉。　(3)副詞と感動詞の区別。
(4)接続詞。　(5)形容詞と副詞の区別。

## 【32】　次の漢字で表された言葉を，別の言葉におきかえるとすればどれがよいでしょうか。

(1)　焦　燥　　(2)　些　細　　(3)　哀　愁　　(4)　束　縛

(5)　偏　見　　(6)　模　倣　　(7)　媒　介　　(8)　判　然

　(ア)まね　　　(イ)なかだち　　(ウ)はっきり　　(エ)うれい

　(オ)わずか　　(カ)あせり　　　(キ)しばる　　　(ク)かたより

**ヒント!**　むずかしい漢字やことわざ・慣用句をやさしい言葉におきかえたり，
逆に短い文章を漢字で表現できるようにしておこう。

# 国　語　チェックリスト

**【漢字の読み】**

- ☐ **成就**〈 *1* 〉なるか君の就職。
- ☐ 金つきた**為替**〈 *2* 〉送れ。
- ☐ 交通**渋滞**〈 *3* 〉イライラは事故のもと。
- ☐ 水筒を忘れても**出納**〈 *4* 〉簿は忘れるな。
- ☐ 肉のない**精進**〈 *5* 〉料理は健康食。
- ☐ 先生に**会釈**〈 *6* 〉をする。
- ☐ 面接で**曖昧**〈 *7* 〉な態度はとるな。
- ☐ 青春は**蹉跌**〈 *8* 〉の連続くじけるな。
- ☐ 責任を他人に**転嫁**〈 *9* 〉するようでは上司に認められない。
- ☐ **誤謬**〈 *10* 〉を恐れるな。**貪欲**〈 *11* 〉になれ。
- ☐ 先輩の**示唆**〈 *12* 〉には**謙虚**〈 *13* 〉に学べ。
- ☐ 経営の**刷新**〈 *14* 〉には，**明晰**〈 *15* 〉な頭脳が必要だ。

**【漢字の書き取り】**

- ☐ **センモンカ**〈 *16* 〉には点と口を出すな。**ハカセ**〈 *17* 〉にはよい点をあげよ。
- ☐ 後のことを善くするのが**ゼンゴサク**〈 *18* 〉。もう前のことにはこだわるな。
- ☐ 親切な彼女の**コウイ**〈 *19* 〉に，私は**コウイ**〈 *20* 〉を持った。
- ☐ 物を見るのが，**カンサツ**〈 *21* 〉，力で誘うのが**カンユウ**〈 *22* 〉。
- ☐ **アットウ**〈 *23* 〉はイ（ひと）によって倒される。
- ☐ **シュクショウ**〈 *24* 〉は小さくするのであって，少なくするのではない。
- ☐ **キョウチョウ**〈 *25* 〉は言い張るのではなく，強い調（しら）べである。
- ☐ **ジョコウ**〈 *26* 〉とは静かにゆっくりの徐，スピードを出して除（殺す）してはいけない。

**【四字熟語】**

- ☐ 体と命で**絶**〈 *27* 〉**絶**〈 *28* 〉。
- ☐ 髪の毛のおかげで**危機一**〈 *29* 〉助かった。
- ☐ **五里**〈 *30* 〉**中**，五里さきまで霧の中。
- ☐ **無我**〈 *31* 〉**中**，我を無くして夢の中。
- ☐ 人が集まれば**群**〈 *32* 〉**心理**。
- ☐ 口答しないで頭で考えるのが**口頭**〈 *33* 〉**問**。
- ☐ 〈 *34* 〉**刀直入**，単刀は短くないと入らない。
- ☐ **意味深**〈 *35* 〉な言葉は長く考えよ。
- ☐ かたわらに人がいないようにふるまうのが**傍若**〈 *36* 〉**人**，（武ではない）。
- ☐ 言語で説明する道が断たれるのが〈 *37* 〉**語**〈 *38* 〉**断**。
- ☐ 年々減らして〈 *39* 〉**価償却**，（原ではない）。
- ☐ 心が一つで**一**〈 *40* 〉**同体**，（身ではない）。
- ☐ 青い空見て〈 *41* 〉**天白日**。
- ☐ 日に月にたえず進歩が日〈 *42* 〉**月歩**。
- ☐ 名文を書いてもだめだ**大義名**〈 *43* 〉。
- ☐ 不和ではなく付和だと彼女いう〈 *44* 〉**和雷同**。
- ☐ へたな絵をほめるのが**自**〈 *45* 〉**自賛**？
- ☐ 故（ふる）きを温（たず）ねて**温**〈 *46* 〉**知新**。
- ☐ 四字熟語覚えて生きかえる**起死回**〈 *47* 〉。

**【作家と作品】**

- ☐ 『**吾輩は猫である**』の作者は，〈 *48* 〉である。
- ☐ 沙翁とよばれるイギリスの劇作家で，**四大悲劇**など多数の戯曲を創作した人は〈 *49* 〉である。
- ☐ **友情**という小説を書いたのは〈 *50* 〉である。
- ☐ 『戦争と平和』『復活』はトルストイ。『罪と罰』『白痴』の作者は〈 *51* 〉である。
- ☐ **鶴**を題材にしたり，日本の昔話をテーマにした作品が多い作者は〈 *52* 〉である。
- ☐ 原爆をテーマにした作品は多いが，**黒い雨**は〈 *53* 〉の代表作。

| | |
|---|---|
| *1.* じょうじゅ | |
| *2.* かわせ | |
| *3.* じゅうたい | |
| *4.* すいとう | |
| *5.* しょうじん | |
| *6.* えしゃく | |
| *7.* あいまい | |
| *8.* さてつ | |
| *9.* てんか | |
| *10.* ごびゅう | |
| *11.* どんよく | |
| *12.* しさ | |
| *13.* けんきょ | |
| *14.* さっしん | |
| *15.* めいせき | |
| *16.* 専門家 | |
| *17.* 博士 | |
| *18.* 善後策 | |
| *19.* 行為 | |
| *20.* 好意 | |
| *21.* 観察 | |
| *22.* 勧誘 | |
| *23.* 圧倒 | |
| *24.* 縮小 | |
| *25.* 強調 | |
| *26.* 徐行 | |
| *27.* 体 | *28.* 命 |
| *29.* 髪 | *30.* 霧 |
| *31.* 夢 | *32.* 集 |
| *33.* 試 | *34.* 単 |
| *35.* 長 | *36.* 無 |
| *37.* 言 | *38.* 道 |
| *39.* 減 | *40.* 心 |
| *41.* 青 | *42.* 進 |
| *43.* 分 | *44.* 付 |
| *45.* 画 | *46.* 故 |
| *47.* 生 | |
| *48.* 夏目漱石 | |
| *49.* シェイクスピア | |
| *50.* 武者小路実篤 | |
| *51.* ドストエフスキー | |
| *52.* 木下順二 | |
| *53.* 井伏鱒二 | |

# 4 社　　会

○「社会（地理歴史・公民）」は社会生活をしていくなかで，"常識"と思われることがらへの理解が求められています。

○問われる内容は，地理，歴史，公共，倫理，政治・経済など全般にわたっています。

○したがって，ここでは混乱しないように，「地理的分野」「歴史的分野」「倫理的分野」「政治・経済的分野」に分けて構成してありますから，それにそって勉強して下さい。

○重要事項の整理は，重要項目の表題についてのみ掲げてありますので，各自教科書などを参照して下さい。

## 重要事項の整理

### 1. 地理的分野

(1) 地球の構成

①地形　(ｱ)赤道より北を北半球，南を南半球。全体では陸地：海洋＝3：7だが，陸地は北半球に多い。(ｲ)大陸―ユーラシア，アフリカ，オーストラリア，南・北アメリカ，南極。(ｳ)大洋―太平洋・大西洋・インド洋。

②気候　ケッペンの気候区分。日本の多くは温暖湿潤気候。

(2) 日　本

①自然環境　(ｱ)環太平洋造山帯に属し，火山が多い―フォッサマグナ。火山帯。(ｲ)海に囲まれた島国。(ｳ)四季の変化が明瞭―季節風。西高東低の冬型気圧配置。梅雨。台風。(ｴ)山がち―山脈。平野。盆地。河川。湖。

②産業　(ｱ)農業―狭い耕地での集約型。多い兼業農家。稲作中心。果樹・茶などの特産物。農産物輸入の自由化問題。(ｲ)漁業―零細漁家による沿岸・沖合漁業。大資本による遠洋漁業。養殖。漁港。捕鯨問題。200カイリ漁業専管水域。(ｳ)工業―工業地帯（地域）とその特色。主要工業都市。(ｴ)資源―鉱産資源。森林資源（木材）。電力（火力・水力・原子力）天然ガス。

(3) 世界の諸地域

主要国と首都。

### 2. 歴史的分野

(1) 日本史

①先土器文化　岩宿遺跡。

②縄文時代　貝塚。

③弥生時代　稲作の開始。邪馬台国。吉野ケ里遺跡。

④大和時代　(ｱ)大和朝廷―倭の五王と稲荷山古墳の鉄剣。大陸文化の伝来。(ｲ)古墳―前方後円墳。

⑤飛鳥時代　(ｱ)聖徳太子―推古天皇・蘇我氏・十七条憲法・遣隋使・法隆寺。(ｲ)大化の改新―中大兄皇子・中臣鎌足。(ｳ)律令制の形成―白村江の戦，壬申の乱，白鳳文化。(ｴ)大宝律令―藤原不比等，班田収授法。

⑥奈良時代　(ｱ)平城京―和同開珎，遣唐使。(ｲ)律令制の動揺―三世一身法・墾田永年私財法，長屋王の変，道鏡。(ｳ)天平文化―『古事記』・『日本書紀』・『万葉集』，鎮護国家仏教（東大寺と国分寺・大仏），正倉院御物。

⑦平安時代　(ｱ)平安京―桓武天皇，三代格式，弘仁貞観文化・最澄・空海。(ｲ)摂関政治―藤原氏，荘園，遣唐使廃止と国風文化・『古今和歌集』・『源

氏物語』など。武士の台頭。　(ウ)院政―白河上皇,保元・平治の乱。　(エ)平氏政権―平清盛。

⑧鎌倉時代　(ア)鎌倉幕府―源頼朝と御家人,守護・地頭。　(イ)執権政治―北条泰時,承久の乱,御成敗式目。　(ウ)元寇―モンゴル族・北条時宗。(エ)鎌倉新仏教。

⑨室町時代　(ア)南北朝時代―後醍醐天皇と建武の新政,吉野朝廷と室町幕府。　(イ)室町幕府―足利尊氏・義満,守護大名,倭寇と勘合貿易。金閣寺・銀閣寺。　(ウ)戦国時代―応仁の乱,戦国大名・下克上。

⑩織豊時代　(ア)織田信長―鉄砲戦術・畿内平定。(イ)豊臣秀吉―天下統一,太閤検地・刀狩,朝鮮出兵。　(ウ)桃山文化―南蛮文化・茶道。

⑪江戸時代　(ア)江戸幕府―徳川家康,関ヶ原の戦。　(イ)鎖国。　(ウ)文治政治と元禄文化―綱吉(犬公方),新井白石,松尾芭蕉・井原西鶴・近松門左衛門。　(エ)3大改革―享保改革―田沼時代～寛政改革～化政時代～天保改革。　(オ)化政文化―浮世絵,蘭学。　(カ)開国―ペリー・日米修好通商条約,幕末の動乱。

⑫明治時代　(ア)明治維新―王政復古,富国強兵・地租改正・殖産興業,文明開化。　(イ)自由民権運動―板垣退助・大隈重信,伊藤博文。　(ウ)立憲君主制の成立―大日本帝国憲法。　(エ)産業革命―日清戦争・日露戦争,韓国併合。

⑬大正時代　(ア)大正デモクラシー　(イ)第一次世界大戦―対華21か条要求。　(ウ)政党政治の成立―原敬,護憲運動,普通選挙と治安維持法。　(エ)恐慌―金融恐慌,関東大震災,世界恐慌。

⑭昭和時代　(ア)軍部独走とファシズム―満州事変,国際連盟脱退,二・二六事件。　(イ)第二次世界大戦―日中戦争・太平洋戦争,敗戦。　(ウ)占領と民主化―マッカーサー,農地改革・財閥解体,日本国憲法。　(エ)国際社会への復帰―東西冷戦と朝鮮戦争,サンフランシスコ条約と日米安全保障条約。　(オ)対米協調と高度成長。

(2)　欧米諸国と近現代史

①近代の幕開け　(ア)ルネサンス―ダンテ,レオナルド=ダ=ヴィンチ,ミケランジェロ,ガリレオ。　(イ)宗教革命―ルター,カルヴァン,プロテスタント,イエズス会。　(ウ)大航海時代―コロンブス,マゼラン。　(エ)絶対王政―エリザベス1世,ルイ14世。

②市民革命　(ア)イギリス革命―ピューリタン,ク

ロムウェル,名誉革命,権利の章典。　(イ)アメリカ独立―ボストン茶会事件,ワシントン,独立宣言。　(ウ)フランス革命―バスティーユ牢獄襲撃,人権宣言,ジャコバン派と恐怖政治,ナポレオン。

③産業革命　(ア)機械の発明―ジョン=ケイ,ワット,スティーブンソン。　(イ)資本主義の確立―資本家と労働者。

④19世紀のヨーロッパ　(ア)ウィーン体制　(イ)1848年の革命運動　(ウ)国民主義と近代国家の成立―アメリカ南北戦争,イタリア統一,ドイツ統一,ヴィクトリア女王下のイギリス。

⑤ヨーロッパ勢力の東進　(ア)イギリスによるインド植民地化。　(イ)東南アジアの植民地化。　(ウ)アヘン戦争と太平天国。

⑥帝国主義　(ア)独占資本の成立。　(イ)労働者抑圧。(ウ)世界分割―ファショダ事件・南ア戦争,太平洋地域の分割,日清戦争・門戸開放政策・義和団事件・日露戦争。　(エ)アジア諸国の改革―辛亥革命と清朝滅亡・孫文・中華民国,スワデーシー・スワラージ(インド)。

⑦第一次世界大戦　(ア)ヴァルカン問題―三国同盟と三国協商。　(イ)第一次大戦―サライェボ事件。(ウ)ロシア革命―レーニン・ボルシェヴィキ,ソ連の成立。

⑧戦間期　(ア)ヴェルサイユ条約,国際連盟,ドイツ=ワイマール共和国。　(イ)アジア諸国の独立運動―蔣介石・中国共産党,ガンディー(インド),ケマル=パシャ(トルコ)。　(ウ)世界恐慌―アメリカウォール街「暗黒の木曜日」,ニューディール政策・フランクリン=ルーズヴェルト。　(エ)ファシズムの台頭―イタリア=ファシスト党・ムッソリーニ,ドイツ=ナチス党・ヒットラー,日本軍部と政党制。

⑨第二次世界大戦

⑩大戦後の世界情勢　(ア)2大陣営の対立―西側・資本主義・アメリカ,東側・社会主義・ソ連,「冷戦」,東西ドイツ・南北朝鮮の分裂。　(イ)A・A諸国の独立―1960年代は「アフリカの時代」。(ウ)国際紛争―中東戦争,ベトナム戦争など。(エ)東西対立の解消―ドイツ統一,米ソ軍縮。(オ)社会主義の崩壊―ソ連邦解体。

### 3.倫理的分野

(1)　古典的思想と3大宗教

①中国　(ア)諸子百家　(イ)儒家—孔子（『論語』）・孟子・荀子・朱子，家族倫理（親孝行）。　(ウ)道家—老子・荘子，無為自然。
②ギリシア　(ア)自然哲学者—タレス・ピタゴラス　(イ)3大哲人—ソクラテス（無知の知・弁証法），プラトン（イデア論），アリストテレス（「人間は社会的動物である」）。
③仏教　(ア)開祖—ゴータマ＝シッダルタ（ブッダ，シャカ）。　(イ)大乗仏教と小乗仏教—日本は大乗，東南アジアでは小乗が多い。
④キリスト教　(ア)開祖—イエス＝キリスト。　(イ)ユダヤ教から生まれる—モーゼ，旧約聖書。　(ウ)ヨーロッパ世界への展開—新約聖書，ローマ＝カトリックとギリシア正教。
⑤イスラム教　(ア)開祖—マホメット，『コーラン』。　(イ)スンナ派とシーア派—スンナ派が多勢。イランではシーア派が多い。　(ウ)西アジア・中央アジア・北アフリカに拡大。

(2) 近代の思想
①経験論　(ア)ベーコン。　(イ)自然法思想。
②合理論　(ア)デカルト・方法的懐疑。　(イ)スピノザ，ライプニッツ。
③モラリスト　パスカル。
④啓蒙思想　(ア)自然法思想（社会契約説）—ホッブズ，ロック（革命権），ルソー（主権在民）。　(イ)モンテスキュー（三権分立），ヴォルテール。
⑤功利主義　(ア)ベンサム—快楽計算。(イ)ミル—快楽の質。
⑥進化論（ダーウィン）と実証主義（コント）
⑦ドイツ理想主義　(ア)カント—人格の尊重，(イ)ヘーゲル—弁証法。
⑧社会主義　(ア)空想的社会主義—オーエン。　(イ)科学的社会主義—マルクス・エンゲルス，資本家と労働者の対立を理論化—レーニン。
⑨アジアの近代思想　(ア)孫文—三民主義，辛亥革命指導。　(イ)毛沢東—農村に基盤をおく社会主義革命，中華人民共和国成立の指導。　(ウ)ガンディー—非暴力主義，インドの独立を指導。
⑩実存主義　(ア)キルケゴール　(イ)ヤスパース，ハイデッガー　(ウ)サルトル。

**4.政治・経済的分野**

(1) 民主政治の基本
①社会契約説　(ア)ホッブズ　(イ)ロック　(ウ)ルソー。
②基本的人権
③国民主権
④代表制と三権分立　(ア)代表制—代議制・議会制。　(イ)三権分立—モンテスキュー，立法権・行政権・司法権。

(2) 日本国憲法
①三原則　(ア)基本的人権の保障—「公共の福祉に反しない限り」。　(イ)国民主権—象徴天皇，普通選挙制・「国会は国権の最高機関」。　(ウ)平和主義—第9条，自衛権の問題。
②政治組織　三権分立。　(ア)立法＝国会　(イ)行政＝内閣　(ウ)司法＝裁判所。

(3) 資本主義経済
①歴史的変遷　産業革命から現代まで。
②経済循環　(ア)経済主体—企業・家計・政府。　(イ)経済循環—経済主体間を財やサービスが貨幣を仲立ちにめぐること。　(ウ)生産の3要素—労働・土地・資本。
③市場と企業　(ア)市場—財・サービスが交換される場。　(イ)需要と供給—需要（買い手），供給（売り手），両者のバランスで価格が決定される，自由競争が原則。　(ウ)独占—管理価格・プライス＝リーダー，独占禁止法。　(エ)企業—公企業と私企業，合名会社・有限会社・株式会社，巨大企業（コングロマリット，多国籍企業）。
④国富と国民所得　(ア)国民総生産—GNP　(イ)国民所得—エンゲル係数。
⑤景気変動　(ア)生産超→価格下落→利潤低下→経済不活発＝不景気・不況・恐慌，⇒(イ)生産減少→需要超→価格上昇→利潤増加→経済活発化＝好景気・好況。　(ウ)物価の変動—インフレーション，デフレーション。
⑥経済政策　(ア)金融政策　(イ)財政政策。

(4) 国際経済
①貿易　(ア)保護貿易　(イ)自由貿易。
②為替　(ア)為替—国際間取引きの決済。　(イ)国際通貨体制。
③国際経済

# 力だめし

## さあやってみよう！

ここがポイント！

**典型問題1**

○回帰線とは，太陽の垂直射を受ける極限。

○この他，緯線・経線・日付変更線など。

○気候区分は種々あるが，ケッペンの気候区分ではA熱帯，B乾燥，C温帯，f年中多雨，s冬多雨，w夏多雨などとする。

○主要な地理名称は知っておく必要がある。

○最近ニュースなどで報道された国については，首都だけでなく，要注意。

○日本の都市もよく出題される。

**【典型問題1】**（地理的分野）

**A. 次の文を読み，最も適当と思われる語を（　）内から選び，その記号で答えなさい。**

(1) 緯度23°26′の線を（⑦ 回帰線　④ 赤道　⑨ 子午線）という。

(2) ケッペンの気候区分ではCで（⑦ 熱帯　④ 乾燥　⑨ 温帯）気候を示し，東京のような温帯多雨気候は（④ Af　⑦ BW　⑨ Cf）で表す。

(3) イギリスは北海道よりも北に位置するが（⑦ ラブラドル海流　④ メキシコ湾流　⑨ カリフォルニア海流）が北上してくる影響で，全般に北海道よりも暖かい。

(4) いま，北アフリカでは（⑦ サハラ　④ ゴビ　⑨ タクラマカン）砂漠の拡大が大きな問題となっている。

**B. 次の国の首都を答えなさい。**

(1) イギリス　　(2) イタリア　　(3) ロシア　　(4) イラク

(5) イラン　　(6) インド　　(7) 大韓民国　　(8) オーストラリア

(9) 中華人民共和国　　(10) アメリカ合衆国

> **解 答** A.(1)—⑦　(2)—⑨，⑨　(3)—④　(4)—⑦
> B.(1)ロンドン　(2)ローマ　(3)モスクワ　(4)バグダッド　(5)テヘラン
> (6)ニューデリー　(7)ソウル　(8)キャンベラ　(9)北京　(10)ワシントン

**典型問題2**

○格言はよく出題される。要注意。

○人物が比較的よく出題される。各時代での代表的人物を日本・世界ともまとめておこう。

○時代を変えたできごとは，時代の流れに沿って覚えよう。中学時代の教科書はおおいに参考となる。

**【典型問題2】**（歴史的分野）

**A. 次の語句・事項と最も関係の深い人名を右から選び，記号で答えなさい。**

(1) 「ブルータス，お前もか」　　⑦孫文

(2) 「それでも地球は動く」　　④シーザー

(3) 十七条憲法　　⑨ウィルソン

(4) 摂関政治　　④藤原道長

(5) 「春はあけぼの」　　⑦ガリレイ

(6) 鎖国　　⑨東条英機

(7)　自由民権運動　　　　(キ)板垣退助

(8)　三民主義　　　　　　(ク)聖徳太子

(9)　大東亜共栄圏　　　　(ケ)清少納言

(10)　国際連盟　　　　　　(コ)徳川家光

**B.　次の事がらは，何という事件をきっかけに，何年に始まりましたか。**

(1)　フランス革命　　　(2)　アメリカ独立戦争　　　(3)　日清戦争

(4)　第一次世界大戦　　(5)　日本の戦国時代

■解　答■　**A.** (1)イ　(2)オ　(3)ク　(4)エ　(5)ケ　(6)コ　(7)キ　(8)ア　(9)カ　(10)ウ
**B.** (1)バスティーユ牢獄襲撃・1789年　(2)ボストン茶会事件・1775年　(3)東学党の乱(甲午農民戦争)・1894年　(4)サライェヴォ事件・1914年　(5)応仁の乱・1467年

**【典型問題3】** (倫理的分野)

**次の言葉や事項と最も関連の深い人物名を答えなさい。**

(1)　「人間は考える葦である」　　(2)　「人間は社会的動物である」

(3)　「自然に帰れ」　　　　　　　(4)　アラー神

(5)　「悔い改めよ」

(6)　「天は人の上に人を造らず，人の下に人を造らず」

(7)　『資本論』　　　　　　　　　(8)　無知の知

(9)　『論語』　　　　　　　　　　(10)　「我思う，故に我あり」

■解　答■　(1)パスカル　(2)アリストテレス　(3)ルソー　(4)マホメット(ムハンマド)　(5)イエス＝キリスト　(6)福沢諭吉　(7)マルクス　(8)ソクラテス　(9)孔子　(10)デカルト

典型問題3
○名言とされるものは，その人の思想内容がよく表現されている。
○著書はズバリ，その人の思想を表明しているものだから，確実におさえておこう。

**ここがポイント！**

典型問題4
○政治・経済分野では，最近話題となった出来事に関連したことがポイント。
○選挙制度は全般的にまとめておこう。

○経済的分野では，経済のしくみを理解している必要がある。
○なお，労働三法・労働三権は必出。

○略語は最もよく出る。要注意。

**【典型問題4】**（政治・経済的分野）

**A．次の文章を読み，空欄に適当な数字や語を入れなさい。**

(1) 参議院は（　㋐　）年ごとに議員の（　㋑　）が，衆議院は（　㋒　）年ごとに改選されるが，衆議院は解散されることがある。

(2) 所得税は直接税，酒税は（　㋓　）税である。

(3) 天皇は日本国の（　㋔　）であり，（　㋕　）の助言と承認により（　㋖　）だけを行うものと定められている。

**B．次の文章の空欄に「低下」か「上昇」の語を入れ，文を完成させなさい。**

生産量が需要量より（　①　）してゆくと，価格が（　②　）し，このため企業の操業率は（　③　）し，失業率が（　④　）するため，不景気になる。そうした場合，公定歩合を（　⑤　）させると，資金の貸出しが容易になるので，企業の操業がやりやすくなり，景気が回復してゆく。

**C．次の各語句と最も関係の深い語を右から選びなさい。**

(1) IMF　　　　㋐ 国民総生産

(2) ICBM　　　㋑ 大陸間弾道弾

(3) EU　　　　㋒ 国際通貨基金

(4) GNP　　　㋓ ヨーロッパ連合

(5) OPEC　　㋔ 石油輸出国機構

■**解答**■ **A.** ㋐3　㋑半数　㋒4　㋓間接　㋔象徴　㋕内閣　㋖国事行為
**B.** ①上昇　②低下　③低下　④上昇　⑤低下
**C.** (1)—㋒　(2)—㋑　(3)—㋓　(4)—㋐　(5)—㋔

# 実戦就職問題

## ■地理的分野

**【1】（　）から適切な解答を選びなさい。**

(1) 三大洋とは，太平洋・大西洋・（⑦インド洋　④メキシコ湾　⑦アラビア海）のことをいう。

(2) 陸地と海の比率は，およそ（⑦3:7　④4:6　⑦2:8）である。

(3) 陸地は次のどこに多く分布していますか。（⑦赤道付近　④北半球　⑦南半球）

 (3)北アメリカ大陸，ユーラシア大陸は北半球にある。

**【2】（　）から適切な解答を選びなさい。**

(1) 北米5大湖沿岸の気候帯を記号で表すと，（⑦Cw　④Df　⑦Cfa）である。

(2) 東南アジア諸国の多くは（⑦熱帯　④温帯　⑦乾燥）気候に属する。

 気候区分は，「ケッペンの気候区分」による。

**【3】（　）から適切な解答を選びなさい。**

(1) 三角州の代表的な川は，（⑦アマゾン川　④ドナウ川　⑦ナイル川）である。

(2) 日本は火山が多く，（⑦環太平洋火山帯　④地中海火山帯）に属している。

(3) 日本では三陸海岸，外国ではスペイン北西岸に代表される海岸を，（⑦フィヨルド海岸　④三角江　⑦リアス式海岸）という。

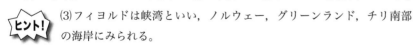 (3)フィヨルドは峡湾といい，ノルウェー，グリーンランド，チリ南部の海岸にみられる。

**【4】（　）内に適切なことばを入れなさい。**

(1) 日最高気温が30℃以上の日を（　①　）といい，これに対して日最高気温が0℃未満の日を（　②　）という。また，ある地点の最低気温が25℃以上の夜を（　③　）という。

(2) 雨・雪・あられなどのように，水または氷の形で空から降っ
たものの量を（ ④ ）という。

【5】 次の都道府県名を書きなさい。

(1) 田沢湖がある。

(2) 日本三景のひとつである「厳島」がある。

(3) 「かかあ天下」と「からっ風」で有名。

ヒント! (3)県庁所在地は前橋市である。

【6】 次の各都市はどのような工業で有名ですか。その工業名を答
えなさい。

(1) 佐世保・呉・神戸・横須賀・横浜

(2) 豊田・広島・横浜・日野・狭山

(3) 鹿島・君津・川崎・尼崎・室蘭

(4) 苫小牧・釧路・岩国・富士・春日井

ヒント! (3)は，新しい立地条件によって変わりつつある。

【7】 日本の水産業について，次の文章の（ ）に適切なことばま
たは数字を入れなさい。

(1) 日本は遠洋漁業の進展で世界の王座を維持してきたが，70年
代の中ごろから（ ① ）カイリ時代を迎えて，沿岸・沖合漁
場の再開発を迫られている。

(2) 日本の漁港で水揚げ量が多いのは，北海道の釧路，千葉県の
（ ② ），（ ③ ）県の八戸，鳥取県の境港などである。

ヒント! (1)外国との漁業摩擦も，年々深刻化している。

【8】 （ ）に国名を入れなさい。

金やダイヤモンドの産出国で，かつては人種隔離政策（アパル
トヘイト）を行っていた国は（ ）である。

【9】 次の国の首都と通貨単位を書きなさい。

(1) ロシア　　(2) 中国　　(3) ノルウェー

(4)　イギリス　　(5)　フランス

## 【10】　次の問いに答えなさい。

国連本部があるアメリカ合衆国の都市はどこですか。

## 【11】　次の国の首都を右から選び，記号で書きなさい。

(1)　カナダ　　　　　⑦　マドリード

(2)　オランダ　　　　⑦　アムステルダム

(3)　アルゼンチン　　⑦　ジャカルタ

(4)　ハンガリー　　　⑦　ヘルシンキ

(5)　スウェーデン　　⑦　オタワ

(6)　タイ　　　　　　⑦　ソウル

(7)　韓国　　　　　　⑦　ブダペスト

(8)　インドネシア　　⑦　ストックホルム

(9)　フィンランド　　⑦　ブエノスアイレス

(10)　スペイン　　　　⑦　バンコク

## 【12】　次の国の首都を書き，語群からその特産物を選びなさい。

(1)　インド　　　(2)　カナダ　　　　(3)　キューバ

(4)　マレーシア　(5)　ブラジル

《語群》

⑦　ゴム　　⑦　コーヒー　　⑦　綿花　　⑦　砂糖　　⑦　木材

**ヒント!**　わが国と関連深い国や主要国の首都，通貨単位，政治制度，産業などはよく覚えておこう。

## 【13】　次の問いに答えなさい。

世界標準時は何という天文台で計られますか。

**ヒント!**　イギリスにある天文台。

## 【14】　次の問いに答えなさい。

喜望峰は何という大陸にありますか。

**ヒント!**　この大陸には，エジプト，リビア，エチオピアなどの国々がある。

## ■歴史的分野

**【15】　次の文中の（　）に適語を入れなさい。**

(1)　日本ではじめて鋳造された貨幣の名は（　　）である。

(2)　日本にはじめて鉄砲を伝えたのは（　　）人である。

(3)　日本ではじめて武家政治を行ったのは（　　）である。

(4)　日本ではじめてひらかれた幕府は（　　）幕府である。

**ヒント!** (3)源氏との勢力争いに勝利したのは誰。　(4)この幕府の創始者は源頼朝である。

**【16】　（　）から適切な答えを選びなさい。**

(1)　徳川家光は，（㋐奈良時代　㋑鎌倉時代　㋒江戸時代）の人である。

(2)　『枕草子』の作者は，（㋐紫式部　㋑清少納言　㋒吉田兼好）である。

(3)　『古今和歌集』は，（㋐奈良時代　㋑平安時代　㋒鎌倉時代）に作られた。

**ヒント!** (1)家光は三代将軍である。

**【17】　次の(1)～(4)の用語に関係する時代を㋐～㋓から，人物を(a)～(d)から，それぞれ選びなさい。**

(1)　刀狩　　　　　　㋐江戸時代　　　　　ⓐ日蓮

(2)　安政の大獄　　　㋑室町時代　　　　　ⓑ井伊直弼

(3)　金閣寺　　　　　㋒安土桃山時代　　　ⓒ豊臣秀吉

(4)　立正安国論　　　㋓鎌倉時代　　　　　ⓓ足利義満

**【18】　次の問いに答えなさい。**

(1)　法隆寺は何文化の時代に建てられたか。

(2)　江戸時代の17世紀半ばから18世紀初めにかけての文化を何文化というか。

(3)　安土桃山時代に特にキリスト教をとおして輸入された文化を何文化というか。

**ヒント!** (2)松尾芭蕉などが活躍した。

**【19】** 次の出来事がおこった時代を答えなさい。

(1) 日清戦争

(2) 関東大震災

(3) 二・二六事件

> **ヒント!** この場合は平成などの元号（時代）で答えることを意味している。

**【20】** 次の問いに答えなさい。

(1) アヘン戦争の結果結ばれた条約を何というか。また，この条約によって香港を植民地化した国はどこか。

(2) 日清戦争の結果結ばれた条約を何というか。

(3) 日露戦争の結果結ばれた条約を何というか。また，この条約はある国の調停によって結ばれたが，それはどこか。

> **ヒント!** (1)中国，　(2)山口県，　(3)アメリカの一都市で結ばれた。

**【21】** （　）から適切な答えを選びなさい。

(1) 中国革命同盟会を組織した孫文は民族の独立・民権の伸長・（⑦政権の安定　⑦民生の安定　⑦生産の安定）をめざす三民主義を唱え，革命運動を指導した。

(2) 魯迅は中国の有名な作家であり，（⑦三国志演義　⑦大地　⑦阿Q正伝）などの作品がある。

(3) 中国の正式名称は，（⑦中華民国　⑦台湾　⑦中華人民共和国）である。

> **ヒント!** (3)現在の国家は1949年に成立した。

**【22】** 次の問いに答えなさい。

(1) 中世ヨーロッパの商人・職人の集まりを何というか。

(2) (1)が特に発達した国はどこか。

> **ヒント!** (2)アウグスブルクやフランクフルトなどの都市がある。

【23】 次のＡ・Ｂで関連の無いものはどれですか。

〔Ａ〕　　　　　　　　　　　　〔Ｂ〕

(1)　ウィリアム３世————————権利の章典

(2)　２月革命————————————ルイ・フィリップ

(3)　フランス革命————————ルイ16世

(4)　７月革命————————————ナポレオン３世

【24】 次の語句で関係あるものを線で結びなさい。

(1)　イギリス　　　　　　㋐人権宣言

(2)　アメリカ　　　　　　㋑大憲章

(3)　フランス　　　　　　㋒独立宣言

 独立宣言を起草したのはジェファーソンである。

【25】 （　）より関連するものを選びなさい。

(1)　『国富論』（㋐ アダム＝スミス　㋑ ルソー　㋒ ロック）

(2)　『共産党宣言』（㋐ レーニン　㋑ 毛沢東　㋒ マルクス）

(3)　『若きウェルテルの悩み』（㋐ シラー　㋑ ハイネ　㋒ ゲーテ）

(4)　万有引力の法則 （㋐ カント　㋑ パスカル　㋒ ニュートン）

 (2)エンゲルスとの共著である。

【26】 第一次世界大戦について次の問いに答えなさい。

(1)　第一次世界大戦のきっかけは，ある国の皇太子夫妻がサラィェヴォでセルビア人の一青年に暗殺されたことにあったが，ある国とはどこか。

(2)　これは何年におこったか。

(3)　終戦に際して，パリ講和会議がひらかれたが，この時ドイツと連合国との間に結ばれた条約を何というか。また，これは何年のことか。

 (1)スイスとならぶ永世中立国である。

## ■倫理的分野

**【27】　次の問いに答えなさい。**

(1)　世界の三大宗教を書きなさい。

(2)　(1)の創始者をそれぞれ書きなさい。

(3)　三大宗教のうち，毎年復活祭の行事があるものは何ですか。

**ヒント!**　(3)感謝祭，クリスマスも重要な行事である。

**【28】　次の名言は誰によるものか。語群のなかから選び記号で答えなさい。**

(1)　「人間は考える葦である」

(2)　「汝の敵を愛せよ」

(3)　「我思う，故に我あり」

(4)　「地球は青かった」

(5)　「和を以て尊しとなす」

(6)　「老兵は死なず，ただ消えゆくのみ」

(7)　「少年よ，大志を抱け」

(8)　「最大多数の最大幸福」

(9)　「天は人の上に人を造らず，人の下に人を造らず」

(10)　「智に働けば角が立つ，情に棹させば流される」

［語　群］

ア 福沢諭吉　　　イ デカルト　　　ウ 夏目漱石

エ クラーク　　　オ マッカーサー　　カ パスカル

キ ガガーリン　　ク キリスト　　　ケ ベンサム

コ 聖徳太子

**ヒント!**　(4)ソ連の人で，世界で初めて宇宙飛行をした人。　(9)慶応義塾大学の創設者。　(10)作家で，作品には『我が輩は猫である』，『坊っちゃん』などがある。

**【29】　次の著者の作品を右から選び，記号で答えなさい。**

(1)　モンテスキュー　　　(ア)『資本論』

(2)　ルソー　　　　　　　(イ)『法の精神』

(3)　マルクス　　　　　　(ウ)『リヴァイアサン』

(4)　ホッブズ　　　　　　(エ)『社会契約論』

**【30】** 古代ギリシャは多神教を信奉していたが，次の神々は何の神か。関連するものを線で結びなさい。

(1) アテネ神 　　　　　(ア)芸術と太陽の神

(2) アポロン神 　　　　(イ)知恵の神

(3) ヘルメス神 　　　　(ウ)神々の中の神

(4) ゼウス神 　　　　　(エ)通信と商業の神

**【31】** 現在インドでは多数派を占めるヒンドゥー教と少数派を占める宗教とが対立しているが，この少数派宗教とは何ですか。

**ヒント！** これは偶像とカースト制度を否定するもので，16世紀にナーナクが創始した。

## ■政治・経済的分野

**【32】** 次の各事項は，日本国憲法をまとめたものである。（　　　）に適当な語句を入れなさい。

主　　　権：（　①　）主権。

天　　　皇：日本国および日本国民統合の（　②　）。

軍　　　事：戦争の放棄…戦力の不保持と（　③　）の否定。

国民の権利：（　④　）に反しない限り尊重される。

国民の義務：教育・勤労・（　⑤　）。

国　　　会：立法権を行使する国権の（　⑥　）機関。衆議院と（　⑦　）の2院制。

内　　　閣：行政権を行使し，（　⑧　）に対して責任を負う。

裁　判　所：司法権を行使し，（　⑨　）をもつ。

改　　　正：国会が発議し，（　⑩　）投票によって決める。

**ヒント！** いずれも，国家・国民生活の基本となる事項なので，教科書などで復習しておこう。

**【33】** 次の文章の空欄に，最も適する語句を入れなさい。

(1) 国民の三大義務は，納税・勤労・（　　　　）。

(2) 労働基準法の規定は（　　　　）の基準である。

(3) 日本国憲法の三大基本原理は，国民主権・基本的人権の尊重・（　　　　）である。

(4) 三権分立の三権とは，立法権・（　　　　）・司法権である。

(5)　労働三法は，労働基準法・労働関係調整法・(　　　　)である。

(6)　三権のうち，内閣がもつのは (　　　　) である。

(7)　労働三権とは，団結権・団体行動権・(　　　　) である。

**ヒント！** (2)憲法第27条2項の規定によって定められた，労働基準法第1条2項に定められている。

**【34】　憲法改正手続きについて，正しいものはどれですか。**

(1)　各議院の総議員の4分の3以上の賛成で，国会が，これを発議し，国民に提案してその承認を経，天皇がそれを公布する。

(2)　各議院の総議員の過半数の賛成で，国会が，これを可決し，国民に公布して施行する。

(3)　各議院の総議員の3分の2以上の賛成で，国会が，これを可決し，天皇がそれを公布する。

(4)　各議院の総議員の3分の2以上の賛成で，国会が，これを発議し，国民投票によって過半数の賛成を得，天皇が公布する。

(5)　各議院の総議員の3分の2以上の賛成で，国会が，これを発議し，国民投票によって3分の2以上の賛成を得る。

**ヒント！** 憲法改正には，議会で3分の2以上，国民投票で過半数と覚えておく。

**【35】　次の文章を読んで (　　　　) 内に適当な語句を入れなさい。**

国会が「国権の (　①　) であって，国の唯一の (　②　)」であると憲法に定められているのは，(　③　) 者である国民を代表する国会を国政の中心に位置づけるためである。その権限は広くかつ大きく，必要に応じて証人を喚問できる (　④　) 権などをもつ。こうした国会の優位のもと，内閣は，国会により (　⑤　) された内閣総理大臣に率いられ，連帯して国会に責任を負う。これを (　⑥　) 制という。

一方，裁判所には，国会や内閣の行為が憲法に適合するかどうかを判断する (　⑦　) 権が認められており，このため，最高裁判所は (　⑧　) とよばれる。こうした機能を果たすためには裁判権の (　⑨　) が不可欠であり，また最高裁判所の裁判官が適格かどうかを国民が判断する (　⑩　) の制度がある。

**ヒント！** 国会は立法，内閣は行政，裁判所は司法の権をもつ。

**【36】 次の文章を読み，（　　　）に適当な数字を入れなさい。**

　　国会の本会議は，総議員の（　①　）以上の出席で成立し，年（　②　）回定期的に行われる通常国会と，いずれかの議院の総議員の（　③　）以上の要求があったときなどに召集される臨時国会などがある。通常国会は毎年（　④　）月に召集され，会期は（　⑤　）日である。

**ヒント！** 衆議院議員総選挙後30日以内に召集される国会を「特別国会」という。

**【37】 次の各文の空欄に適当な語句を入れなさい。**

(1)　同種企業が合同はしないが，生産・価格・販売について条件を協定し，利益を独占するものを（　　　）という。

(2)　エンゲル係数とは，生活費中に占める（　　　）の割合をいい，生活水準の指標となるものである。

(3)　円の為替相場が1ドル120円から100円になったことは，円の対外価値が（　　　）ことである。

**ヒント！** (3)いわゆる円高である。

**【38】 次の各文を読み，最も適当な語を入れなさい。**

(1)　生産の三要素は，資本・土地・（　　　）である。

(2)　企業集中のおもな形態には，カルテル・トラスト・（　　　）の3つがある。

(3)　所得が多くなるにしたがって税率が上がる制度を（　　　）という。

(4)　（　　　）銀行は，銀行券を発行し，公定歩合の調整や公開市場操作などの金融政策を行う。

(5)　円高の時には，外国から原材料などを輸入した場合，円に換算すると（　　　）く輸入したことになる。

**ヒント！** (3)積み重なって増えていくことを「累進」という。

**【39】 左にあげた語について，最も関係の深い語を（　）内から選んで，その記号で答えなさい。**

(1)　第一次産業　　（㋐商業　　㋑農林水産業　　㋒工業）

(2)　ASEAN　　　（㋐石油輸出国機構　　㋑東南アジア諸国連合

㋒世界保健機関）

(3)　間接税　　　　（㋐酒税　　㋑法人税　　　㋒所得税）

(4)　エンゲル係数（㋐飲食費　　㋑レジャー費　　㋒住居費

㋓光熱費）

(5)　UNESCO　　（㋐大陸間弾道ミサイル　　㋑北大西洋条約機構

㋒国際連合教育科学文化機関　㋓先進国蔵相会議）

**ヒント!**　(2)Association of South-East Asian Nations　(5)United Nations Educational, Scientific and Cultural Organization

## 【40】　コンツェルンの説明として正しい文はどれか，記号で答え なさい。

(1)　同一産業の複数の企業が，価格や生産量・販路などについて 協定を結ぶこと。

(2)　同一産業・業種で数社の大企業が合併して独立性を捨て，独 占体を形成すること。

(3)　親会社が，株式保有を通じて，各分野の企業を子会社・孫会 社（系列会社）として傘下におさめて形成する。

**ヒント!**　日本の旧財閥もこの形態である。

## 【41】　次にあげた語句に関連して正しい説明文を選び，その記号 で答えなさい。

(1)　プライムレート

㋐外国為替取引における交換比率。

㋑超一流企業に対する最優遇金利。

㋒管理価格を設定する価格先導者。

(2)　預金準備率

㋐金融を引き締めるためには率を引き上げる。

㋑金融を引き締めるためには率を引き下げる。

㋒金融を緩和するためには率を引き上げる。

(3)　公定歩合

㋐金融引き締めには，率を引き下げる。

㋑金融引き締めには，率を引き上げる。

㋒金融緩和には，率を引き上げる。

**ヒント!** ⑶公定歩合とは日本銀行 (中央銀行) の貸出し金利のこと。

**【42】 次のことばについて，簡単に説明しなさい。**

⑴ インフレーション

⑵ エンゲル係数

**ヒント!** ⑴なぜ物価高になるのかを通貨量との関係で説明する。

**【43】 次の略語はそれぞれ何という意味か，正しいものを右から
選んでその記号で答えなさい。**

⑴ IAEA 　　　　　 ㋐ヨーロッパ連合

⑵ IMF 　　　　　 ㋑国際原子力機関

⑶ OPEC 　　　　　 ㋒世界保健機関

⑷ WHO 　　　　　 ㋓国際連合

⑸ UN 　　　　　 ㋔国連教育科学文化機関

⑹ UNESCO 　　　　 ㋕国際通貨基金

⑺ EU 　　　　　 ㋖大規模集積回路

⑻ LSI 　　　　　 ㋗石油輸出国機構

# 社　会　チェックリスト

## 【地理的分野】

- [ ] 三大洋とは，〈　*1*　〉，〈　*2*　〉，〈　*3*　〉である。
- [ ] アジアを含む大陸を〈　*4*　〉という。
- [ ] ロンドンは，ケッペンの気候区分では〈　*5*　〉と表記される。
- [ ] 世界で最も大きい湖は，〈　*6*　〉である。
- [ ] 関東地方に含まれる県とその県庁所在地は，〈　*7*　〉，〈　*8*　〉，〈　*9*　〉，〈　*10*　〉，〈　*11*　〉，〈　*12*　〉である。
- [ ] 「日本のデトロイト」と呼ばれるのは，日本三大工業地帯のうち，〈　*13*　〉である。
- [ ] ポーランドの首都は，〈　*14*　〉である。
- [ ] アメリカ中部に広がる大草原を〈　*15*　〉と呼ぶ。
- [ ] 1997年にイギリスから中国に返還された商業都市は〈　*16*　〉である。

## 【歴史的分野】

- [ ] 聖武天皇の御物が納められていることで有名な建物は〈　*17*　〉である。
- [ ] 遣唐使の廃止を提案したのは，〈　*18*　〉である。
- [ ] 元寇の時の執権は，〈　*19*　〉である。
- [ ] 戦国時代，「種子島」といわれていた物は〈　*20*　〉である。
- [ ] 『奥の細道』を著した人物は，〈　*21*　〉である。
- [ ] 江戸時代末期に結ばれ，明治期を通じて不平等だとして改正に苦慮した日米間の条約を〈　*22*　〉という。
- [ ] 『モナリザ』を描いて有名な，ルネサンス時代の人物は，〈　*23*　〉である。
- [ ] 19世紀に「眠れる獅子」といわれ恐れられていた国は，当時〈　*24*　〉であった。
- [ ] 19世紀はじめ，「世界の工場」といわれていた国は，〈　*25*　〉である。
- [ ] 日露戦争を終結させた条約は，〈　*26*　〉である。
- [ ] 無抵抗主義を掲げてインドを独立に導いた人物は，〈　*27*　〉である。

## 【倫理的分野】

- [ ] 儒学の創立者は，〈　*28*　〉である。
- [ ] 「無知の知」を説いたギリシャの哲学者は，〈　*29*　〉である。
- [ ] タイは，大乗仏教か，小乗仏教か。〈　*30*　〉である。
- [ ] イスラム教の経典は〈　*31*　〉である。
- [ ] 「知は力なり」と言ったイギリス経験論の祖は〈　*32*　〉である。
- [ ] ベンサムの説く功利主義を端的に示すことばは，〈　*33*　〉である。
- [ ] 社会主義を科学的に理論づけたのは〈　*34*　〉である。

## 【政治・経済的分野】

- [ ] 基本的人権は〈　*35*　〉，〈　*36*　〉，〈　*37*　〉などがある。
- [ ] 労働三権とは，〈　*38*　〉，〈　*39*　〉，〈　*40*　〉である。
- [ ] 日本国憲法の三原則は，〈　*41*　〉，〈　*42*　〉，〈　*43*　〉である。
- [ ] 資本主義の原則をアダム＝スミスは〈　*44*　〉と言った。
- [ ] 通貨量が多いために起きる物価高を〈　*45*　〉という。
- [ ] 国際市場において，円の相対的価値が理想とされる水準よりも高い状態を〈　*46*　〉といい，一般に〈　*47*　〉産業が打撃を受ける。
- [ ] 東南アジア諸国連合の略称は〈　*48*　〉，欧州連合の略称は，〈　*49*　〉である。
- [ ] 先進工業諸国による開発途上国援助のための機構を〈　*50*　〉という。

1. 太平洋
2. 大西洋
3. インド洋
4. ユーラシア大陸
5. Cfb
6. カスピ海
7. 埼玉県−さいたま市
8. 群馬県−前橋市
9. 栃木県−宇都宮市
10. 茨城県−水戸市
11. 千葉県−千葉市
12. 神奈川県−横浜市
13. 中京工業地帯
14. ワルシャワ
15. プレーリー
16. 香港
17. 正倉院
18. 菅原道真
19. 北条時宗
20. 鉄砲(火縄銃)
21. 松尾芭蕉
22. 日米修好通商条約
23. レオナルド＝ダ＝ビンチ
24. 清王朝
25. イギリス
26. ポーツマス条約
27. マハトマ＝ガンジー
28. 孔子
29. ソクラテス
30. 小乗仏教(上座部仏教)
31. コーラン
32. フランシス＝ベーコン
33. 最大多数の最大幸福
34. マルクス
35. 自由権
36. 平等権
37. 社会権
38. 団結権
39. 団体交渉権
40. 団体行動権(争議権)
41. 国民主権
42. 基本的人権の尊重
43. 平和主義
44. 神の見えざる手
45. インフレーション
46. 円高
47. 輸出
48. ASEAN
49. EU
50. 経済協力開発機構(OECD)

# 英　　語

○就職試験の英語に関する問題は，実に多岐にわたっています。中には，依然と昔ながら
　の高度な文法知識を試すものも見られますが，最近では，科学技術の進展とあいまって，
　テクノロジーに関する語いの問題や，会話表現力を問う問題も多くなってきています。

○全般的に見ますと，中学校1年から高校2年ぐらいまでの基礎的文法や語いに関する問題
　が主流を占めています。皆さんの一番の苦手とする文法，とりわけ出題頻度の高い，関
　係詞，仮定法，話法，受動態，不定詞の基礎はマスターしておきましょう。

## 重要事項の整理

### 1.関係詞の穴うめ問題の攻略法

(1)　（　）の前の単語を見る

　イ．それが人である。

　ロ．それが人以外である。

　ハ．only, first, all，最上級がついている。

　ニ．名詞らしきものがない。

(2)　（　）以降の文において，（　）は

　a．主語の働きをしていると考えられる。

　b．目的語の働きをしていると考えられる。

　c．主語でも目的語でもない。

　上の(1)と(2)において，

　イとaの組合せ…関係代名詞はwho

　イとb　　〃　…　〃　　whom

　イとc　　〃　…　〃　　whose

　ロとa　　〃　…　〃　　which

　ロとb　　〃　…　〃　　which

　ロとc　　〃　…　〃　　whose

　ハの時……文句なしに，関係代名詞はthat

　ニの時……　〃　…　〃　　what

(3)　（　）の前の単語が

　あ…場所を表している…関係副詞はwhere

　い…時　　〃　…　〃　　when

　う…方法　〃　…　〃　　how

　え…理由（reason）〃…　〃　　why

### 2.仮定法問題の解き方

(1)　**現在**の事実に反する仮定を行うときは，Ifの中
　の時制は過去にし，次の構文をとる。

　**If＋主語＋動詞（過去）＋…，主語＋助動詞の
　過去＋原形〜＋**（もし…であれば，〜なのに）

　（注）ただし，Ifの中のbe動詞は，主語に関係な
　くwereとなる。

(2)　過去の事実に反する仮定を行うときは，Ifの中
　の時制は過去完了（had＋過去分詞）にし，次の
　構文をとる。

　**If＋主語＋had＋動詞の過去分詞＋…，主語＋助
　動詞の過去＋have＋動詞の過去分詞〜**

次の例を参考にするとよい。

If I had a typewriter, I（will type）it myself…①

If you had arrived more earlier, you（will get）

a seat…②

①の（　）内はどのような形になるか？　前の文のIf
　の中が過去形だから，当然このパターンの次に
　くるのは助動詞の過去＋原形ということがわか
　る。したがって，would typeとなる。

②の（　）内はどうか？　前の文のIfの中がhad＋
　動詞の過去分詞だから，当然このパターンの次
　にくるのは，助動詞の過去＋have＋動詞の過去
　分詞となる。

したがって would have gotten.

なお，I wish，や as if の次には，動詞の過去形，過去完了形とも，いずれも用いられる。

## 3.話　　法

次の点を再確認しておこう。

(1) "　"の前の動詞が過去であれば（said, said to〜）

→必ず時制の一致をおこす。

　つまり，"　"の中の動詞が**現在**であれば**過去形**とする。"　"の中の動詞が**過去**であれば**過去完了形**とする。ただし，助動詞があればそれを過去形とする。

　（注）時制の一致をおこさない，真理，歴史上の事実の場合もあるので気をつけよう。

(2) "　"の中の人称代名詞は，伝達者の立場から見て適切にかえる。

(3) 〈i〉"　"の中が平叙文のとき

said to〜→told〜にして"　"をとり，thatでつなげる。

ex） He said to her, "I will go with you."

　→He told her that he would go with her.

〈ii〉"　"の中が命令文のとき

said to〜→told〜にして"　"をとり，to＋動詞の原形でつなげる（Don'tのときは，not toでつなげる）。

ex） She said to me, "Clean out your room."

　→She told me to clean out my room.

ex） The teacher said, "Don't speak in Japanese."

　→The teacher told not to speak in Japanese.

〈iii〉"　"の中が疑問詞のある疑問文のとき

said to〜→asked〜にして"　"をとり，疑問詞を接続の語として使い，語順を主語＋動詞にする。

ex） I said to her, "When did you read the book?"

　→I asked her when she had read the book.

〈iv〉"　"の中が疑問詞のない疑問文のとき

said to〜→asked〜にして，"　"をとり，接続の語としてif（whether）を入れ，語順を主語＋動詞にする。

ex） He said to me, "Do you know the truth ?"

　→He asked me if I knew the truth.

(4) 特に注意しなければならないものは，時・場所を表す語句も変えるということである。

this → that, here → there, now → then, today → that day, tomorrow → the next day, yesterday → the day before, last night → the night before, ago → before

## 4.受動態

次の点を確認しておこう。

(1) 基本パターン

　主語＋**動詞**＋目的語＋…（能動態）

　→目的語＋be動詞＋**動詞**の過去分詞＋…＋by主語（受け身）（もちろん，目的語，主語が人称代名詞のときは，形もかわるし，新たに主語となったものと元の文の時制にbe動詞をあわせることが必要である。）

(2) 主語＋助動詞＋**動詞**＋目的語＋…

　→目的語＋助動詞＋**be＋動詞**の過去分詞＋…＋by主語

(3) Who＋動詞＋目的語

　→By whom＋be動詞＋目的語＋**動詞**の過去分詞

(4) 主語＋知覚動詞＋目的語＋**動詞**の原形

　→目的語＋be動詞＋知覚動詞＋to＋動詞の原形

ex）① He wrote a letter to her.

　　　→A letter was written to her by him.

　② You must do your homework.

　　　→Your homework must be done（by you）.

　③ Who discovered America ?

　　　→By whom was America discovered ?

　④ We saw him dash out of the store.

　　　→He was seen to dash out of the store（by us）.

## 5.不定詞の用法

(1) to不定詞…名詞用法「こと」，形容詞用法「べき」，副詞的用法「〜のために」「〜して」「〜するとは」と訳すことができる。

(2) 原形不定詞（toなしの不定詞）…知覚動詞構文や，had betterや，使役動詞（have, make）＋目的詞（人）＋…の次には，原形不定詞がくる。

# 力だめし

## さあやってみよう！

### ここがポイント！

典型問題1

(1) (b)のような先行詞が特別の場合と, (d)のように先行詞がない場合に注意。

(2) ⓐIf＋過去＋…, …助動詞の過去＋原形＋…, というパターンと, ⓑIf＋過去完了＋…, …助動詞の過去＋現在完了＋…というパターンの2つがポイント。

(3) S＋V＋O→O＋Vのpp＋…＋by Sが基本パターン。ただし, (b)の例文は, 丸覚えしよう。また, (c)のように受け身になるとto不定詞となるものに気をつけよう。(d)はby＋Sとならなく, by以外の前置詞を使うもので要注意。

(4) 不定詞は①名詞, ②形容詞, ③副詞用法とがある。①は「〜すること」, ②は「〜すべき」, ③は「〜するために」〈目的〉, 「〜して」〈結果〉と訳すことができる。

## 【典型問題1】

**⑴ 次の文の ( ) に適切な関係代名詞を選び，記号で答えなさい。**

(a) I know a boy ( ) father is a doctor.

(b) She is the most beautiful girl ( ) I have ever met.

(c) The house ( ) we live in stands on a hill.

(d) Tell me ( ) you saw in London.

 ⑦which ⑦whose ⑦what ㋓that ㋔who

**⑵ 次の文の ( ) の中から適当な語を選び，記号で答えなさい。**

(a) If he were rich, he (⑦could, ⑦can, ⑦will) buy the house.

(b) If she (⑦sees, ⑦saw, ⑦had seen) me, she might have spoken to me.

(c) I wish I (⑦can, ⑦could, ⑦will) fly to you.

(d) You talk (⑦as if, ⑦as, ⑦like) you were a boss.

(e) If it (⑦is, ⑦was, ⑦were) not for your help, I should fail.

**⑶ 次の文を受け身の文に書きかえなさい。**

(a) You must do the work at once.

(b) Who invented the radio?

(c) We saw a stranger go into the house.

(d) English interests me very much.

**⑷ 次の下線部の不定詞の用法を答えなさい。**

(a) He is not a man <u>to</u> be relied upon.

(b) It is wrong <u>to</u> tell a lie.

(c) She went to town <u>to</u> buy her dress.

**解　答**　(1)(a)—⟨イ⟩　(b)—⟨エ⟩　(c)—⟨ア⟩　(d)—⟨ウ⟩

(2)(a)—⟨ア⟩　(b)—⟨ウ⟩　(c)—⟨イ⟩　(d)—⟨ア⟩　(e)—⟨ウ⟩

(3)(a) The work must be done at once.　〔by you はつけなくてもよい〕

(b) By whom was the radio invented?

(c) A stranger was seen to go into the house.　〔by us はつけなくてもよい〕

(d) I am interested in English very much.　〔by English ではない〕

(4)(a) 形容詞用法　(b) 名詞用法　(c) 副詞用法

ここがポイント！

## 【典型問題2】

**(1)　次の語を英語で書きなさい。**

(a)　エンジン　　　　　(b)　コンピュータ

(c)　テクノロジー　　　(d)　通信

**(2)　次の語を（　）内の指示に従って書きかえなさい。**

(a)　import（反意語）　　(b)　danger（形容詞）

(c)　true（名詞形）

**(3)　次の英語のことわざの意味を書きなさい。**

(a)　It is no use crying over spilt milk.

(b)　The early bird catches the worm.

**解　答**　(1)(a) engine　(b) computer　(c) technology　(d) communication

(2)(a) export　(b) dangerous　(c) truth

(3)(a) 覆水盆にかえらず　(b) 早起きは三文の得

典型問題2

(1)〜(3)とも，解法のテクニックはない。ふだんから，日本語となった英単語に気をつけ，代表的な英語のことわざについて勉強しておくことが肝要。

# 実戦就職問題

## ■関係代名詞・関係副詞

【1】 次の（　）内に適当な関係代名詞を記入しなさい。

(1) He listens to (　　) people say.

(2) The river (　　) flows through London is the Thames.

(3) She is a singer (　　) I like best.

(4) This is all (　　) I know.

**ヒント!** (4)先行詞がallの時は…。

【2】 次の（　）内に入る適当な関係副詞を下から選び，記号で答えなさい。

(1) This is the village (　　) I was born.

(2) Please tell me the way (　　) I can run this machine.

(3) Nobody knows the reason (　　) he got angry.

(4) The time will come (　　) we can travel to the moon.

　　(ア)when　　(イ)where　　(ウ)how　　(エ)why

**ヒント!** (4)（　）の先行詞は，The timeである。

【3】 次の文を和訳しなさい。

(1) Don't put off till tomorrow what you can do today.

(2) The place where we used to play is no longer a park.

(3) The earth on which we live is round like a ball.

**ヒント!** (2)used to play—よく遊んだものだ〔過去の習慣〕。no longer…—もはや…でない。

## ■仮　定　法

【4】 次の文の（　）内から正しいものを選び，記号で答えなさい。

(1) He talks as if he (ア)know, (イ)knew, (ウ)has known) every-thing.

(2) If I were a bit taller, I（㋐will, ㋑would）be loved by her.

(3) If I（㋐have, ㋑had, ㋒had had）enough money, I could have bought it.

ヒント! (3)もし私が十分なお金をもっていたなら。

**【5】　次の文の（　）内に適語を入れなさい。**

(1) I wish I（　　）speak English very well.

(2) （　　）（　　）your help, I should have failed.

(3) What（　　）you do, if you were in my place?

ヒント! (2)もしあなたの援助がなかったなら…。

**【6】　次の文を仮定法を用いて書きかえなさい。**

(1) As I don't know his address, I can not write to him.

(2) I am sorry that I can not speak French.

(3) I didn't go there because it was very cold.

ヒント! (2)I'm sorry⇄I wish…のパターン。

**【7】　次の文を和訳しなさい。**

(1) If you would like to see it, I could send it to you.

(2) If you had not helped me, I could not have succeeded.

(3) He is, as it were, a walking dictionary.

ヒント! (3)as it were—いわば。

**【8】　次の文を英訳しなさい。**

(1) 若いうちに英語を勉強しておけばよかった。

(2) お金があれば，自動車を買うのだが。

(3) 太陽がなければ私たちは生きていけない。

ヒント! (1)若いうちに—when I was young　(3)〜がなければ—If it were not for〜

## ■時制の一致と話法

【9】 次の文の話法をかえなさい。

(1) Bob said to me, "I will take you to the zoo."

(2) They said to her, "We believe you."

(3) She said to me, "Leave me alone."

(4) Mother said to us, "Please wash the dishes."

(5) Bill said to me, "I bought you a present two days ago."

(6) He said to me, "Are you ready?"

(7) The policeman said to me, "When did you arrive here?"

(8) She told me that her uncle was coming the next day.

(9) He asked me what I thought of it.

(10) She told me that she would see me there.

 ヒント！ (5)ago（直接話法）→before（間接話法）。 (8)～(10)は，間接話法に書きかえるもの。

## ■受 け 身

【10】 次の日本文の意味に合うように（ ）に適語を入れなさい。

(1) その山は雪でおおわれていた。

　　The mountain was covered (　　) snow.

(2) 彼は，この町の皆んなに知られている。

　　He is known (　　) all the people in this town.

(3) 私たちは，そのニュースに驚いた。

　　We were surprised (　　) the news.

(4) 彼は，そのプレゼントをもらって喜んだ。

　　He was pleased (　　) the present.

(5) 彼女は，その結果に満足している。

　　She is satisfied (　　) the result.

ヒント！ すべて，受動態における重要表現である。

【11】 次の文の態をかえなさい。

(1) You must keep your teeth clean.

(2) Everybody respects him.

(3) The bus ran over a dog.

(4)　English is spoken in Canada.

(5)　By whom was the glass broken?

(6)　A stranger spoke to me in the street.

(7)　We felt the floor shake.

(8)　People call the boy "Taro."

**ヒント!** (3)ran overを1つの動詞とみなす。　(6)spoke toを1つの動詞とみなす。
(7)知覚動詞構文であるので，shakeはto shakeとなる。　(8)目的語は
the boyである。

## 【12】　次の文を和訳しなさい。

(1)　In spring, the trees are filled with new life, and the earth is warmed by the rays of the sun.

(2)　He is said to be a famous engineer.

**ヒント!** (1)the rays of the sun—太陽光線。　(2)be said to～⇄they say～—～
だといわれている。

## 【13】　次の文を英訳しなさい。

(1)　彼はあなたの説明に満足した。

(2)　あなたはどんな本に興味をお持ちですか。

# ■不 定 詞

## 【14】　次の文中の（　）の中から適当な語を選びなさい。

(1)　It is very kind (㋐for, ㋑of, ㋒about) you to help me.

(2)　My mother told me (㋐not to, ㋑to not, ㋒not) do so.

(3)　You had better (㋐to get, ㋑get, ㋒to getting) up early in the morning.

**ヒント!** (1)人の性格を表すときは，forは使えない。　(2)～しないように。
(3)had betterの次は原形。

## 【15】　次の文を（　）内の指示に従って書きかえなさい。

(1)　This book is so difficult that I can not read it. (too～toで)

(2)　This river is too wide to swim across. (so～thatで)

**ヒント!** (1)too～toでは,元の文のthat内の動詞の目的語を削り,(2)so～thatでは,
元の文のto以下の動詞に目的語をつける。

【16】 次の文を英訳しなさい。

(1) 彼は1日に30分英語を勉強することにしています。

(2) 君にこの手紙を投かんしてもらいたい。

(3) 本当のことをいうと，彼女は昨日一睡もしていなかった。

**ヒント!** (1)～することにしている―make it a rule to～。 (3)本当のことをいうと―to tell the truth。

## ■動 名 詞

【17】 次の文の（ ）内から適当なものを選びなさい。

(1) Would you mind （⑦speak, ⑦speaking, ⑦to speak）more slowly?

(2) I can not help （⑦laugh, ⑦laughing, ⑦laughed）to hear the story.

(3) He tried to give up （⑦smoke, ⑦smoking, ⑦to smoke）, but he couldn't.

**ヒント!** (1)Would you mind～ ing―～して下さいませんか。 (2)cannot help ～ing＝cannot but＋原形―～せざるを得ない。

【18】 次の文中の下線部の誤りを正しなさい。

(1) I am fond of <u>to read books</u>.

(2) We are busy <u>to do our homework</u>.

【19】 次の各組の文が同じ意味になるよう（ ）の中に適語を入なさい。

(1) As soon as she heard the news, she turned pale.

＝（ ）（ ）the news, she turned pale.

(2) It is impossible to know what may happen next.

＝There（ ）（ ）（ ）what may happen next.

(3) I like making dolls.

＝I（ ）（ ）（ ）making dolls.

**ヒント!** (1)as soon as＋…V＋…＝On＋V ing。 (2)It is impossible to～＝There is no～ing。 (3)likeの3語の熟語は？

**【20】** 次の文を和訳しなさい。

(1) I am used to getting up early.

(2) As soon as we finished eating, we began to watch TV.

(3) Kyoto is worth visiting.

(4) I remember seeing him once.

ヒント！ (1)be used to～ing—～することに慣れている。　(3)worth～ingの意味は？　(4)remember～ing—～したことを覚えている（過去のこと）。

**【21】** 次の文を英訳しなさい。

(1) 私は公園を散歩したいような気がします。

(2) この小説は読む価値があります。

ヒント！ (1)～したい気がする—feel like～ingを使う。

## ■分　　詞

**【22】** 次の各組の文が同じ意味になるよう（　）の中に適語を入れなさい。

(1) Opening the door, he found a stranger in the room.

= （　　）（　　）（　　）the door, he found a stranger in the room.

(2) Being ill, I stayed at home.

= （　　）I（　　）ill, I stayed at home.

(3) Turning to the left, you will find the office.

= （　　）（　　）turn to the left, you will find the office.

(4) It being rainy, we will give up our game.

= （　　）it（　　）rainy, we will give up our game.

ヒント！ 分詞構文(1)時, (2)原因, (3)条件, (4)原因（主節と従属節の主語が違うので, 分詞構文ではItが残っているのに注意。）

**【23】** 次の文中の下線部の誤りを正しなさい。

(1) I had my watch repair.

（私は時計を直してもらった。）

(2) When did you have this suit make?

（いつ, このスーツを作ってもらいましたか。）

(3) She <u>had me carried</u> her baggage.

(彼女は，私に彼女の荷物を運ばせた。)

 **ヒント!** have＋物＋過去分詞，have＋人＋原形動詞。人・物に～させる（してもらう）。

## 【24】 次の文を和訳しなさい。

(1) I could not make myself understood in English.

(2) I received a letter written in English.

(3) Generally speaking, boys like making a model plane.

(4) Walking a street, I ran across him.

**ヒント!** (1)make oneself understood—意志疎通ができる。(3)generally speaking——一般的にいえば。

## 【25】 次の文を英訳しなさい。

(1) 私はサイフを盗まれました。

(2) 湖の上でスケートをしている少女は誰ですか。

**ヒント!** (1)have＋目＋過去分詞を使う。サイフ—purse。

## ■完了時制

## 【26】 次の文の下線部の誤りを正しなさい。

(1) <u>I have gone to America</u> last year.

(2) When <u>have you returned</u>?

(3) <u>It is raining</u> since yesterday morning.

**ヒント!** (1)過去と明確に示す語と現在完了は一緒に用いない。 (2)When…の中では，現在完了は使わない。

## 【27】 次の文を和訳しなさい。

(1) I have been thinking over what you said about democracy and freedom.

(2) Mary has been playing tennis since this morning.

**ヒント!** (1)what—関係代名詞, democracy—民主主義, freedom—自由。

**【28】　次の文を英訳しなさい。**

(1)　あなたは東京へ行ったことがありますか。

(2)　私は友人を見送りに駅へ行って来たところです。

(3)　私は大阪に10年間住んでいます。

**ヒント!**　(2)〜を見送る―see〜off

# ■助　動　詞

**【29】　次の文の（　）に適当な助動詞を入れなさい。**

(1)　He（　　）be a fool to do such a thing.

(2)　He works hard so that he（　　）succeed.

(3)　The news（　　）not be true.

　　　そのニュースは本当のはずがない。

(4)　（　　）I cut some bread for you?

　　　パンを切ってあげましょうか。

(5)　（　　）you pass me the salt?

　　　塩をとってくれませんか。

**ヒント!**　(2)so that may…―…するために。

**【30】　次の文を和訳しなさい。**

(1)　We can not be too careful about our health.

(2)　Would you like to drink?

(3)　I used to visit the museum every Sunday.

**ヒント!**　(1)cannot…too〜―いくら…しても〜しすぎることはない。　(3)used to〜＝would〜―よく〜したものだ。

**【31】　次の文を英訳しなさい。**

(1)　あなたの辞書をお借りできますか。

(2)　彼女をここに呼んで，あなたを手伝わせましょうか。

**ヒント!**　(1)借りる…この場合はuseを使う。　(2)話者の意志を表すshallを使ってShall Iで始める。

## ■比　較

**【32】　次の文の（　）の中に適当な語を入れなさい。**

(1)　This box is about three (　　) (　　) heavy as that one.

(2)　(　　) do you like (　　), baseball or tennis?

(3)　Walk (　　) fast (　　) you can.

(4)　I prefer summer (　　) winter.

> ヒント!　(1)（　）times as〜as…—…の（　）倍の〜（倍数詞構文）。　(3)できる
> だけ速くの意味にする。　(4)preferのときは, thanは使えない。

**【33】　次の各組の文が同じ内容を表すように（　）に適語を入れなさい。**

(1)　Mt. Fuji is higher than (　　) (　　) mountain in Japan.

　　　＝Mt. Fuji is (　　) (　　) mountain in Japan.

(2)　I can skate better than my brother.

　　　＝My brother (　　) skate (　　) (　　) as I.

(3)　He is five years older than my brother.

　　　＝He is older than my brother (　　) five years.

> ヒント!　(3)比較の差を表す前置詞は？

**【34】　次の文を和訳しなさい。**

(1)　The more we have, the more we want.

(2)　Nothing is so important as health.

> ヒント!　(1)the＋比較級₁…the＋比較級₂—すればするほど増々〜だ。
> (2)Nothing is so〜as…—…ほど〜のものはない。

**【35】　次の文を英訳しなさい。**

(1)　早ければ早いほどよい。

(2)　秋は, 読書にもスポーツにも最も良い季節です。

## ■接　続　詞

**【36】　次の文の（　）の中に適当な語を入れなさい。**

(1)　Study hard, (　　) you will fail.

(2)　It will not be long (　　) he comes back.

(3) Start at once, (　　) you will be in time.

(4) Dark (　　) it was, we found our way back.

(5) (　　) it rains, I will go on a picnic.（雨が降っても）

ヒント！ (1)～しなさい，そうしなければ。　(2)It will not be long (　) は，熟語でまもなく。　(3)～しなさい，そうすれば。　(4)Though it was dark と同じ意味にする。

## 【37】　次の文の下線部の誤りを正しなさい。

(1) Which do you like better, <u>tea and coffee</u>?

(2) You must learn <u>not only mathematics and English</u>.

(3) Make haste, <u>or you will be in time for the train</u>.

ヒント！ (2)～のみならず…も。

## 【38】　次の文を和訳しなさい。

(1) No sooner had I entered the room than I found him.

(2) The birds sang so sweetly that the children used to stop their games in order to listen to them.

ヒント！ (1)as soon as～と同義。　(2)so～that…—とても～なので…，in order to～—～するために。

## 【39】　次の文を，so that を使って英訳しなさい。

(1) 彼は，その電車に間に合うように速く歩いた。

(2) 彼女は，一生懸命勉強したのでその試験に合格した。

## ■前 置 詞

## 【40】　次の文の（　）に適当な前置詞を入れなさい。

(1) School begins (　　) eight thirty.

(2) Write your name (　　) black ink.

(3) I bought this book (　　) 500 yen.

(4) She was born (　　) May 5.

(5) We went to aunt's house (　　) bus.

(6) His character is different (　　) yours.

(7) The ground is covered (　　) snow.

(8) She is young (　　) her age.

(9) Thank you (　　) your kind invitation.

(10) Wine is made (　　) grapes.

(11) This desk is made (　　) wood.

(12) London was famous (　　) its fog .

(13) I am going to the station (　　) foot.

(14) He called (　　) his uncle's.

(15) Cut this paper (　　) a knife.

(16) Milk is made (　　) butter.

 (1)fromは使えない。　(2)黒インキで。　(3)500円でこの本を買った。　(8)年齢のわりには。　(10)原料。　(11)材料。　(13)徒歩で。　(14)〜を訪問する (場所)，人を訪問するときはcall on。　(15)道具を使うときの前置詞は。　(16)製品。

## ■慣用表現

### 【41】　次の英文の（　）に，下の日本文を参考にして，適当な前置詞を入れなさい。

(1) Illness prevented me (　　) going on the trip.

　…が人の〜を妨げる。

(2) Life is compared (　　) a voyage.

　〜にたとえられる。

(3) I informed him (　　) the accident.

　…に〜を知らせる。

(4) He was tired (　　) studying.

　〜にあきる。

(5) Somebody robbed me (　　) my CD player.

　〜を盗む。

(6) You remind me (　　) your father.

　…に〜を思い出させる。

(7) He lived in England (　　) 1910 (　　) 1920.

　〜から〜まで。

(8) I just heard (　　) her yesterday.

　便りがある。

(9) This bottle is full (　　) water.

～でいっぱいだ。

(10)He is far (　　) happy.

決して～どころではない。

**【42】　次の下線部の意味を書きなさい。（動詞を中心とした熟語）**

(1)　The boy <u>takes after</u> his father.

(2)　I can't <u>make out</u> what you said.

(3)　I can't <u>put up with</u> the tooth ache.

(4)　The baseball game was <u>put off</u>.

(5)　We have to <u>look after</u> the dog.

## ■会話表現

**【43】　次の会話文を英語に直しなさい**

(1)　「いらっしゃいませ，何かご用ですか。」（店員）

(2)　「それは，おいくらですか。」（客）

(3)　「初めまして，お会いできてうれしいです。」（初対面のあいさつ）

(4)　「どうもありがとうございました。」「どういたしまして。」（礼と返答のしかた）

(5)　「もしもし，こちらは鈴木です。」（電話での会話）

**【44】　次の口語表現を和訳しなさい。**

(1)　Please make yourself at home.

(2)　Please help yourself to this cake.

(3)　Remember me to your father.

(4)　I beg your pardon?

(5)　Will you do me a favor?

**ヒント!** (4)相手の言ったことが聞きとれなかったときに使う。

## ■ことわざ

**【45】　次のことわざの意味を日本語で書きなさい。**

(1)　Rome was not built in a day.

　　(2)　When in Rome, do as the Romans do.

　　(3)　It never rains but it pours.

　　(4)　Out of sight, out of mind.

　　(5)　Strike while the iron is hot.

　　(6)　Birds of a feather flock together.

　　(7)　Time flies like an arrow.

　　(8)　Seeing is believing.

　　(9)　A drowning man will catch at a straw.

　　(10)　A rolling stone gathers no moss.

　　(11)　All work and no play makes Jack a dull boy.

　　(12)　Where there is a will, there is a way.

　　(13)　Two heads are better than one.

　　(14)　There is no accounting for tastes.

　　(15)　Slow and steady wins the race.

## ■掲示用語

**【46】** 次の掲示文に合う日本語の意味を右から選び, 記号で答えなさい。

| | | | |
|---|---|---|---|
| (1) | Safety Zone | (a) | 出口 |
| (2) | Keep Left | (b) | 予約済み |
| (3) | Reserved | (c) | 工事中 |
| (4) | Hands Off | (d) | 安全地帯 |
| (5) | Under Construction | (e) | 手をふれるべからず |
| (6) | Off Limits | (f) | ペンキぬりたて |
| (7) | Exit | (g) | 出入禁止 |
| (8) | Wet Paint | (h) | 左側通行 |

## ■単語・派生語

**【47】** 次の単語を英語で書きなさい。

| | | | | | |
|---|---|---|---|---|---|
| (1) | ラジオ | (2) | レストラン | (3) | 会社 |
| (4) | テレビ | (5) | 電話 | (6) | 新聞 |
| (7) | ソフトウェア | (8) | ビジネス | (9) | エネルギー |
| (10) | スイッチ | (11) | 水曜日 | (12) | 2月 |

(13)　機械　　　　　　　(14)　技術者　　　　　　(15)　データ

**【48】**　次の名詞の複数形を書きなさい。

(1)　child　　　　　(2)　tooth　　　　　　(3)　leaf

(4)　sheep　　　　　(5)　knife

**【49】**　次の動詞の過去形・過去分詞形を書きなさい。

(1)　take ―(　　)―(　　)　(2)　begin ―(　　)―(　　)

(3)　find ―(　　)―(　　)　(4)　know ―(　　)―(　　)

(5)　eat ―(　　)―(　　)　(6)　write ―(　　)―(　　)

**【50】**　次の単語の日本語の意味を書きなさい。

(1)　invention　　　　　(2)　add　　　　　　(3)　leisure

(4)　word processor　　(5)　salary

**【51】**　次の日本語に合う英語の略字を書きなさい。

(1)　国民総生産

(2)　石油輸出国機構

(3)　ヨーロッパ連合

(4)　国際労働機関

(5)　日本工業規格

**【52】**　次の語を（　）の指示に従って書きかえなさい。

(1)　hot（反対語）　　　　　　(2)　large（反対語）

(3)　rich（反対語）　　　　　　(4)　strong（反対語）

(5)　happy（反対語）　　　　　(6)　wet（反対語）

(7)　lie（人を表す名詞）　　　　(8)　dark（抽象名詞）

(9)　beauty（形容詞形）　　　　(10)　health（形容詞形）

(11)　sell（名詞形）　　　　　　(12)　serve（名詞形）

(13)　dic（名詞形）　　　　　　(14)　discover（名詞形）

(15)　right（同音異義語）　　　　(16)　our（同音異義語）

(17)　root（同音異義語）　　　　(18)　five（序数で書くと）

(19)　two（序数で書くと）　　　(20)　nine（序数で書くと）

# 英　語　チェックリスト

- □ 関係代名詞に用いられる単語には〈 *1* 〉,〈 *2* 〉,〈 *3* 〉,〈 *4* 〉,〈 *5* 〉などがある。関係副詞には〈 *6* 〉,〈 *7* 〉〈 *8* 〉,〈 *9* 〉などがある。
- □ what is worseの意味は,〈 *10* 〉である。
- □ 現在の事実に反する仮定の時制は過去にし,構文パターンは〈 *11* 〉
- □ 過去の事実に反する仮定の時制は過去完了で,構文パターンは〈 *12* 〉
- □ as if～の意味は,〈 *13* 〉である。
- □ If it were not for～の意味は,〈 *14* 〉である。これを2語でいうと〈 *15* 〉である。
- □ I'm sorry I can't …を仮定法で書き直すと〈 *16* 〉である。
- □ as it were の熟語の意味は〈 *17* 〉である。
- □ She said to him, "I will go with you."を話法の転換ルールに従い書くと, She 〈 *18* 〉him〈 *19* 〉となる。
- □ She said to me, "Don't speak."を話法の転換ルールに従い書くと, She〈 *20* 〉me〈 *21* 〉となる。
- □ She said to me, "Do you have a pen?"を話法の転換ルールに従い書くと, She〈 *22* 〉me〈 *23* 〉となる。
- □ 知覚動詞構文を受け身にするときは,動詞の原形に〈 *24* 〉を忘れずにつける。 ㉚ I saw him go out of his house. → He was seen to go out of his house.
- □ Who discovered America? の受け身形は,〈 *25* 〉
- □ be interested in～に代表される受け身形での熟語表現を6つあげると〈 *26* 〉,〈 *27* 〉,〈 *28* 〉,〈 *29* 〉,〈 *30* 〉,〈 *31* 〉。
- □ It's very kind ( ) you to help me. の( )の中に入る語は〈 *32* 〉である。
- □ too～to…をso～thatで書き換えると, たとえば, This bag is too heavy for her to carry. → This bag is〈 *33* 〉she cannot carry it.
- □ 「本当のことを言うと」を英訳すると,〈 *34* 〉である。
- □ Would you mind ( ), cannot help ( ), give up ( ), be used to ( ), worth ( ) の( )に共通する動詞の形は〈 *35* 〉である。
- □ 「気分が悪かったので, 寝ていた。」を原因を表す分詞構文を用いて書くと,〈 *36* 〉I stayed in bed.
- □ 「右に曲がると, その店があります。」を条件を表す分詞構文を用いて書くと,〈 *37* 〉you will find the store.
- □ generally speakingの意味は,〈 *38* 〉である。
- □ 現在完了は,〈 *39* 〉を明確に示す語と一緒に用いない。
- □ Three years have passed since I lived here.を他の2通りのいい方で表すと,〈 *40* 〉,〈 *41* 〉である。
- □ 「見送りをする」に相当する英語は,〈 *42* 〉である。
- □ I study English so that I ( ) speak it の( )に入る助動詞は,〈 *43* 〉である。
- □ 「～のはずがない」に相当する助動詞は,〈 *44* 〉である。
- □ You cannot be too careful. の意味は,〈 *45* 〉である。
- □ Keiko is the fastest student in this class. を比較級を用いて書くと,〈 *46* 〉となる。
- □ The sooner, the better. の意味は,〈 *47* 〉である。
- □ 「命令文＋and」は〈 *48* 〉と訳し,「命令文＋or」は〈 *49* 〉と訳す。
- □ No sooner had＋主語＋過去分詞～thanは〈 *50* 〉と訳す。
- □ 次の名詞の複数形を書きなさい。(1)「s」をつける。cat→〈 *51* 〉, desk→〈 *52* 〉, key→〈 *53* 〉 (2)「es」bus→〈 *54* 〉, fox→〈 *55* 〉 (3)「語尾をかえてes」baby→〈 *56* 〉, sky→〈 *57* 〉, knife→〈 *58* 〉 (4)不規則tooth →〈 *59* 〉, man→〈 *60* 〉, child→〈 *61* 〉 (5)単複同形のもの。sheep→〈 *62* 〉, carp→〈 *63* 〉
- □ 次の不規則動詞の活用を書きなさい。take→〈 *64* 〉, begin→〈 *65* 〉, come→〈 *66* 〉, go→〈 *67* 〉, run→〈 *68* 〉
- □ 曜日を英語で書きなさい。 〈 *69* 〉,〈 *70* 〉,〈 *71* 〉,〈 *72* 〉,〈 *73* 〉,〈 *74* 〉,〈 *75* 〉
- □ 1月から12月までを英語で書きなさい。 〈 *76* 〉,〈 *77* 〉,〈 *78* 〉,〈 *79* 〉,〈 *80* 〉,〈 *81* 〉,〈 *82* 〉,〈 *83* 〉, 〈 *84* 〉,〈 *85* 〉,〈 *86* 〉,〈 *87* 〉

1. who
2. whose
3. whom
4. which
5. that
6. when
7. where
8. how
9. why
10. さらに悪いことには
11. If＋主語＋動詞の過去形～, 主語＋助動詞の過去形＋動詞の原形～
12. If＋主語＋had＋動詞の過去分詞～, 主語＋助動詞の過去形＋have＋動詞の過去分詞～
13. あたかも～のように
14. もし～がなかったら
15. But for
16. I wish I could …
17. 言わば, 言ってみれば
18. told
19. that she would go with him.
20. told
21. not to speak.
22. asked
23. if I had a pen
24. to
25. By whom was America discovered?
26. be covered with
27. be known to
28. be surprised at
29. be pleased with
30. be satisfied with
31. be worried about
32. of
33. so heavy that
34. To tell (you) the truth
35. 動名詞(~ing)
36. Being ill,
37. Turning to the right,
38. 一般的にいえば
39. 過去
40. I have lived here for three years.
41. It is three years since I lived here.
42. see of
43. can
44. cannot
45. 注意しても, し過ぎることはない
46. Keiko is faster than any other student in this class.
47. 早ければ早いほどよい。
48. ～しなさい。そうすれば…
49. ～しなさい。さもなければ…
50. ～するや否や
51. cats
52. desks
53. keys
54. buses
55. foxes
56. babies
57. skies
58. knives
59. teeth
60. men
61. children
62. sheep
63. carp
64. took, taken
65. began, begun
66. came, come
67. went, gone
68. ran, run
69. Sunday
70. Monday
71. Tuesday
72. Wednesday
73. Thursday
74. Friday
75. Saturday
76. January
77. February
78. March
79. April
80. May
81. June
82. July
83. August
84. September
85. October
86. November
87. December

# MEMO

2025 年度版　工 業 高 校　機 械 科 就 職 問 題

（2023 年度版　2021 年 12 月 20 日　初版第 1 刷発行）

2023 年 12 月 20 日　初版　第 1 刷発行

| | | |
|---|---|---|
| 編 著 者 | 就 職 試 験 情 報 研 究 会 | |
| 発 行 者 | 多　　田　　敏　　男 | |
| 発 行 所 | TAC 株式会社　　出版事業部 | |
| | （TAC 出版） | |

〒 101-8383　東京都千代田区神田三崎町 3-2-18
電 話 03（5276）9492（営業）
FAX 03（5276）9674
https://shuppan.tac-school.co.jp

| | | |
|---|---|---|
| 印　　刷 | 萩 原 印 刷 株式会社 | |
| 製　　本 | 株式会社 常 川 製 本 | |

© Shushokushikenjohokenkyukai 2023　　Printed in Japan　　ISBN 978-4-300-10678-5
N. D. C. 336

# TAC出版 書籍のご案内

TAC出版では、資格の学校TAC各講座の定評ある執筆陣による資格試験の参考書をはじめ、資格取得者の開業法や仕事術、実務書、ビジネス書、一般書などを発行しています!

## TAC出版の書籍

*一部書籍は、早稲田経営出版のブランドにて刊行しております。

### 資格・検定試験の受験対策書籍

- ✪日商簿記検定
- ✪建設業経理士
- ✪全経簿記上級
- ✪税　理　士
- ✪公認会計士
- ✪社会保険労務士
- ✪中小企業診断士
- ✪証券アナリスト

- ✪ファイナンシャルプランナー(FP)
- ✪証券外務員
- ✪貸金業務取扱主任者
- ✪不動産鑑定士
- ✪宅地建物取引士
- ✪賃貸不動産経営管理士
- ✪マンション管理士
- ✪管理業務主任者

- ✪司法書士
- ✪行政書士
- ✪司法試験
- ✪弁理士
- ✪公務員試験(大卒程度・高卒者)
- ✪情報処理試験
- ✪介護福祉士
- ✪ケアマネジャー
- ✪社会福祉士　ほか

### 実務書・ビジネス書

- ✪会計実務、税法、税務、経理
- ✪総務、労務、人事
- ✪ビジネススキル、マナー、就職、自己啓発
- ✪資格取得者の開業法、仕事術、営業術
- ✪翻訳ビジネス書

### 一般書・エンタメ書

- ✪ファッション
- ✪エッセイ、レシピ
- ✪スポーツ
- ✪旅行ガイド (おとな旅プレミアム/ハルカナ)
- ✪翻訳小説

# 書籍の正誤についてのお問合わせ

万一誤りと疑われる箇所がございましたら、以下の方法にてご確認いただきますよう、お願いいたします。

なお、正誤のお問合わせ以外の書籍内容に関する解説・受験指導等は、**一切行っておりません。**
そのようなお問合わせにつきましては、お答えいたしかねますので、あらかじめご了承ください。

## 1 正誤表の確認方法

TAC出版書籍販売サイト「Cyber Book Store」の
トップページ内「正誤表」コーナーにて、正誤表をご確認ください。

### URL:https://bookstore.tac-school.co.jp/

## 2 正誤のお問合わせ方法

正誤表がない場合、あるいは該当箇所が掲載されていない場合は、書名、発行年月日、お客様のお名前、ご連絡先を明記の上、下記の方法でお問合わせください。
なお、回答までに1週間前後を要する場合もございます。あらかじめご了承ください。

---

### 文書にて問合わせる

● 郵 送 先
〒101-8383 東京都千代田区神田三崎町3-2-18
TAC株式会社 出版事業部 正誤問合わせ係

---

### FAXにて問合わせる

● FAX番号
## 03-5276-9674

---

### e-mailにて問合わせる

● お問合わせ先アドレス　**syuppan-h@tac-school.co.jp**

---

※お電話でのお問合わせは、お受けできません。また、土日祝日はお問合わせ対応をおこなっておりません。
※正誤のお問合わせ対応は、該当書籍の改訂版刊行月末日までといたします。

---

乱丁・落丁による交換は、該当書籍の改訂版刊行月末日までといたします。なお、書籍の在庫状況等により、お受けできない場合もございます。
また、各種本試験の実施の延期、中止を理由とした本書の返品はお受けいたしません。返金もいたしかねますので、あらかじめご了承くださいますようお願い申し上げます。

(2020年10月現在)

# 解答冊子

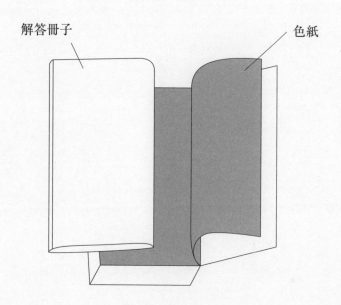

解答冊子　　　　　　　　　　　　色紙

---

〈解答冊子ご利用時の注意〉

　以下の「解答冊子」は，この色紙を残したま
until まていねいに抜き取り，ご利用ください。
　また，抜取りの際の損傷についてのお取替え
はご遠慮願います。

# 実戦就職問題解答

# 機　　械

## 1　機械設計

### ■単　　位

**P.47**

【1】　① $\min^{-1}$　　② W　　③ rad　　④ Pa
⑤ J　　⑥ Pa　　⑦ J　　⑧ $\mathrm{m}^3$　　⑨ m/s
⑩ Pa　　⑪ Pa　　⑫無名数　　⑬ N・m
⑭ rad/s　　⑮ $\mathrm{m/s}^2$　　⑯ $\mathrm{m}^2$　　⑰ $\mathrm{m}^3$　　⑱ s

### ■力

【2】　$F_1 = 30[\mathrm{N}]$　$F_2 = 40[\mathrm{N}]$　$\theta = 60°$,
$F_X = F_1 + F_2\cos\theta = 30 + 40\cos60° = 50[\mathrm{N}]$,
$F_Y = F_2\sin\theta = 40\sin60° = 34.6[\mathrm{N}]$
合力 $F = \sqrt{F_X^2 + F_Y^2} = \sqrt{50^2 + 34.6^2} = \mathbf{60.8[N]}$
$\tan\alpha = \dfrac{F_Y}{F_X} = \dfrac{34.6}{50} = 0.692$
$\therefore \alpha = \mathbf{34.7°}$(30N となす角)

【3】　$F_1 = 400 \times \cos30° = \mathbf{346[N]}$
$F_2 = 400 \times \sin30° = \mathbf{200[N]}$

【4】　$\theta = 30°$　$W_A = 200[\mathrm{N}]$, $W_B = W_A\sin\theta$
$= 200\sin30° = 200 \times 0.5 = \mathbf{100[N]}$

**P.48**

【5】　糸 c には質量 5kg の物体 $m$ がつるされているから,

その張力 $F_C$ は, $F_C = mg = 5 \times 9.8 = \mathbf{49[N]}$
糸 a の張力 $F_a$ は,
$F_a = F_C\cos30° = 49 \times \dfrac{\sqrt{3}}{2} = \mathbf{42.4[N]}$
糸 b の張力 $F_b$ は,
$F_b = F_c\sin30° = 49 \times \dfrac{1}{2} = \mathbf{24.5[N]}$

【6】　$F = f_0 = \mu_0 R = 0.4 \times 0.5 \times 9.8 = \mathbf{1.96[N]}$

【7】　水平方向の力のつり合いより,
$F_a\cos45° = F_b\cos30°\cdots\cdots$①,
鉛直方向の力のつり合いより,
$F_a\sin45° + F_b\sin30° = 400\cdots\cdots$②
①, ②について連立方程式を解く。①より,
$F_b = 0.816F_a\cdots\cdots$①′,
①′を②に代入して
$0.707F_a + 0.5 \times 0.816F_a = 400$
$\therefore F_a = \mathbf{359[N]}$
これを①′に代入して,
$F_b = 0.816F_a = 0.816 \times 359 = \mathbf{293[N]}$

**P.49**

【8】　ロープに働く張力を F とすると, A 点のまわりのモーメントのつり合いから,
$F\sin30° \times 200 = 200 \times (200 + 80)$
$\therefore F = \mathbf{560[N]}$
壁を押す力は,
$F\cos30° = 560 \times \cos30° = \mathbf{485[N]}$

【9】　(1)大円板, 小円板, 残部の面積をそれぞれ $A_1, A_2, A$, 重心を $G_1, G_2, G$ とし, $OG = x$ とおくと, 点 O のまわりの残部と小円板との重さのモーメントの和は, 大円板の重さのモーメントに等しいから,
$A \times x + A_2 \times (40 + 15) = A_1 \times 40$ より,
$x = \dfrac{A_1 \times 40 - A_2 \times 55}{A}$
$= \dfrac{\dfrac{\pi}{4} \times 80^2 \times 40 - \dfrac{\pi}{4} \times 35^2 \times 55}{\dfrac{\pi}{4} \times 80^2 - \dfrac{\pi}{4} \times 35^2}$
$= \dfrac{80^2 \times 40 - 35^2 \times 55}{80^2 - 35^2}$
$= \mathbf{36.4[mm]}$

(2)

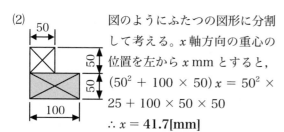

図のようにふたつの図形に分割して考える。$x$ 軸方向の重心の位置を左から $x$ mm とすると，

$(50^2 + 100 \times 50)x = 50^2 \times 25 + 100 \times 50 \times 50$

$\therefore x = 41.7[\text{mm}]$

$y$ 軸方向の重心を下から $y$ mm とすると，

$(50^2 + 100 \times 50)y = 50^2 \times 75 + 100 \times 50 \times 25$

$\therefore y = 41.7[\text{mm}]$

### ■運　動

【10】　$v_0 = 72[\text{km/h}] = \dfrac{72 \times 1000}{3600}[\text{m/s}]$

$= 20[\text{m/s}]$

加速度 $a$ は，$v^2 - v_0^2 = 2as$ に，$v = 0$ を代入すると，

$a = -\dfrac{v_0^2}{2s} = -\dfrac{20^2}{2 \times 40} = -5[\text{m/s}^2]$

停止までに要した時間 $t$ は，$v = v_0 + at$ に，$v = 0$ を代入して，$t = -\dfrac{v_0}{a} = \dfrac{20}{5} = 4[\text{s}]$

【11】

(1) $v = 10[\text{m/s}] = \dfrac{10 \times 3600}{1000}[\text{km/h}]$

$= 36[\text{km/h}]$

(2) $v = \dfrac{s}{t} = \dfrac{50}{2} = 25[\text{m/s}]$

(3) $v_0 = 0$

$v = 36[\text{km/h}] = \dfrac{36 \times 1000}{3600} = 10[\text{m/s}]$

加速度 $a = \dfrac{v - v_0}{t} = \dfrac{10 - 0}{20} = 0.5[\text{m/s}^2]$

距離 $s$ は，$v^2 - v_0^2 = 2as$ に，$v = 10[\text{m/s}]$，$v_0 = 0$，$a = 0.5[\text{m/s}^2]$ を代入して，

$10^2 - 0 = 2 \times 0.5 \times s$

$\therefore s = 100[\text{m}]$

(4) $v^2 - v_0^2 = 2as$ より，$7^2 - 3^2 = 2 \times a \times 20$

$\therefore a = 1[\text{m/s}^2]$

**P.50**

【12】　$v = gt = 9.8 \times 5 = 49[\text{m/s}]$（下向き）

$h = \dfrac{1}{2}gt^2$ より，$t = \sqrt{\dfrac{2h}{g}} = \sqrt{\dfrac{2 \times 490}{9.8}} = 10[\text{s}]$

【13】

(1) $v = v_0 - gt = 25.5 - 9.8 \times 2 = 5.9[\text{m/s}]$

(2) $v = v_0 - gt$ で $v = 0$，　$t = \dfrac{v_0}{g} = \dfrac{25.5}{9.8} = 2.6[\text{s}]$

(3) $h = v_0 t - \dfrac{1}{2}gt^2 = 25.5 \times 2.6 - \dfrac{1}{2} \times 9.8 \times 2.6^2$

$= 33.2[\text{m}]$

【14】　$v = v_0 + at$ で $v_0 = 0$ とおき，

$a = \dfrac{v}{t} = \dfrac{12}{5} = 2.4[\text{m/s}^2]$

$F = ma = 30 \times 2.4 = 72[\text{N}]$

【15】　$F = m(g + a) = 50 \times (9.8 + 2) = 590[\text{N}]$

【16】　$s = v_0 t + \dfrac{1}{2}at^2$ で，$v_0 = 0$

$\therefore a = \dfrac{2s}{t^2} = \dfrac{2 \times 30}{10^2} = 0.6[\text{m/s}^2]$

張力を $F$ とすると，

$F = m(g + a) = 400 \times (9.8 + 0.6) = 4160[\text{N}]$

【17】　ボートが動いたものとして，その速度を $v$ とする。運動量保有の法則をあてはめると，

$0 = 200 \times v + 50 \times 5$

$\therefore v = -1.25[\text{m/s}]$

ボートは 1.25m/s で人と逆向きに進む。

**P.51**

【18】

(1) $l = r\theta = \dfrac{20}{2} \times 2.5 = 25[\text{cm}]$

(2) $v = r\omega = 35 \times 20 = 700[\text{cm/s}] = 7[\text{m/s}]$

【19】

向心加速度 $a = r\omega^2 = 2 \times 4^2 = 32[\text{m/s}^2]$

【20】　糸に加わる力を $F$ とすると

$F = mr\omega^2 = mr\left(\dfrac{2\pi}{T}\right)^2 = 1 \times 1 \times \left(\dfrac{2\pi}{1}\right)^2$

$= 39.5[\text{N}]$

### ■仕事・動力

【21】

$A = Fl = 4 \times 10^3 \times \sin30° \times 5 = 10 \times 10^3[\text{N·m}]$

$= 10[\text{kJ}]$

**4**

P.52 ──────────────────

【22】 動滑車2個，4本のロープで $Q$[N] を支えるから，

$$P = \frac{Q}{4} = \frac{200}{4} = 50[\text{N}]$$

【23】 (1) $F = \dfrac{W}{4}$　(2) $F = \dfrac{W}{6}$

【24】

$$P = \frac{A}{t} = \frac{Fl}{t} = \frac{450 \times 9.8 \times 10}{5} = 8820[\text{W}] = 8.82[\text{kW}]$$

【25】

(1)ロープの張力 $F$ は，$F = \dfrac{W}{2} = \dfrac{980}{2} = 490[\text{N}]$

(2)巻取り軸トルク

$$T = F\frac{D}{2} = 490 \times \frac{10 \times 10^{-2}}{2} = 24.5[\text{N}\cdot\text{m}]$$

$$動力 P = T\omega = T \times \frac{2\pi n}{60} = 24.5 \times \frac{2\pi \times 50}{60}$$

$$= 128[\text{N}\cdot\text{m/s}] = 0.128[\text{kW}]$$

(3)巻取り軸での巻取り速度を $v$ とすると，

$$v = r\omega = 5 \times 10^{-2} \times \frac{2\pi \times 50}{60} = 0.262[\text{m/s}]$$

∴物体の上昇速度 $V$ は，

$$V = \frac{v}{2} = \frac{0.262}{2} = 0.131[\text{m/s}]$$

P.53 ──────────────────

【26】

$$P = F_e v = (1200 - 400) \times 5 = 4000[\text{N}\cdot\text{m/s}]$$
$$= 4[\text{kW}]$$

## ■材料の強さ

【27】 P；比例限度，E；弾性限度，$Y_1$；上降伏点，$Y_2$；下降伏点，S；引張強さ

【28】 ⑦－②　①－⑦　⑦－④　①－⑨　⑦－⑤　⑦－③　⑦－⑥　⑦－⑩　⑦－⑧　⑦－①

P.54 ──────────────────

【29】

$$応力 \sigma = \frac{W}{A} = \frac{W}{\frac{\pi}{4}d^2} = \frac{30 \times 10^3 \times 4}{\pi \times (20 \times 10^{-3})^2}$$

$$= 95.5 \times 10^6[\text{N/m}^2] = 95.5[\text{MPa}]$$

$$縦ひずみ \quad \varepsilon = \frac{\Delta l}{l} = \frac{1.5}{3 \times 10^3} = 5 \times 10^{-4}$$

$$= 0.05[\%]$$

$$縦弾性係数 E = \frac{\sigma}{\varepsilon}$$

$$= \frac{95.5}{5 \times 10^{-4}} = 19.1 \times 10^4[\text{MPa}]$$

$$= 191 \times 10^3[\text{MPa}] = 191[\text{GPa}]$$

【30】

$$W[\text{N}], \; l[\text{mm}], \; A = \frac{\pi}{4}D^2 \, [\text{mm}^2], \; E[\text{GPa}]$$

$$= E \times 10^9[\text{N/m}^2] = E \times 10^3[\text{N/mm}^2]$$

$$E = \frac{\sigma}{\varepsilon} = \frac{Wl}{A\Delta l} より, \quad \Delta l = \frac{Wl}{AE} = \frac{Wl}{\frac{\pi}{4}D^2 E}$$

$$= \frac{4Wl}{\pi D^2 E \times 10^3} = \frac{4Wl}{\pi D^2 E} \times 10^{-3}[\text{mm}]$$

【31】

$$せん断応力 \tau = \frac{W}{A} = \frac{20 \times 10^3}{4 \times 10^2} = 50[\text{N/mm}^2]$$

$$= 50[\text{MPa}],$$

$$横弾性係数 G = \frac{\tau}{\gamma} = \frac{50}{\frac{1}{1000}} = 50 \times 10^3[\text{MPa}]$$

$$= 50[\text{GPa}]$$

【32】 $\sigma_a = \dfrac{W}{A} = \dfrac{W}{\frac{\pi}{4}d^2}$ より, $d = \sqrt{\dfrac{4W}{\pi\sigma_a}}$

$$= \sqrt{\frac{4 \times 80 \times 10^3}{\pi \times 100}} = 31.9[\text{mm}] = 32[\text{mm}]$$

次に，せん断を受ける面積は $\pi dh$ であるから，

$$\tau_a = \frac{W}{A} = \frac{W}{\pi dh} より, \quad h = \frac{W}{\pi d\tau_a} = \frac{80 \times 10^3}{\pi \times 32 \times 80}$$

$$= 9.95[\text{mm}] = 10[\text{mm}]$$

P.55 ──────────────────

【33】 ピンの二面にせん断応力が生じる。

$$せん断応力 \tau = \frac{W}{A} = \frac{10 \times 10^3}{\frac{\pi}{4} \times 10^2 \times 2}$$

$= 63.7[\text{N/mm}^2] = \mathbf{63.7[MPa]}$

加えうる荷重 $W = \tau_a A = 80 \times \dfrac{\pi}{4} \times 10^2 \times 2$

$= 12.566 \times 10^3[\text{N}] = \mathbf{12.56[kN]}$

【34】 せん断を受ける面積は $\pi dt$ であるから,

$\tau_a = \dfrac{W}{\pi dt}$ より, $t = \dfrac{W}{\pi d \tau_a} = \dfrac{55 \times 10^3}{\pi \times 100 \times 35}$

$= \mathbf{5[mm]}$

面圧 $p = \dfrac{W}{A}$ より, $A = \dfrac{W}{p} = \dfrac{55 \times 10^3}{0.6}$

$= 91.7 \times 10^3[\text{mm}^2]$

つばの面積 $A = \dfrac{\pi}{4}(D^2 - d^2)$ であるから,

$D = \sqrt{\dfrac{4 \times A}{\pi} + d^2} = \sqrt{\dfrac{4 \times 91.7 \times 10^3}{\pi} + (10 \times 10)^2}$

$= \mathbf{356[mm]}$

【35】 直径 $d$, 厚さ $t$ とすると, せん断される

断面積 $A = \pi dt$ である。$\tau = \dfrac{W}{A}$ より

$W = \tau A = \tau \pi dt = 98 \times 3.14 \times 20 \times 1 =$
$6.15 \times 10^3[\text{N}] = \mathbf{6.15[kN]}$

【36】

(1) $P_1 \times l_1 = P_2 \times l_2$ ∴ $P_2 = \dfrac{l_1}{l_2} \boldsymbol{P_1}$

(2) $E = \dfrac{\sigma}{\varepsilon} = \dfrac{W}{A \varepsilon}$ より, $\varepsilon = \dfrac{W}{AE} = \dfrac{P_2}{AE} = \dfrac{\boldsymbol{P_1 l_1}}{\boldsymbol{AE l_2}}$

**P.56** ─────

【37】 穴のあいている部分の帯板の断面積を
$A\text{mm}^2$ とすれば,

$A = (80 - 20) \times 5 = 300[\text{mm}^2]$

平均応力 $\sigma_n = \dfrac{W}{A} = \dfrac{24 \times 10^3}{300} = 80[\text{N/mm}^2]$

$= 80[\text{MPa}]$

最大応力 $\sigma_{max} = \alpha_k \cdot \sigma_n = 2.4 \times 80$

$= \mathbf{192[MPa]}$

【38】 キーに働くせん断荷重 $W = \tau_a bl$

キーの伝えるトルク $T = \dfrac{W}{2}d$ より, $T = \dfrac{d}{2}\tau_a bl$

∴ $l = \dfrac{2T}{d \tau_a b} = \dfrac{2 \times 720 \times 10^3}{50 \times 40 \times 12} = \mathbf{60[mm]}$

【39】 伸び $\Delta l = \alpha(t' - t)l$

$= 1.1 \times 10^{-5} \times (140 - 20) \times 3 \times 10^3$

$= 3.96[\text{mm}]$

加熱後の長さ $l + \Delta l = 3000 + 3.96$

$= \mathbf{3003.96[mm]}$

熱応力 $\sigma$ は, $E = \dfrac{\sigma}{\varepsilon}$ より, $\sigma = E \cdot \varepsilon = E\dfrac{\Delta l}{l}$

$= 206 \times 10^3 \times \dfrac{3.96}{3 \times 10^3} = 272[\text{N/mm}^2]$

$= \mathbf{272[MPa]}$

**■はり・曲げ**

【40】 B点のまわりの力のモーメントのつり合
いより,

$R_A = \dfrac{100 \times 60}{100} = 60[\text{N}]$,

荷重と反力の和は 0 より, $100 - (R_A + R_B) = 0$

∴ $R_B = 100 - R_A = 100 - 60 = 40[\text{N}]$

答 (3)

**P.57** ─────

【41】 (1) $R_B = \dfrac{2 \times 400 \times 200}{500} = 320[\text{N}]$

$R_A = 2 \times 400 - R_B = 800 - 320 = \mathbf{480[N]}$

(2)断面 $X$ におけるせん断力 $F$ は,

$F = R_A - 2 \times 250 = 480 - 500 = \mathbf{-20[N]}$

断面 $X$ における曲げモーメント $M$ は,

$M = R_A \times 250 - 2 \times 250 \times \dfrac{250}{2}$

$= 480 \times 250 - 2 \times 250 \times 125 = 57500[\text{N} \cdot$
$\text{mm}] = \mathbf{57.5 \times 10^3[N \cdot mm]}$

(3) AC 間において, A点から $x\text{mm}$ 離れた点の曲
げモーメント $M$ は,

$M = R_A \times x - 2x \times \dfrac{x}{2} = 480x - x^2$

$= -(x^2 - 480x)$

$= -(x^2 - 2 \times 240x + 240^2) + 57600$

$= -(x - 240)^2 + 57600$

放物線の頂点は $(240, 57600)$ であるから,
最大曲げモーメントは, $x = 240$ で

$M_{max} = \mathbf{57.6 \times 10^3[N \cdot mm]}$

【42】 支点 A の曲げモーメント

$M_A = -490 \times 1 \times 10^3 = -490 \times 10^3[\text{N} \cdot \text{mm}]$

$$I = \frac{\pi d^4}{64} = \frac{\pi \times 50^4}{64} = 3.07 \times 10^5 [\text{mm}^4]$$

$$\delta_{\text{max}} = \frac{Wl^3}{3EI} = \frac{490 \times (1 \times 10^3)^3}{3 \times 206 \times 10^3 \times 3.07 \times 10^5}$$

$$= 2.58 [\text{mm}]$$

【43】 (1) $M_{\text{max}} = -Wl = -80 \times 100 \times 10$

$= -80 \times 10^3 [\text{N} \cdot \text{mm}]$

(2) $Z = \frac{bh^2}{6} = \frac{30 \times 40^2}{6} = 8 \times 10^3 [\text{mm}^3]$

$$\sigma_b = \frac{M}{Z} = \frac{80 \times 10^3}{8 \times 10^3} = 10 [\text{N/mm}^2] = \mathbf{10[\text{MPa}]}$$

## P.58

【44】 A 点のまわりのモーメントのつり合いより，

$$R_B = \frac{5 \times 30}{150} = 1[\text{N}] \quad R_A = 5 - 1 = 4[\text{N}]$$

最大曲げモーメントは荷重の加わっている C 点に生じ，

$M_{\text{max}} = R_A \times 30 = 4 \times 30 = \mathbf{120[\text{N} \cdot \text{mm}]}$

【45】

(1) B 点のまわりのモーメントのつり合いより，

$$R_A = \frac{4 \times (600 + 600) + 5 \times 600}{2000} = \mathbf{3.9[\text{kN}]}$$

$R_B = 4 + 5 - 3.9 = \mathbf{5.1[\text{kN}]}$

(2) せん断力：

AC 間 $F_{AC} = R_A = 3.9[\text{kN}]$

CD 間 $F_{CD} = R_A - 4 = 3.9 - 4 = -0.1[\text{kN}]$

DB 間 $F_{DB} = R_A - 4 - 5 = 3.9 - 4 - 5 = -5.1[\text{kN}]$

曲げモーメント：

点 C $M_C = R_A \times 800 = 3.9 \times 800$

$= 3.12 \times 10^3 [\text{kN} \cdot \text{mm}] = 3.12[\text{kN} \cdot \text{m}]$

点 D $M_D = R_A \times (800 + 600) - 4 \times 600$

$= 3.9 \times 1400 - 4 \times 600$

$= 3.06 \times 10^3 [\text{kN} \cdot \text{mm}]$

$= 3.06[\text{kN} \cdot \text{m}]$

これらにもとづき，次図のせん断力図と曲げモーメント図を描く。

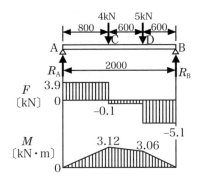

(3) 断面係数 $Z$ は，

$$Z = \frac{\pi}{32} d^3 = \frac{\pi}{32} \times 80^3 = 5.03 \times 10^4 [\text{mm}^3]$$

(4) 曲げ応力 $\sigma_c = \frac{M_{\text{max}}}{Z} = \frac{3.12 \times 10^3 \times 10^3}{5.03 \times 10^4}$

$= 62 [\text{N/mm}^2] = \mathbf{62[\text{MPa}]}$

【46】 反力 $R_A = R_B = \dfrac{W}{2}$

断面 $X$ におけるせん断力 $F_X$ は，

$$F_X = R_A - \frac{W}{l} x = \frac{W}{2} - \frac{W}{l} x = \frac{W}{2l}(l - 2x)$$

$x = 0$ のとき $F_A = \dfrac{W}{2l}(l - 0) = \dfrac{W}{2}$,

$x = l$ のとき $F_B = \dfrac{W}{2l}(l - 2l) = -\dfrac{W}{2}$

断面 $X$ における曲げモーメント $M_X$ は，

$$M_X = R_A x - \frac{W}{l} x \cdot \frac{x}{2} = \frac{W}{2} x - \frac{W}{2l} x^2$$

$$= \frac{W}{2l}(lx - x^2)$$

標準形に変形すると，

$$M_X = -\frac{W}{2l}(x^2 - lx) = -\frac{W}{2l}\left(x - \frac{l}{2}\right)^2 + \frac{W}{2l} \cdot \frac{l^2}{4}$$

$$= -\frac{W}{2l}\left(x - \frac{l}{2}\right)^2 + \frac{Wl}{8}$$

最大曲げモーメントは，

$$x = \frac{l}{2} \text{ のとき}, M_{\text{max}} = \frac{Wl}{8}$$

これらにもとづき，次図のせん断力図と曲げモーメント図を描く。

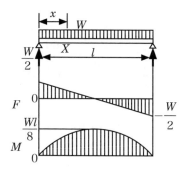

P.59 ————————

**【47】**

(1) $I = \dfrac{\pi}{64}(80^4 - 40^4) = 1.88 \times 10^6 [\text{mm}^4]$

$Z = \dfrac{\pi}{32} \cdot \dfrac{(80^4 - 40^4)}{80} = 4.71 \times 10^4 [\text{mm}^3]$

(2) $I = \dfrac{1}{12}(60 \times 100^3 - 40 \times 60^3)$

$= 4.28 \times 10^6 [\text{mm}^4]$

$Z = \dfrac{1}{6} \cdot \dfrac{(60 \times 100^3 - 40 \times 60^3)}{100}$

$= 8.56 \times 10^4 [\text{mm}^3]$

(3) $I = \dfrac{1}{12}(20 \times 10^3 + 10 \times 40^3)$

$= 5.5 \times 10^4 [\text{mm}^4]$

$Z = \dfrac{1}{12} \cdot \dfrac{(20 \times 10^3 + 10 \times 40^3)}{\dfrac{40}{2}}$

$= 2.75 \times 10^3 [\text{mm}^3]$

(4) $I = \dfrac{\pi \times 100^4}{64} = 4.91 \times 10^6 [\text{mm}^4]$

$Z = \dfrac{\pi \times 100^3}{32} = 9.81 \times 10^4 [\text{mm}^3]$

**【48】** 3つの場合とも $W, l$ が等しい。断面積がほぼ等しいから，せん断応力はほぼ等しく，曲げモーメント $M$ も同じである。ゆえに曲げ応力 $\sigma = \dfrac{M}{Z}$ より，断面係数 $Z$ の大きなものが強いことになる。$Z_1 = \dfrac{8 \times 12^2}{6} = 192$，

$Z_2 = \dfrac{12 \times 8^2}{6} = 128$，$Z_3 = \dfrac{\pi \times 11^3}{32} = 131$

以上の3つを比較して，一番上のはりが一番強い。

**■歯　車**

**【49】** インボリュート曲線，サイクロイド曲線

**【50】** $d = mz = 2.5 \times 40 = 100 [\text{mm}]$

**【51】** 歯先円直径 $d_a = d + 2m$

$= mz + 2m = m(z + 2)$

$\therefore m = \dfrac{d_a}{z + 2} = \dfrac{96}{30 + 2} = 3 [\text{mm}]$

**【52】**

$d_1 = mz_1 = 5 \times 40 = 200$

$d_2 = mz_2 = 5 \times 56 = 280$

中心距離 $a = \dfrac{d_1 + d_2}{2} = \dfrac{200 + 280}{2} = 240 [\text{mm}]$

P.60 ————————

**【53】** 大歯車の歯数 $z_2 = 2.5 \times z_1 = 2.5 \times 22$

$= 55$

中心距離 $a = \dfrac{m(z_1 + z_2)}{2} = \dfrac{4 \times (22 + 55)}{2}$

$= 154 [\text{mm}]$

**【54】** 駆動歯車ピッチ円直径 $d_1$，歯数 $z_1$，被動歯車ピッチ円直径 $d_2$，歯数 $z_2$ とする。

$\begin{cases} \dfrac{300}{450} = \dfrac{z_1}{z_2} \cdots\cdots ① \\ 200 = \dfrac{2(z_1 + z_2)}{2} \cdots\cdots ② \end{cases}$

①，②の連立方程式を解く。

①より $z_2 = 1.5z_1 \cdots\cdots ①'$

①'を②に代入して，$200 = \dfrac{2(z_1 + 1.5z_1)}{2}$

$\therefore z_1 = 80$

$z_1 = 80$ を①'に代入して，$z_2 = 1.5z_1 = 120$

したがって，$d_1 = mz_1 = 2 \times 80 = 160 [\text{mm}]$

$d_2 = mz_2 = 2 \times 120 = 240 [\text{mm}]$

**【55】**

(1)歯車Ⅰと歯車Ⅱ：中心距離 $a_1 = \dfrac{m(z_1 + z_2)}{2}$

より，$60 = \dfrac{m(20 + 40)}{2}$　　$\therefore m = 2 [\text{mm}]$

歯車Ⅲと歯車Ⅳ：同様に $a_2 = \dfrac{m(z_3 + z_4)}{2}$ より，

$$88 = \frac{m(22 + 66)}{2} \quad \therefore m = 2[\text{mm}]$$

(2) $\dfrac{n_1}{n_4} = \dfrac{z_2}{z_1} \times \dfrac{z_4}{z_3}$ より，$n_4 = n_1 \times \dfrac{z_1}{z_2} \times \dfrac{z_3}{z_4}$

$$= 24 \times \frac{20}{40} \times \frac{22}{66} = \textbf{4 回転}$$

【56】 遊星歯車装置の回転数は，左まわりを
$(+)$，右まわりを$(-)$として，次のように考える。

①全体のりづけ……全体を固定して，腕の回転数
だけ回す。

②腕固定……次に，腕を固定して，普通の歯車のか
みあいとして求める。

③正味回転数……①，②の回転数の和を計算する。

| | A | B | C | D |
|---|---|---|---|---|
| ① | $-2$ | $-2$ | $-2$ | $-2$ |
| ② | $0$ | $+2$ | $-2 \times \dfrac{40}{30} = -\dfrac{8}{3}$ | $-\left(-\dfrac{8}{3}\right) \times \dfrac{30}{20} = +4$ |
| ③ | $-2$ | $0$ | $-2 - \dfrac{8}{3} = -4\dfrac{2}{3}$ | $-2 + 4 = +2$ |

答　左まわりに 2 回転する。

【57】 (1)遊星歯車機構

(2) $d_3 = m z_3 = 2 \times 40 = 80[\text{mm}]$

(3)まず，歯車 I の歯数 $z_1$ を求める。ピッチ円直径
を $d_1$ とすると，

$$d_1 = d_3 + 2d_2 = d_3 + 2m z_2$$
$$= 80 + 2 \times 2 \times 20 = 160[\text{mm}]$$

$$\therefore z_1 = \frac{d_1}{m} = \frac{160}{2} = 80$$

したがって，次の表のようになる。

| | $l$ | III | II | I |
|---|---|---|---|---|
| ① | $+10$ | $+10$ | $+10$ | $+10$ |
| ② | $0$ | $-10$ | $-(-10) \times \dfrac{40}{20} = +20$ | $+20 \times \dfrac{20}{80} = +5$ |
| ③ | $+10$ | $0$ | $+10 + 20 = +30$ | $+10 + 5 = +15$ |

答　$l$ と同方向に毎分 15 回転する。

P.61

【58】 $P = T\omega$ に $T = F\dfrac{d}{2}$，$\omega = \dfrac{2\pi n}{60}$ を代入すると，

$$P = F\frac{d}{2} \cdot \frac{2\pi n}{60} = F\frac{\pi dn}{60} \quad \therefore F = P\frac{60}{\pi dn}$$

$$= 30 \times 10^3 \times \frac{60}{\pi \times 200 \times 10^{-3} \times 600}$$

$$= 4.77 \times 10^3[\text{N}] = \textbf{4.77[kN]}$$

【59】 (1)ア－a，　イ－d

(2) $\dfrac{n_A}{n_Q} = \dfrac{D_B}{D_A} \times \dfrac{z_Q}{z_P}$ より，

$$n_Q = n_A \times \frac{D_A}{D_B} \times \frac{z_P}{z_Q} = 100 \times \frac{120}{300} \times \frac{50}{80} = \textbf{25 回転}$$

(3) $a = \dfrac{m(z_P + z_Q)}{2}$ より，$260 = \dfrac{m(50 + 80)}{2}$

$$\therefore m = \textbf{4[mm]}$$

【60】 (1)小歯車の歯数を $z_1$，大歯車を $z_2$ とする。

$$\begin{cases} 3 = \dfrac{z_2}{z_1} \cdots\cdots ① \\ 60 = \dfrac{1.5(z_1 + z_2)}{2} \cdots\cdots ② \end{cases}$$

①，②の連立方程式を解く。

①より $z_2 = 3z_1 \cdots\cdots ①'$

①' を②に代入して，$60 = \dfrac{1.5(z_1 + 3z_1)}{2}$

$$\therefore z_1 = \textbf{20}$$

$z_1 = 20$ を①' に代入して，$z_2 = 3z_1 = \textbf{60}$

(2) 小歯車の回転数を $n_1$，大歯車を $n_2$ とする。

$\dfrac{n_1}{n_2} = \dfrac{z_2}{z_1}$ より，$n_2 = n_1 \times \dfrac{z_1}{z_2} = 1410 \times \dfrac{1}{3}$

$$= \textbf{470[min}^{-1}\textbf{]}$$

(3) $P = T\omega = T\dfrac{2\pi n}{60}$

$$\therefore T = P\frac{60}{2\pi n} = 1.5 \times 10^3 \times \frac{60}{2\pi \times 470}$$

$$= \textbf{30.5[N·m]}$$

■軸

P.62

【61】 前問(3)と同様に $P = T\omega = T\dfrac{2\pi n}{60}$

$$\therefore T = P\frac{60}{2\pi n} = 7.5 \times 10^3 \times \frac{60}{2\pi \times 200}$$

$$= 358[\text{N} \cdot \text{m}] = 358 \times 10^3[\text{N} \cdot \text{mm}]$$

$$T = \frac{\pi d^3}{16}\tau_a \text{ より,}$$

$$d = \sqrt[3]{\frac{16T}{\pi \tau_a}} = \sqrt[3]{\frac{16 \times 358 \times 10^3}{\pi \times 30}}$$

$$= 39.3 = 40[\text{mm}]$$

**【62】** 相当ねじりモーメント

$$T_e = \sqrt{T^2 + M^2} = \sqrt{2^2 + 1^2} = \sqrt{5} = 2.24[\text{kN} \cdot \text{m}]$$

相当曲げモーメント

$$M_e = \frac{M + T_e}{2} = \frac{1 + 2.24}{2} = 1.62[\text{kN} \cdot \text{m}]$$

**■圧力容器**

**【63】** フープ応力は円周方向の応力

$$\sigma = \frac{pD}{2t} = \frac{0.4 \times 150 \times 10}{2 \times 5} = 60[\text{N/mm}^2]$$

$$= 60[\text{MPa}]$$

## 2 機械工作

**■材料試験**

**P.69**

**【1】** (1)P 点:比例限度　E 点:弾性限度
Y$_1$ 点:上降伏点　Y$_2$ 点:下降伏点
S 点:最大荷重$\left(\text{引張強さ} = \dfrac{\text{最大荷重}}{\text{断面積}}\right)$
B 点:破断点

(2)
伸び $\delta = \dfrac{l - l_0}{l_0} \times 100[\%]$

$$= \frac{66 - 50}{50} \times 100[\%]$$

$$= 32[\%]$$

**【2】** (1)ビッカース　(2)ショア　(3)ブリネル
(4)ロックウェル

**【3】** (1)—(e), (h)　(2)—(b), (c), (d), (f)　(3)—(a), (g)

ねじり試験, 光弾性試験, 火花試験, 非破壊試験など。

**■金属材料**

**P.70**

**【4】** 放射線探傷法, 超音波探傷法, 磁粉探傷法または浸透探傷法

**【5】** (1)—×　(2)—○　(3)—×　(4)—○　(5)—○
(6)—○

**【6】** (4)

**【7】** (1)可鍛鋳鉄　(2)良導体, 非磁性体　(3)焼なまし, 焼ならし　(4)時効硬化　(5)ダイカスト

**P.71**

**【8】** (1)ロックウェル　(2)フェライト　(3)P, S
(4)ブリネル　(5)アルマイト　(6)青銅　(7)銅, 亜鉛　(8)クロム, ニッケル　(9)ハンダ　(10)質量効果
(11)すず　(12)トタン　(13)ボーキサイト

**■材料記号**

**P.72**

**【9】** (1)—(ア)　(2)—(エ)　(3)—(カ)　(4)—(ウ)　(5)—(オ)
(6)—(イ)　(7)—(キ)

**【10】** (1)—(カ)　(2)—(オ)　(3)—(キ)　(4)—(ウ)　(5)—(ア)　(6)—(エ)　(7)—(イ)　(8)—(ケ)　(9)—(ク)

**P.73**

**【11】** (1) Cu, Zn　(2) Fe, Cr, Ni　(3) Pb, Sn

**【12】** (1)—(ク)　(2)—(キ)　(3)—(カ)　(4)—(ウ)　(5)—(ア)　(6)—(イ)　(7)—(エ)　(8)—(オ)　(9)—(コ)　(10)—(ケ)

**■熱処理**

**P.74**

**【13】**

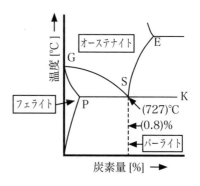

**【14】** (1)—①　(2)—①　(3)—②

**【15】** (1)—(エ)　(2)—(ウ)　(3)—(ア)　(4)—(イ)

## ■切削加工・研削加工

**P.75**

【16】　①旋盤，ねじフライス盤，ねじ転造盤，ねじ研削盤　②タップとダイス

【17】

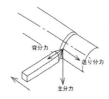

【18】　親ねじのピッチ：$P = 6\text{mm}$

切るべきねじのピッチ：$p = 2\text{mm}$

主軸に取り付ける歯車の歯数：$S$

親ねじに取り付ける歯車の歯数：$L$

歯車比 $= \dfrac{p}{P} = \dfrac{S}{L}$ であるから

$$\frac{p}{P} = \frac{S}{L} = \frac{2}{6} = \frac{2 \times 10}{6 \times 10} = \frac{20}{60}$$

または

$$\frac{2}{6} = \frac{2 \times 12}{6 \times 12} = \frac{24}{72}$$

$S = 20$枚，$L = 60$枚または，$S = 24$枚，$L = 72$枚

切るべきねじが右ねじであるから，親ねじとの回転方向を同じにするには，中間歯車をかみ合わせる。これは遊び歯車の役目をし，歯数は適当なものを用いればよい。

【19】〔作業工程〕素材→外周切削→ローレット加工→ローレット部平面加工→両端突切り→刻印→熱処理→研削加工→寸法検査

〔使用機械，加工工具〕旋盤…先丸剣バイト，平剣バイト，片刃バイト，突切りバイト，向きバイト，すみバイト，ローレット工具　フライス盤…エンドミル，平フライス，溝フライスまたは正面フライス　研削盤…といし車

〔注意すべき事項〕H7級のはめあい精度の寸法検査なので，「両端の許容寸法公差が極めて接近していること」，「加工熱による寸法変化」に注意する。

**P.76**

【20】

(1) $v = \dfrac{\pi Dn}{1000} = \dfrac{3.14 \times 20 \times 1270}{1000} = 79.76$

$= 80[\text{m/min}]$

(2) $1270[\text{min}^{-1}] \times 1[\text{mm/rev}]$

$= 1270[\text{mm/min}] = 1.27[\text{m/min}]$

【21】　$149[\text{min}^{-1}]$（rpm）

【22】　(1)焼なまし　(2)センタ穴　(3)旋盤　(4)旋盤　(5)フライス盤　(6)ボール盤　(7)高周波焼入れ

**P.77**

【23】

(1) $v = \dfrac{\pi Dn}{1000} = \dfrac{3.14 \times 40 \times 900}{1000} = 113[\text{m/min}]$

(2) $P = \dfrac{F \cdot v}{60 \times 1000} = \dfrac{200 \times 113}{60 \times 1000} = 0.377[\text{kW}]$

$T = 9.55 \times 10^3 \times \dfrac{P}{n} = 9.55 \times 10^3 \times \dfrac{0.377}{900}$

$= 4[\text{N} \cdot \text{m}]$

(3)モータの回転数 $n_1$，主軸の回転数 $n_2$ として，

$i = \dfrac{n_2}{n_1} = \dfrac{900}{1800} = 0.5$

(4) $P_0 = \dfrac{P}{\eta} = \dfrac{0.377}{0.8} = 0.471[\text{kW}]$

(5) $T = 9.55 \times 10^3 \times \dfrac{P_0}{n_1} = 9.55 \times 10^3 \times \dfrac{0.471}{1800}$

$= 2.5[\text{N} \cdot \text{m}]$

【24】　円筒研削盤，内面研削盤，心なし研削盤，平面研削盤，ねじ研削盤。その他に工具研削盤，歯車研削盤などがある。

【25】　(1)—(イ)，(ウ)　(2)—(エ)　(3)—(ア)　(4)—(オ)　(5)—(キ)　(6)—(カ)　(7)—(ク)　(8)—(イ)，(ウ)，(カ)

**P.78**

【26】　(1) 45.35mm　(2) 21.67mm

## ■溶接・鋳造

【27】　突合せ継手，重ね継手（プラグ溶接），T継手（すみ肉溶接），かど継手，ヘリ継手，当て金継手

【28】　Aを心炎，Bを中性炎（内炎），Cを外炎という。心炎の先端から 2～3mm の内炎（図のB）のところがもっとも高温で，約 3000℃になる。

【29】　(1)白鋳鉄に熱処理を施して粘り強さを与えたもので，破面が黒っぽい黒心可鍛鋳鉄と，破

面が白っぽい白心可鍛鋳鉄がある。(参考) 黒心可鍛鋳鉄は焼なましにより $Fe_3C$ の黒鉛化を進めるもので，パーライト地のものをパーライト可鍛鋳鉄という。白心可鍛鋳鉄は脱炭を行ったものである。

(2)溶湯に Mg を添加して黒鉛を球状化し，軟鋼に匹敵する機械的性質を与えたもので，球状黒鉛鋳鉄，ダクタイル鋳鉄といわれる。

(3)溶湯に Si を接種して，小さい片状黒鉛を均一に析出させた強じん鋳鉄である。

(4)冷却速度を大きくして白鋳鉄化させ，耐摩耗性などを高めた鋳鉄である。

## ■総　合

【30】 (1)ア．繰返し荷重　イ．疲れ　ウ．$S-N$ 曲線　(2)エ．ダイカスト　オ．遠心鋳造　カ．シェルモールド　キ．インベストメント　ク．低圧鋳造　(3)ケ．射出成形

**P.79**

【31】 (1)—(コ) (2)—(オ) (3)—(ケ) (4)—(エ) (5)—(ク) (6)—(ウ) (7)—(キ) (8)—(イ) (9)—(カ) (10)—(ア)

【32】 (1)—(ア) (2)—(コ) (3)—(キ) (4)—(ク) (5)—(オ) (6)—(カ) (7)—(ウ) (8)—(ス) (9)—(エ) (10)—(イ)

**P.80**

【33】 (1)— A (2)— C (3)— B (4)— B (5)— A

【34】 (1)—(ウ) (2)—(イ) (3)—(ウ) (4)—(ウ) (5)—(ウ) (6)—(ウ) (7)—(ウ)

**P.81**

【35】 (1) 1 時間当たりの生産個数を機械 A では $a$ 個，機械 B では $b$ 個とすれば，

$$\begin{cases} 3a + 6b = 1200 & \cdots\cdots① \\ 2a + 3b = 680 & \cdots\cdots② \end{cases}$$

②式×2 −①式より，$a = 160$ 個

これを②式に代入して，$2 \times 160 + 3b = 680$ より，$b = 120$ 個

(2)求める時間を $T$ 時間とすれば，1 時間当たりの生産個数は A の機械 1 台では 160 個，B の機械 1 台では 120 個だから，A の機械 4 台では 640 個，B の機械 3 台では 360 個生産することになる。したがって合計 2000 個の部品を生産するのに必要な時間 $T$ は，

$$T = \frac{2000}{640 + 360} = \frac{2000}{1000} = 2 \text{ [時間]}$$

【36】 〔切削加工〕金属材料の被削性を利用して工作物を所要の形状・寸法に加工する。鋳造や塑性加工に比べて，加工精度がよいが切粉が出る。
〔塑性加工〕金属の展延性を利用して，金属に弾性限度をこえる荷重を加え，塑性変形を起こして成形する加工である。鋳造品より粘り強さや衝撃に対する強さが大きい。材料のむだがなく，加工に要する時間も短くできる。

【37】 ①—(ク) ②—(イ) ③—(エ) ④—(ウ) ⑤—(オ) ⑥—(ア) ⑦—(カ) ⑧—(キ)

# 3 原動機

## ■パスカルの原理

**P.90**

【1】 ピストン①，②の断面積を $A_1$[mm²]，$A_2$[mm²]，ピストン①，②を押す力を $F_1$[N]，$F_2$[N]，とすれば，シリンダ①，②内の圧力 $p$[Pa] はすべて等しいから，

$$p = \frac{F_1}{A_1} = \frac{F_2}{A_2}$$

したがって，$F_2 = \dfrac{A_2}{A_1} \times F_1$

$$= \frac{\dfrac{\pi}{4} \times 50^2}{\dfrac{\pi}{4} \times 20^2} \times 40$$

$$= 250 \text{[N]}$$

【2】 小ピストンの断面積を $A_1$[mm²]，大ピストンの断面積を $A_2$[mm²]，小ピストン，大ピストンに加わる力をそれぞれ $F_1$[N]，$F_2$[N]，とすれば，シリンダ内の圧力 $p$[Pa] はすべて等しいから，

$$p = \frac{F_1}{A_1} = \frac{F_2}{A_2}$$

したがって，$F_1 = \dfrac{A_1}{A_2} \times F_2$

$$= \frac{\dfrac{\pi}{4} \times 60^2}{\dfrac{\pi}{4} \times 200^2} \times 900$$

$$= 81 \text{[N]}$$

## ■圧力の強さ

**【3】** マノメータ内の水銀の密度 $\rho' = 13.6 \times 10^3$ [kg/m³]，水銀柱の高さの差 $h' = 800$[mm] $= 0.8$[m]，容器内の水の密度 $\rho = 1000$ [kg/m³]，水の液柱の高さの差 $h = 450$[mm] $= 0.45$[m]，重力加速度 $g = 9.8$[m/s²]，大気圧 $p_0$ $= 101.3$[kPa] とすれば，

Ⓐのゲージ圧；$p_g = \rho'gh' - \rho gh$

$\qquad = 13600 \times 9.8 \times 0.8 - 1000 \times 9.8 \times 0.45$

$\qquad = 102214$

$\qquad = \mathbf{102.2[kPa]}$

Ⓐの絶対圧；$p_a = p_g + p_0$

$\qquad = 102.2 + 101.3$

$\qquad = \mathbf{203.5[kPa]}$

**【4】** $p_1 = 300$[kPa] $= 300 \times 10^3$[N/m²]，水の密度 $\rho = 1000$[kg/m³]，$p_2 = 292$[kPa] $= 292 \times 10^3$[N/m²]，水銀の密度 $\rho' = 13.6 \times 1000$[kg/m³]，重力加速度 $g = 9.8$[m/s²]，

$p_1 + \rho gh' = p_2 + \rho'gh'$

したがって，

$$h' = \frac{p_1 - p_2}{(\rho' - \rho) \times g}$$

$$= \frac{300 \times 10^3 - 292 \times 10^3}{(13600 - 1000) \times 9.8}$$

$$= 0.065[m]$$

$$= \mathbf{65[mm]}$$

**【5】** 密度 $\rho = 800$[kg/m³]，深さ $h = 2$[m]，重力加速度 $g = 9.8$[m/s²]，

よって，

圧力 $p = \rho gh$

$\qquad = 800 \times 9.8 \times 2$

$\qquad = 15680$[N/m²]

$\qquad = \mathbf{15.7[kPa]}$

**【6】** 密度 $\rho = 720$[kg/m³]，深さ $h = 10$[m]，重力加速度 $g = 9.8$[m/s²]，

よって，

圧力；$p = \rho gh$

$\qquad = 720 \times 9.8 \times 10$

$\qquad = 70560$[N/m²]

$\qquad = \mathbf{70.6[kPa]}$

**【7】** 密度 $\rho = 1000$[kg/m³]，水柱の高さ $h = 105$[cm] $= 1.05$[m]，重力加速度 $g = 9.8$[m/s²]，

よって，

ゲージ圧 $p_g = \rho gh$

$\qquad = 1000 \times 9.8 \times 1.05$

$\qquad = 10290$[N/m²]

$\qquad = \mathbf{10.3[kPa]}$

絶対圧 $p_a = p_g + p_0$

$\qquad = 10.3 + 101.3$

$\qquad = \mathbf{111.6[kPa]}$

## ■流体のエネルギー

**【8】** 水面から放水口までの深さ $h = 19.6$[m]，重力加速度 $g = 9.8$[m/s²]，

よって，流出速度 $v = \sqrt{2gh}$ [m/s] より，

$v = \sqrt{2 \times 9.8 \times 19.6}$

$\quad = \mathbf{19.6[m/s]}$

水面が 14.7m 下降したとき，水面から放水口までの深さは，

$h = 19.6 - 14.7$

$\quad = 4.9$[m]

したがって，このときの流出速度は，

$v = \sqrt{2 \times 9.8 \times 4.9}$

$\quad = \mathbf{9.8[m/s]}$

**【9】** 圧力 $p = 196$[kPa]

$\qquad = 196 \times 10^3$[N/m²]

水の密度 $\rho = 1000$[kg/m³]，重力加速度 $g = 9.8$[m/s²]，

よって，圧力ヘッドは，

$$\frac{p}{\rho g} = \frac{196 \times 10^3}{1000 \times 9.8}$$

$$= \mathbf{20[m]}$$

**【10】** ①水撃作用（または，ウォータハンマ）②ベルヌーイ　③大気圧　④サイクル　⑤ベーパロック

## ■ポンプ

**【11】** 水の密度 $\rho = 1000$[kg/m³]，重力加速度 $g = 9.8$[m/s²]，全揚程 $H = 27$[ m ]，

よって，

吐出し量 $Q = 6.6[\text{m}^3/\text{min}]$

$$= 6.6 \times \frac{1}{60}[\text{m}^3/\text{s}]$$

$$= 0.11[\text{m}^3/\text{s}] \text{ だから，}$$

水動力は，$P_w = \rho gQH[\text{W}]$

$$= 1000 \times 9.8 \times 0.11 \times 27$$

$$= 29106[\text{W}]$$

$$= \mathbf{29.1[kW]}$$

ポンプ効率 $\eta = \dfrac{P_w}{P_e} \times 100 = 80[\%]$，

よって，

軸動力 $P_e = \dfrac{P_w}{\eta} \times 100$

$$= \frac{29.1}{80} \times 100$$

$$= \mathbf{36.4[kW]}$$

### ■内燃機関

**【12】** ①速度　　②クランク軸　　③熱力学の第 1　　④熱力学の第 2　　⑤ 1　　⑥掃気

P.94

**【13】** シリンダ内径 $D = 38[\text{mm}]$，行程 $s = 44$[mm]

よって，

排気量 $V_s = \dfrac{\pi D^2}{4} s$

$$= \frac{3.14 \times 38^2}{4} \times 44$$

$$= 49876[\text{mm}^3]$$

$$= \mathbf{49.9[cm^3]}$$

**【14】** ガソリン機関は火花点火方式である。燃料はガソリンを使う。最高回転速度が高く，総排気量あたりの比出力が大きい。機関重量が軽い。振動・騒音が少ない。ディーゼル機関は圧縮点火方式である。燃料は軽油や重油を使う。燃料費が安い。熱効率が高く，燃料消費率が小さい。高圧の燃料噴射ポンプや噴射弁が必要。低速トルクがあり，回転速度に対するトルク変動が少ない。

**【15】** インジケータ線図（または，指圧線図）

**【16】** 図示出力 $P_i = 60[\text{kW}]$，機械効率 $\eta_m = 0.82$，

よって，

軸出力 $P_e = \eta_m Pi$

$$= 0.82 \times 60$$

$$= \mathbf{49.2[kW]}$$

**【17】** $D = 75[\text{mm}]$，$s = 80[\text{mm}]$，気筒数 $z = 4$，よって，

総排気量 $V = \dfrac{\pi D^2 s}{4} \times z$

$$= \frac{3.14 \times 75^2 \times 80}{4} \times 4$$

$$= 1413000[\text{mm}^3]$$

$$= \mathbf{1.413[L]}$$

P.95

**【18】** 軸出力 $P_e$：②　　軸トルク $T_e$：①　　燃料消費率 $b$：③

**【19】** 総排気量 $V = 657[\text{cm}^3]$，気筒数 $z = 3$，よって，

排気量（行程容積）$V_s = \dfrac{V}{z}$

$$= \frac{657}{3}$$

$$= 219[\text{cm}^3]$$

圧縮比 $\varepsilon = 10.2$，すきま容積を $V_c[\text{cm}^3]$ とすれば，

$\varepsilon = \dfrac{V_s + V_c}{V_c} = \dfrac{V_s}{V_c} + 1$ より式変形して，

$\varepsilon - 1 = \dfrac{V_s}{V_c}$，

したがって，

すきま容積 $V_c = \dfrac{V_s}{\varepsilon - 1}$

$$= \frac{219}{10.2 - 1}$$

$$= \mathbf{23.8[cm^3]}$$

**【20】** ①一酸化炭素（CO）　　②炭化水素（HC）③窒素酸化物（NO$_x$）　　④熱効率　　⑤オクタン価　　⑥セタン価　　⑦空気　　⑧燃料　　⑨高温（高圧）　　⑩高圧（高温）

P.96

**【21】** ① f　　② g　　③ k　　④ p　　⑤ m　　⑥ j　　⑦ l

**【22】** ①圧縮天然ガス　　②圧力　　③体積

④温度　　⑤比エントロピー（または，エントロピー）　　⑥比熱

## ■ボ　イ　ラ

P.97 ―――――
【23】　①火炉　　②エコノマイザ　　③空気予熱器　　④飽和蒸気　　⑤予熱　　⑥丸ボイラ　⑦ボイラ胴　　⑧水管　　⑨貫流

【24】　自然循環ボイラは，ボイラ水を加熱で生ずる比重差により自然対流により循環させる。曲管式水管ボイラ・放射ボイラがある。強制循環ボイラは，ポンプで強制的にボイラ水を循環させる。水管を細く薄くできるので，軽量・コンパクト化が可能。

【25】　①飽和蒸気　　②過熱蒸気　　③プライミング　　④キャリオーバ

## ■冷凍装置

P.98 ―――――
【26】　低温の熱源で吸収した熱エネルギーを，高温の熱源へ移動して暖房などの熱エネルギーとして利用できるようにした装置。

【27】　蒸気圧縮冷凍機では，冷媒が圧縮・凝縮・膨張・蒸発の冷凍サイクルを行う。空調用・冷凍・冷蔵用の冷凍機に使用される。圧縮機駆動方式は電動機駆動とエンジン駆動がある。吸収冷凍機では，冷媒が蒸発・吸収・再生・凝縮の冷凍サイクルを行う。圧縮機が不要で可動部分が少なく，蒸気圧縮冷凍機にくらべて運転時の騒音や振動が少ない。水の気化熱を利用して冷水を作る装置である。

【28】　①冷媒　　②冷凍サイクル　　③圧縮機　④凝縮器　　⑤ブライン

## ■総　　合

P.99 ―――――
【29】　(1) 1000　　(2) $10^6$　　(3) 9.8　　(4) 0.2　(5) 58.8

【30】　(1)加速度　　(2)比熱　　(3)流量　　(4)仕事　　(5)比体積　　(6)密度　　(7)圧力　　(8)速度

【31】　①ベンチュリ　　②連鎖反応　　③電動機（モータ）　　④臨界　　⑤蒸発潜熱　　⑥ポリトロープ　　⑦硫黄酸化物（$SO_x$）　　⑧二酸化炭素（$CO_2$）

P.100 ―――――
【32】　(1)－○　　(2)－×（正解は「燃料と酸化剤」）(3)－○　　(4)－○　　(5)－×（正解は「373.15K」）(6)－×（正解は「24時間で0℃の氷」）

【33】　(1)－○　　(2)－×（正解は「完全燃焼する混合割合」）　(3)－○　　(4)－○　　(5)－×（正解は「引火点」）　(6)－×（正解は「日本のホンダ車のエンジン」）　(7)－○

# 4　機械製図

## ■回転体・展開図・断面

P.107 ―――――
【1】　④

【2】　①リブ　　②歯車の歯　　③アーム　　④キー⑤止めねじ　　⑥軸　　⑦軸受の鋼球　　⑧テーパピン⑨ナット　　⑩ボルト

P.108 ―――――
【3】　③

## ■寸法・製図記号

【4】　③

【5】　(1)半径8ミリ　　(2)直径5ミリのドリル穴(3)加工不要な面を示す　　(4)直径20の穴で寸法公差がH7　　(5)1ミリの45°面取り　　(6)外径12ミリ，ピッチ1.25のメートル細目ねじ　　(7)ねずみ鋳鉄で引張強さ200MPa　　(8)管用平行ねじ　　(9)13個の直径20ミリのドリル穴　　⑽表面粗さの最大高さ

P.109 ―――――
【6】　(ウ)－(オ)－(イ)－(エ)－(キ)－(ア)－(ク)－(カ)

## ■はめあい・面の指示記号

【7】　①－(ウ)　　②－(イ)　　③－(ア)

P.110 ―――――
【8】

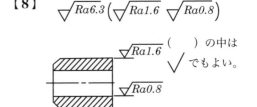

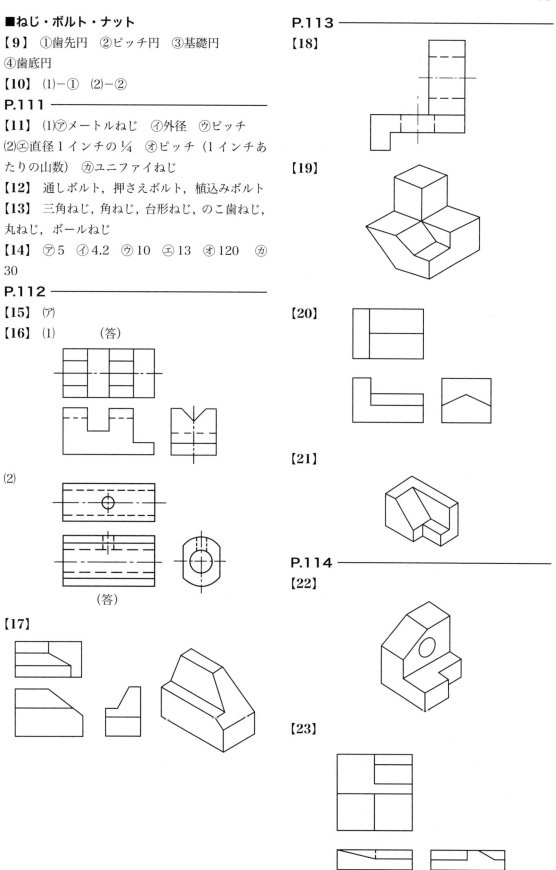

■ねじ・ボルト・ナット

【9】 ①歯先円 ②ピッチ円 ③基礎円
④歯底円

【10】 (1)-① (2)-②

P.111 ─────────────────

【11】 (1)⑦メートルねじ ④外径 ⑦ピッチ
(2)①直径1インチの¼ ②ピッチ（1インチあ
たりの山数） ⑦ユニファイねじ

【12】 通しボルト，押さえボルト，植込みボルト

【13】 三角ねじ，角ねじ，台形ねじ，のこ歯ねじ，
丸ねじ，ボールねじ

【14】 ⑦5 ④4.2 ⑦10 ①13 ②120 ⑦
30

P.112 ─────────────────

【15】 (⑦)

【16】 (1)　　　　　（答）

(2)

（答）

【17】

P.113 ─────────────────

【18】

【19】

【20】

【21】

P.114 ─────────────────

【22】

【23】

【24】

【25】

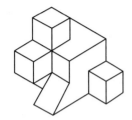

体積$V=2^3+3\times1^3+0.5\times1^3=$**11.5cm$^3$**

P.115 ————————————

【26】 (1)—× (2)—○ (3)—○ (4)—○ (5)—×

【27】 (1)—イ (2)—ウ (3)—ア

【28】

P.116 ————————————

【29】 ①算術 ②ハッチング ③等角図 ④斜投影図 ⑤インボリュート ⑥サイクロイド ⑦軸継手 ⑧ころがり ⑨スラスト ⑩I ⑪$\dfrac{B-A}{C}$ ⑫II ⑬$\dfrac{y-x}{z}$ ⑭すきまばめ ⑮モジュール ⑯ユニバーサルジョイント

P.117 ————————————

【30】 ①つる巻線 ②おねじ ③30 ④120 ⑤60 ⑥55 ⑦カッコ ⑧フライス ⑨G ⑩メートル ⑪メートル台形 ⑫2 ⑬スマッジング ⑭25 ⑮1:2 ⑯5:1 ⑰断面 ⑱しまり ⑲幾何

## 5 電気・情報技術・計測制御

■直流回路

P.125 ————————————

【1】 (1)$R_{cd}=\dfrac{1}{\dfrac{1}{6}+\dfrac{1}{12}}=4[\Omega]$,

$R_{ce}=4+12=16[\Omega]$,

$R_{ab}=\dfrac{1}{\dfrac{1}{16}+\dfrac{1}{16}}=\mathbf{8[\Omega]}$,

(2)問題の図は下図のように書きかえられる。

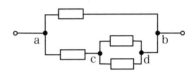

$R_{cd}=\dfrac{1}{\dfrac{1}{150}+\dfrac{1}{150}}=75[\Omega]$,

$R_{ad}=125+75=200[\Omega]$,

$R_{ab}=\dfrac{1}{\dfrac{1}{200}+\dfrac{1}{200}}=\mathbf{100[\Omega]}$,

【2】 合成抵抗 $R_0=9+\dfrac{1}{\dfrac{1}{10}+\dfrac{1}{15}}=9+6$

$=15[\Omega]$, $I=\dfrac{V}{R_0}=\dfrac{15}{15}=\mathbf{1[A]}$, $I_1=1\times\dfrac{15}{10+15}=\mathbf{0.6[A]}$, $I_2=1\times\dfrac{10}{10+15}=\mathbf{0.4[A]}$

【3】

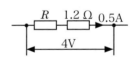

$V=RI$ より, $4=(R+1.2)\times0.5$

$\therefore R=\dfrac{4}{0.5}-1.2=\mathbf{6.8[\Omega]}$

【4】

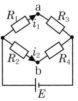

検流計 G に電流が流れないとき, aとbの電位は等しいから,

$\begin{cases}R_1i_1=R_2i_2\cdots\cdots① \\ R_3i_1=R_4i_2\cdots\cdots②\end{cases}$

①÷②により $i_1$, $i_2$ を消去すると, $\dfrac{R_1}{R_3}=\dfrac{R_2}{R_4}$

$\therefore R_1R_4=R_2R_3$ より, ⑤

**P.126** ─────────────────

【5】 $R_1 = \rho \dfrac{l_1}{A_1}$ とする。

$R_2 = \rho \dfrac{2l_1}{A_1 \times 2^2} = \dfrac{1}{2}\rho \dfrac{l_1}{A_1} = \dfrac{1}{2}R_1 = \dfrac{1}{2} \times 2 = 1[\Omega]$

■電力，電流の熱作用

【6】 電力 $P = VI = 100 \times 5 = 500[\text{W}]$

【7】 電力量 $W = Pt = 1.2 \times \dfrac{15}{60} = 0.3[\text{kWh}]$

発生熱量 $Q = 0.3 \times 3600 = 1080[\text{kJ}]$

■静電容量

【8】 (1) $C = \dfrac{1}{\dfrac{1}{2}+\dfrac{1}{3}} = 1.2[\mu\text{F}]$

(2) $C = 8 + 16 = 24[\mu\text{F}]$

**P.127** ─────────────────

【9】 $Q = CV$ より，$Q_A = 4 \times 100 = 400[\mu\text{C}]$

$Q_B = 8 \times 100 = 800[\mu\text{C}]$

■交流回路

【10】 $N_S = \dfrac{120f}{P} = \dfrac{120 \times 50}{6} = 1000[\text{rpm}]$

【11】 (1) $\dfrac{E_1}{E_2} = a$ だから，$\dfrac{2000}{E_2} = 40$

∴ $E_2 = 50[\text{V}]$

(2)二次電流 $I_2$ を求める。抵抗負荷だから，

$P = VI$ ∴ $I_2 = \dfrac{P}{V} = \dfrac{2000}{50} = 40[\text{A}]$

一次電流を求める。$\dfrac{I_2}{I_1} = a$ だから，$\dfrac{40}{I_1} = 40$

∴ $I_1 = \dfrac{40}{40} = 1[\text{A}]$

【12】 (1)－カ (2)－ケ (3)－ウ (4)－コ (5)－キ (6)－エ (7)－イ (8)－ク (9)－ア (10)－オ

**P.128** ─────────────────

【13】 ①直巻 ②分巻 ③オーム ④クーロン ⑤電磁誘導

【14】 コレクタ電流は，$I_c = 10 \times 200 = 2000$ $[\mu\text{A}] = 2[\text{mA}]$

■情報技術基礎

【15】 (1) $2^4 + 2^2 + 2^0 = 21$

(2) $2^6 + 2^5 + 2^4 + 2^3 = 120$

(3) $2^7 + 2^4 + 2^2 + 2^1 = 150$

**P.129** ─────────────────

【16】 注：添え字 (2) は 2 進数を表す。

(1)　　　　余り

```
2 ) 11
2 )  5 …1  ↑
2 )  2 …1
2 )  1 …0
     0 …1
```
$11 = 1011_{(2)}$

(2)　　　　余り
```
2 ) 28
2 ) 14 …0  ↑
2 )  7 …0
2 )  3 …1
2 )  1 …1
     0 …1
```
$28 = 11100_{(2)}$

(3)　　　　余り
```
2 ) 42
2 ) 21 …0  ↑
2 ) 10 …1
2 )  5 …0
2 )  2 …1
2 )  1 …0
     0 …1
```
$42 = 101010_{(2)}$

【17】

(1)
```
        1 …桁上り
    ─────────
     1001
  +) 0101
  ─────────
     1110
```

(2)
```
       11 …桁上り
    ─────────
     0111
  +) 0011
  ─────────
     1010
```

(3)
```
     1101
  −) 0100
  ─────────
     1001
```

(4)
```
       22 …借り
    ─────────
       00
     1101
  −) 0110
  ─────────
     0111
```

【18】 注：添え字 (16) は 16 進数を表す。

① $1100101_{(2)} = 2^6 + 2^5 + 2^2 + 2^0 = 64 + 32 + 4 + 1 = 101$

**18**

② $\underset{6}{\underline{110}}\,\underset{5}{\underline{0101}}$ $_{(2)}=65$ $_{(16)}$

③ 余り　　④ $\underset{4}{\underline{100}}\,\underset{2}{\underline{0010}}$ $_{(2)}=42$ $_{(16)}$

```
2 ) 66
2 ) 33 …0  ↑
2 ) 16 …1  |
2 )  8 …0  |
2 )  4 …0  |
2 )  2 …0  |
2 )  1 …0  |
     0 …1  |
```

$66 = 100\,0010_{(2)}$

⑤ $1A_{(16)} = 0001\,1010_{(2)}$

⑥ $0001\,1010_{(2)} = 2^4+2^3+2^1=16+8+2=26$

以上の結果を表にまとめる。

| 2進数 | 10進数 | 16進数 |
|---|---|---|
| 110 0101 | ① 101 | ② 65 |
| ③ 100 0010 | 66 | ④ 42 |
| ⑤　1 1010 | ⑥ 26 | 1A |

【19】

```
      余り              余り
2 ) 29            2 ) 12
2 ) 14 …1  ↑      2 )  6 …0  ↑
2 )  7 …0  |      2 )  3 …0  |
2 )  3 …1  |      2 )  1 …1  |
2 )  1 …1  |           0 …1  |
     0 …1  |
                  12 = 1100 (2)
  29 = 11101 (2)
```

```
              11      …桁上り
              ─────
              11101
   29 ──→
  +) 12 ──→  +)  1100
              ──────
             101001
```

【20】　(1)コンピュータを構成している本体，周辺装置，器具などをハードウェア（金物という意味）という。　(2)コンピュータのプログラムなどの利用技術をソフトウェアという。　(3)ハードウェアを制御するために常時必要とするプログラムを ROM などに書き込み，機器に組み込んだものをファームウェアという。

【21】　①直列（シリアル）方式　②並列（パラレル）方式　③RAM（random access memory）

④ROM（read only memory）

P.130 ─────

【22】　(1)－イ－a　(2)－ウ－c　(3)－ア－b

【23】　$0+0=0,\ 0+1=1,\ 1+0=1,\ 1+1=1$

【24】　$(1)X=A+\bar{A}+A=(A+\bar{A})+A=1+A=1$

$(2)X=A\cdot A+A=(A\cdot A)+A=A+A=A$

【25】　論理式 $F=A\cdot\bar{B}$

| 入力 | | | 出力 |
|---|---|---|---|
| $A$ | $B$ | $C$ | $F$ |
| 0 | 0 | 1 | 0 |
| 0 | 1 | 0 | 0 |
| 1 | 0 | 1 | 1 |
| 1 | 1 | 0 | 0 |

【26】　(1)① $\bar{A}\cdot B$　② $A\cdot\bar{B}$　③ $\bar{A}\cdot B+A\cdot\bar{B}$

④ $A\cdot B$

(2)

| 入力 | | | | 出力 | |
|---|---|---|---|---|---|
| $A$ | $B$ | ① | ② | $S$ | $C$ |
| 0 | 0 | 0 | 0 | 0 | 0 |
| 0 | 1 | 1 | 0 | 1 | 0 |
| 1 | 0 | 0 | 1 | 1 | 0 |
| 1 | 1 | 0 | 0 | 0 | 1 |

P.131 ─────

【27】　①－イ　②－オ　③－ウ

■自動制御

【28】　(1)－A　(2)－A　(3)－A　(4)－B　(5)－B　(6)－B　(7)－B　(8)－A　(9)－B　⑽－A

P.132 ─────

【29】　測定値の読み取りが速く，読み取りの個人差がなく，読み取り精度の切換えもできる利点がある。

【30】　(1)－エ　(2)－ア　(3)－オ　(4)－イ　(5)－ウ

■計　　測

【31】　(1)4けた　(2)3けた　(3)3けた　(4)4けた

P.133 ─────

【32】　① 0.01　② 0.05　③限界　④ラチェットストップ　⑤てこ　⑥ブロック　⑦リンギング

【33】　(1)－d　(2)－f　(3)－a　(4)－b　(5)－e　(6)－c

【34】　(1)－c　(2)－e　(3)－a　(4)－b　(5)－h　(6)－d　(7)－i　(8)－f　(9)－g　⑽－j

P.134 ─────

【35】 (1)－f (2)－h (3)－g (4)－a (5)－c
(6)－b (7)－e (8)－i (9)－j (10)－d

■総　合
【36】 (1)－○ (2)－○ (3)－× (4)－○ (5)－
○ (6)－×

**P.135** ─────────────────

【37】 (1)－○ (2)－○ (3)－× (4)－○ (5)－
○

【38】 (1)－カ (2)－エ (3)－ク (4)－ア (5)－
キ (6)－イ (7)－オ (8)－ウ

# 一般教科

## 1　数　学

### ■数と式の計算

**p.142**

**【1】** (1) 8　(2) $\dfrac{14}{15}$　(3) $\dfrac{1}{12}+\dfrac{10}{3}-\dfrac{1}{4}=\dfrac{38}{12}=\dfrac{19}{6}$

(4) $\dfrac{6}{25}$　(5) $9-4\sqrt{2}$　(6) $9\sqrt{6}$　(7) $57-12\sqrt{15}$

(8) $\sqrt{3}$　(9) $-\dfrac{1}{8}x^6y^3\times\dfrac{16}{x^4y^2}\times3xy^2=-6x^3y^3$

(10) $\dfrac{x+2}{x(x-1)}+\dfrac{2x+1}{(x-1)(x-2)}-\dfrac{x-3}{x(x-2)}$

$=\dfrac{(x+2)(x-2)}{x(x-1)(x-2)}+\dfrac{(2x+1)x}{x(x-1)(x-2)}-\dfrac{(x-3)(x-1)}{x(x-1)(x-2)}$

$=\dfrac{2x^2+5x-7}{x(x-1)(x-2)}=\dfrac{(x-1)(2x+7)}{x(x-1)(x-2)}=\dfrac{2x+7}{x(x-2)}$

**【2】**

$$
\begin{array}{r}
\boxed{4}\,1\,\boxed{5} \\
\times\ 3\,\boxed{8}\,2 \\
\hline
\boxed{8}\,3\,\boxed{0} \\
3\,\boxed{3}\,2\,\boxed{0}\phantom{0} \\
\boxed{1}\,2\,\boxed{4}\,5\phantom{00} \\
\hline
1\,\boxed{5}\,8\,\boxed{5}\,3\,0
\end{array}
$$

**p.143**

**【3】** $2^3\times1+2^2\times1+2^1\times0+2^0\times1=13$

**【4】** (1) $\sqrt{11+6\sqrt{2}}=\sqrt{11+2\sqrt{18}}=\sqrt{9+2+2\sqrt{9}\sqrt{2}}$
$=\sqrt{9}+\sqrt{2}=3+\sqrt{2}$

(2) $\dfrac{i-1}{2-3i}=\dfrac{(-1+i)(2+3i)}{(2-3i)(2+3i)}=\dfrac{-2-3-i}{4+9}=\dfrac{-5-i}{13}$

(3) $\dfrac{t-1}{t-\dfrac{2}{t+1}}=\dfrac{(t-1)(t+1)}{t(t+1)-2}=\dfrac{(t-1)(t+1)}{(t+2)(t-1)}=\dfrac{t+1}{t+2}$

(4) $3x^2-2y$

(5) $\dfrac{(c+a)(c-a)+(a+b)(a-b)+(b+c)(b-c)}{(a-b)(b-c)(c-a)}$

$=\dfrac{c^2-a^2+a^2-b^2+b^2-c^2}{(a-b)(b-c)(c-a)}=0$

**【5】** (1) $\dfrac{x}{3}=\dfrac{y}{4}=k$ とおくと，$x=3k$, $y=4k$

$\dfrac{x^2-y^2}{x^2+y^2}=\dfrac{(3k)^2-(4k)^2}{(3k)^2+(4k)^2}=-\dfrac{7}{25}$

### ■因数分解

**【6】** (1) $x^2(a-1)-(a-1)=(x^2-1)(a-1)$
$=(x+1)(x-1)(a-1)$

(2) $a(x-y)-b(x-y)=(a-b)(x-y)$

(3) $(a-3b)^2$　(4) $(2x+1)(2x-1)$

(5) $(2x-1)(x+3)$　(6) $(3x-5y)(x+4y)$

(7) $(a+b)(a+2b)+c(a+b)=(a+b)(a+2b+c)$

(8) $(x-2)(x^2+7x+12)=(x-2)(x+3)(x+4)$

(9) $(2x)^3+(3y)^3=(2x+3y)(4x^2-6xy+9y^2)$

(10) $2x^2+x-5xy-(3y^2-11y+6)$
$=2x^2+x(1-5y)-(3y-2)(y-3)$
$=\{2x+(y-3)\}\{x-(3y-2)\}=(2x+y-3)(x-3y+2)$

### ■方　程　式

**p.144**

**【7】**　各設問の方程式の上から①，②，③式とする。

(1) ②－①より，$4x=16$　$\therefore x=4$　①×3－②
より，$6y=6$　$\therefore y=1$

(2) ①－②より $2y=-5$　$\therefore y=-\dfrac{5}{2}$

②＋③より $2x=17$　$\therefore x=\dfrac{17}{2}$

これらを①に代入して，

$z=2-x-y=2-\dfrac{17}{2}+\dfrac{5}{2}=-4$

よって $x=\dfrac{17}{2}$, $y=-\dfrac{5}{2}$, $z=-4$

(3) ①より $y=3-x$　これを①'とする。①'を②
に代入して，$x^2+(3-x)^2=17$　　$x^2-3x-4=0$
$(x+1)(x-4)=0$　$x=-1, 4$
$x=-1$ を①'に代入して $y=4$

$x=4$を①'に代入して$y=-1$

$\therefore x=-1,\ y=4$ と $x=4,\ y=-1$

(4) $\dfrac{1}{x}=X,\ \dfrac{1}{y}=Y$とおくと，①は$5X+3Y=2\cdots$①'

②は$15X+6Y=3\cdots$②'

②'－①'×2より，

$X=-\dfrac{1}{5}$

①'×3－②'より，$Y=1$ $\therefore x=-5,\ y=1$

(5) 両辺を2乗すると，$x^2-10x+25=x-5$

$x^2-11x+30=0$ $(x-5)(x-6)=0$ $\therefore x=5,\ 6$

（これらは与式の条件を満たす）

【8】 (1) $\alpha+\beta=-\dfrac{b}{a}=-\dfrac{-5}{3}=\dfrac{5}{3}$ (2) $\alpha\beta=\dfrac{c}{a}=\dfrac{1}{3}$

(3) $\alpha^2+\beta^2=(\alpha+\beta)^2-2\alpha\beta=\left(\dfrac{5}{3}\right)^2-2\times\dfrac{1}{3}=\dfrac{19}{9}$

(4) $\alpha^3+\beta^3=(\alpha+\beta)(\alpha^2-\alpha\beta+\beta^2)=\dfrac{5}{3}\times$

$\left(\dfrac{19}{9}-\dfrac{1}{3}\right)=\dfrac{80}{27}$

【9】 AB間の距離を$x$kmとすると，$\dfrac{x}{5}+\dfrac{x}{3}=4$

この方程式を解いて，$x=7.5$ $\therefore$ 7.5km

**p.145** ————————————

【10】 全体の仕事量を$k$，Cの仕事日数を$x$日と

すると，$\dfrac{k}{30}\times8+\dfrac{k}{20}\times8+\dfrac{k}{15}\times x=k$ この方

程式を解いて，$x=5$ $\therefore$ 5日

【11】 子どもの人数を$x$人，柿の個数を$y$個とする。

$5x+10=y\cdots$①，$7x-2=y\cdots$② ①，②より，

$5x+10=7x-2$ $\therefore x=6$ これを①に代入して

$y=40$ 子供の人数6人，柿の個数40個

【12】 前日のA部品の売上げ個数を$x$個，B部品

を$y$個とする。$x+y=820\cdots\cdots$①，$0.08x+0.1y=$

$72\cdots\cdots$② ①×0.1－②より，$0.02x=10$ $\therefore x$

$=500$ これを①に代入して，$y=320$ $\therefore$今日の

A部品の売上げ個数は$500\times1.08=540$個，B部品

は$320\times1.1=352$個

【13】 道路の幅を$x$mとする。全体の面積＝道路

の面積＋斜線部の面積から，$40\times50=2x(40-x)$

$+50x+252\times6,\ 2x^2-130x+2000-1512=0,$

$x^2-65x+244=0$この方程式を解いて，

$(x-61)(x-4)=0$ $x=4,\ 61$ $x=61$は題意に

適さない。

$\therefore$ 4m

【14】 短辺の長さを$x$cmとすると，長辺の長さ

は$(x+5)$cmとなる。また容器の展開図は次図の

ようになる。

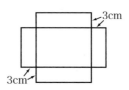

容器の短辺は$(x-6)$cm，長辺は$(x+5-6)=(x$

$-1)$cm，高さは3cmであるから，容積は$3(x-6)$

$(x-1)=72$ $x^2-7x-18=0$ $(x-9)(x+2)=$

$0$ $x=9,\ -2$ $x=-2$は題意に適さないので，$x$

$=9$ $\therefore$短辺9cm，長辺14cm

## ■不 等 式

【15】 (1) $x>-1$ (2) $x>6$

(3) $-7<2x+5<7$ $\therefore -6<x<1$

(4) $D>0$で，$2x^2+4x-1=0$の2つの実数解は，

$\dfrac{-2\pm\sqrt{6}}{2}$である。$\therefore x<\dfrac{-2-\sqrt{6}}{2},\ \dfrac{-2+\sqrt{6}}{2}<x$

(5) $D>0$で，$4x^2+4x-3=0$の2つの実数解は，

$x=-\dfrac{3}{2},\ \dfrac{1}{2}$である。$\therefore x\leqq-\dfrac{3}{2},\ \dfrac{1}{2}\leqq x$

(6) $-4\leqq x<-1,\ 1\leqq x$

(7) まず，根号内が負とならないために$x+1\geqq0$

$\therefore x\geqq-1$

また$\sqrt{x+1}\geqq0$であるから，$3-x>0$

$\therefore -1\leqq x<3\cdots$①

①の範囲で両辺は負でないから平方して

$x+1<x^2-6x+9$ $\therefore x^2-7x+8>0$

$\therefore x<\dfrac{7-\sqrt{17}}{2},\ \dfrac{7+\sqrt{17}}{2}<x$

①の範囲から，$-1\leqq x<\dfrac{7-\sqrt{17}}{2}$

(8) ①式から$2<x$ ②式から$x<3$。これらの共通

部分は$2<x<3$ (9) ①式から$2<x<5$ ②式か

ら$x<-1,\ 4<x$ これらの共通部分は$4<x<5$

(10) $x$の範囲によって，$x+2$，$x-1$，$x-4$の符号を調べると次のようになる。

| $x$ | $\sim$ | $-2$ | $\sim$ | $1$ | $\sim$ | $4$ | $\sim$ |
|---|---|---|---|---|---|---|---|
| $x+2$ | | $-$ | | $+$ | | $+$ | $+$ |
| $x-1$ | | $-$ | | $-$ | | $+$ | $+$ |
| $x-4$ | | $-$ | | $-$ | | $-$ | $+$ |
| 左辺 | | $-$ | | $+$ | | $-$ | $+$ |

よって求める$x$の範囲は$-2<x<1$，$4<x$

p.146 ────────────

■**関数とグラフ**

【16】 (1)$y=3x-6$　(2)$y=-\dfrac{2}{3}x+\dfrac{23}{3}$

(3)傾きが$\dfrac{1}{3}$の直線に平行な直線の傾きは$\dfrac{1}{3}$

$\therefore y-1=\dfrac{1}{3}(x-2)$ より $y=\dfrac{1}{3}x+\dfrac{1}{3}$

(4)傾きが2の直線に垂直な直線の傾きは$-\dfrac{1}{2}$

$\therefore y-1=-\dfrac{1}{2}(x+2)$ より $y=-\dfrac{1}{2}x$

【17】 (1)$y=-3$

(2)$y-9=\dfrac{9-0}{0-3}(x-0)$ より $y=-3x+9$

(3)$y-9=\dfrac{9-0}{0-(-6)}(x-0)$ より $y=\dfrac{3}{2}x+9$

(4)(2)で求めた式に$y=-3$を代入，$x=4$

　$\therefore(4,\ -3)$

(5)(3)で求めた式に$y=-3$を代入，$x=-8$

　$\therefore(-8,\ -3)$

(6)PRの長さは$4-(-8)=12$　PRを底辺とする高さは，$9-(-3)=12$

　$\therefore$面積は$\dfrac{12\times12}{2}=72$

【18】 (1)$y=0$のときの$x$を求める。$2x^2+5x-3$

$=0$を解くと$x=-3,\dfrac{1}{2}$　$\therefore(-3,0)$，$(\dfrac{1}{2},0)$

(2)$y=2x^2+5x-3$と$y=x+3$について連立方程式を解く。$(x-1)(x+3)=0$　$x=1$，$-3$　$x=1$のとき$y=4$，$x=-3$のとき$y=0$　$\therefore(1,4),(-3,0)$

p.147 ────────────

【19】 (1)$y=2x^2-4x-1=2(x-1)^2-3$

$\therefore(1,\ -3)$

(2)$x$，$y$ともに符号を変えると，

$-y=2(-x-1)^2-3$

　$\therefore y=-2(x+1)^2+3$

(3)$y+3=2(x-4-1)^2-3$

　$\therefore y=2(x-5)^2-6$

【20】 (1)頂点が$(-1,\ -2)$であるから，求める2次関数は，$y=a(x+1)^2-2$とおける。$(-2,\ 1)$を通るから，$1=a(-2+1)^2-2$　$\therefore a=3$　したがって，$y=3(x+1)^2-2=3x^2+6x+1$

(2)求める2次関数を$y=ax^2+bx+c$とおく。3点$(0,\ 1)$，$(1,\ 0)$，$(-1,\ 6)$を通るから，

$1=c\cdots\cdots$①，$0=a+b+c\cdots\cdots$②，$6=a-b+c$

$\cdots\cdots$③　連立して解くと，$a=2$，$b=-3$，$c=1$

$\therefore\ y=2x^2-3x+1$

【21】 (1)$y=2+x-x^2$のグラフは，図のようになるから，面積$S$は，

$S=\displaystyle\int_{-1}^{2}(2+x-x^2)\,dx=\left[2x+\dfrac{x^2}{2}-\dfrac{x^3}{3}\right]_{-1}^{2}=\dfrac{9}{2}$

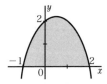

(2) $y=2(x-2)(x-1)=2x^2-6x+4$のグラフは，図のようになるから，面積$S$は，

$S=-\displaystyle\int_{1}^{2}(2x^2-6x+4)\,dx$

$=-\left[\dfrac{2}{3}x^3-3x^2+4x\right]_{1}^{2}$

$=\dfrac{1}{3}$

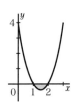

(3) $y=x^3-2x^2-x+2$のグラフは図のように，$x$軸と$-1$，1，2で交わる曲線であるから，求める面積$S$は，

$S=\displaystyle\int_{-1}^{1}(x^3-2x^2-x+2)\,dx-\int_{1}^{2}(x^3-2x^2-x+2)\,dx$

$=\left[\dfrac{x^4}{4}-\dfrac{2}{3}x^3-\dfrac{x^2}{2}+2x\right]_{-1}^{1}$

$-\left[\dfrac{x^4}{4}-\dfrac{2}{3}x^3-\dfrac{x^2}{2}+2x\right]_{1}^{2}$

$$= \frac{8}{3} + \frac{5}{12} = \frac{37}{12}$$

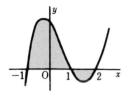

**【22】** (1) $y = ax^2 + bx + 2a^2$ に, $x=1$, $y=1$ を代入する。また, $y' = 2ax + b$ に, $x=1$, $y'=0$ を代入する。$1 = a+b+2a^2$ ……①, $0 = 2a+b$ ……②の連立方程式を解く。$a=1, -\frac{1}{2}$ 最大値をもつことから $a<0$ ∴$a = -\frac{1}{2}$, これを②に代入して, $b=1$

(2) $y = -\frac{1}{2}x^2 + x + \frac{1}{2}$ となり, グラフは図のようになる。

最小値($x=4$のとき)$y = -\frac{7}{2}$,

最大値($x=2$のとき)$y = \frac{1}{2}$

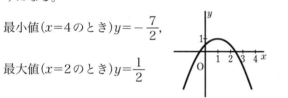

**【23】** 微分して $y' = 6x^2 + 6x - 12$ $y'=0$ より, $6(x+2)(x-1) = 0$ ∴$x = -2, 1$
増減表をかく。$y = 2x^3 + 3x^2 - 12x + 1$ において, $x = -2$ のとき, 極大値 $y = 21$, $x = 1$ のとき, 極小値 $y = -6$

| $x$ | $\cdots$ | $-2$ | $\cdots$ | $1$ | $\cdots$ |
|---|---|---|---|---|---|
| $y'$ | $+$ | $0$ | $-$ | $0$ | $+$ |
| $y$ | $\nearrow$ | $21$ | $\searrow$ | $-6$ | $\nearrow$ |

**【24】** (1)$x^2 + y^2 = 1$ (2)(4, $-3$) と (0, 0) との距離(半径) は $\sqrt{(4-0)^2 + (-3-0)^2} = 5$ より, 求める式は. $(x-4)^2 + (y+3)^2 = 25$
(3)$(x+3)^2 + (y-2)^2 = 3$
(4)半径は $\sqrt{(3-5)^2 + (4-(-2))^2} \times \frac{1}{2} = \sqrt{10}$ 中心の座標は, $x = \frac{3+5}{2} = 4$, $y = \frac{4+(-2)}{2} = 1$ すなわち(4, 1)となる。よって求める円の方程式は

$(x-4)^2 + (y-1)^2 = 10$

p.148

**【25】** (1)直線の下側の領域であるので, $y \leqq -x$
(2)$x=1$ と $x^2 + y^2 - 2x = 0$ が境界線になっている。∴$(x-1)(x^2 + y^2 - 2x) < 0$

**【26】** (1)傾き$\frac{8}{3}$ $y$切片0 ∴$y = \frac{8}{3}x$

(2)中心(0, 0), 半径$\frac{3}{2}$の円∴$x^2 + y^2 = \frac{9}{4}$

(3)$y = \sqrt{x}$ (4)$y = \sin x$

**■三角関数**
**【27】** (1)1 (2)$\cos 135° = \cos(90° + 45°) = -\sin 45°$ $= -\frac{1}{\sqrt{2}}$ (3)$\sin 660° = \sin(360° + 300°) = -\sin 120°$ $= -\frac{\sqrt{3}}{2}$ (4)$\tan(-300°) = \tan 60° = \sqrt{3}$

(5)$\frac{1}{\sqrt{2}} \times \frac{1}{2} + \frac{1}{\sqrt{2}} \times \frac{\sqrt{3}}{2} = \frac{\sqrt{2} + \sqrt{6}}{4}$

p.149

**【28】** $\sin^2\theta + \cos^2\theta = 1$ から, $\cos^2\theta = 1 - \sin^2\theta$ $= 1 - \left(\frac{3}{5}\right)^2 = \frac{16}{25}$ $\theta$ は第1象限の角であるから, $\cos\theta > 0$

よって, $\cos\theta = \frac{4}{5}$

**【29】** $1 + \tan^2\theta = \frac{1}{\cos^2\theta}$ から,

$1 + \left(\frac{1}{2}\right)^2 = \frac{1}{\cos^2\theta}$ したがって, $\cos^2\theta = \frac{4}{5}$

$\theta$ は第1象限あるいは第3象限の角である。

$\cos\theta = \pm\frac{2}{\sqrt{5}}$ $\sin\theta = \cos\theta \times \tan\theta$

$\pm\frac{2}{\sqrt{5}} \times \frac{1}{2} = \pm\frac{1}{\sqrt{5}}$ $\sin\theta \times \cos\theta = \frac{1}{\sqrt{5}} \times \frac{2}{\sqrt{5}}$

$= \frac{2}{5}$, $\left(-\frac{1}{\sqrt{5}}\right) \times \left(-\frac{2}{\sqrt{5}}\right) = \frac{2}{5}$ どちらも同値となる。

**【30】** $(\sin\theta + \cos\theta)^2 = \sin^2\theta + 2\sin\theta\cos\theta + \cos^2\theta = 2$ $\sin^2\theta + \cos^2\theta = 1$ であるから,

$2\sin\theta\cos\theta+1=2$　$\therefore \sin\theta\times\cos\theta=\dfrac{1}{2}$

**【31】**　(1)加法定理の積和公式により，

$\dfrac{1}{2}\{\sin(75°+15°)-\sin(75°-15°)\}=\dfrac{1}{2}\left(1-\dfrac{\sqrt{3}}{2}\right)$

$=\dfrac{2-\sqrt{3}}{4}$　(2)和積公式により，

$-2\sin\dfrac{75°+15°}{2}\sin\dfrac{75°-15°}{2}=-2\times\dfrac{1}{\sqrt{2}}\times\dfrac{1}{2}$

$=-\dfrac{\sqrt{2}}{2}$

**【32】**　(1)$y=\sin\theta$のグラフを$y$軸方向に2倍に拡大したものである。$\therefore y=2\sin\theta$　(2)$y=\cos\theta$のグラフを横軸方向に$\dfrac{1}{2}$に縮小したものである。

$\therefore y=\cos 2\theta$

**【33】**　(1)$\dfrac{1}{2}$　(2)$-\dfrac{1}{2}$　(3)1

**【34】**　(1)$\cos 75°=\cos(45°+30°)=\cos 45°\cos 30°$

$-\sin 45°\sin 30°=\dfrac{1}{\sqrt{2}}\times\dfrac{\sqrt{3}}{2}-\dfrac{1}{\sqrt{2}}\times\dfrac{1}{2}=\dfrac{\sqrt{6}-\sqrt{2}}{4}$

(2)$\sin 15°=\sin(45°-30°)=\sin 45°\cos 30°$

$-\cos 45°\sin 30°=\dfrac{1}{\sqrt{2}}\times\dfrac{\sqrt{3}}{2}-\dfrac{1}{\sqrt{2}}\times\dfrac{1}{2}=\dfrac{\sqrt{6}-\sqrt{2}}{4}$

(3)$\tan 105°=\tan(60°+45°)=\dfrac{\tan 60°+\tan 45°}{1-\tan 60°\tan 45°}$

$=\dfrac{\sqrt{3}+1}{1-\sqrt{3}}=\dfrac{\left(1+\sqrt{3}\right)^2}{\left(1-\sqrt{3}\right)\left(1+\sqrt{3}\right)}=\dfrac{4+2\sqrt{3}}{1-3}=-2-\sqrt{3}$

**■数　　列**

p.150 ─────────────

**【35】**　(1)17　(2)$-\dfrac{1}{4}$　(3)9　(4)22　(5)4

**【36】**　初項を$a$，公差を$d$とすれば，一般項$a_n$は，$a_n=a+(n-1)d$

第4項が1であるから$1=a+3d$……①

第17項が40であるから$40=a+16d$……②

この2つを連立方程式として解くと，$a=-8$，$d=3$となる。よって第30項は，$a_{30}=-8+(30-1)\times 3=79$

**【37】**　初項3，公比2で，項数を$n$とすると，

$S_n=\dfrac{a(r^n-1)}{r-1}=\dfrac{3(2^n-1)}{2-1}=1533$　$2^n-1=511$

$2^n=512$　$\therefore n=9$　$\therefore$　9項目

**【38】**　(1)$\displaystyle\sum_{k=1}^{n}(5-6k)=5n-6\times\dfrac{n(n+1)}{2}=n(2-3n)$

(2)$\displaystyle\sum_{k=1}^{n}(3k^2-2k+5)=3\times\dfrac{n(n+1)(2n+1)}{6}-2\times$

$\dfrac{n(n+1)}{2}+5n=\dfrac{n(2n^2+n+9)}{2}$

**■ベクトル**

**【39】**　(1)$\overrightarrow{AB}+\overrightarrow{CD}=\overrightarrow{BC}$　$\therefore \overrightarrow{CD}=\overrightarrow{BC}-\overrightarrow{AB}=\vec{b}-\vec{a}$

(2)$\overrightarrow{CE}=\overrightarrow{CD}+\overrightarrow{DE}=\overrightarrow{CD}-\overrightarrow{AB}=\vec{b}-\vec{a}-\vec{a}=\vec{b}-2\vec{a}$

p.151 ─────────────

**【40】**　$\overrightarrow{OC}=k\overrightarrow{OA}+l\overrightarrow{OB}$

$6=2k-2l$……①，$17=-3k+l$……②

これを解いて，$k=-10$，$l=-13$

$\therefore \overrightarrow{OC}=-10\overrightarrow{OA}-13\overrightarrow{OB}$

**【41】**　(1)$\vec{a}\cdot\vec{b}=1(\sqrt{3}+1)+\sqrt{3}(\sqrt{3}-1)=4$

(2)$\cos\theta=\dfrac{\vec{a}\cdot\vec{b}}{|\vec{a}|\cdot|\vec{b}|}$

$=\dfrac{4}{\sqrt{1+\left(\sqrt{3}\right)^2}\sqrt{\left(\sqrt{3}+1\right)^2+\left(\sqrt{3}-1\right)^2}}=\dfrac{1}{\sqrt{2}}$，

かつ$0\leqq\theta\leqq\pi$　$\therefore \theta=\dfrac{\pi}{4}$

**■対数・行列・極限値**

**【42】**　(1)$-4$　(2)4　(3)与式$=\log_3\left(4-\sqrt{7}\right)\left(4+\sqrt{7}\right)$

$\log_3(16-7)=\log_3 9=2$

**【43】**　(1)0　(2)$\log_{10}6=\log_{10}2+\log_{10}3=0.3010+0.4771=0.7781$　(3)$\log_{10}8^2=\log_{10}2^6=6\times\log_{10}2=6\times 0.3010=1.8060$　(4)$\log_{10}0.2=\log_{10}2-\log_{10}10=0.3010-1=-0.6990$

**【44】**　$A^{-1}=\dfrac{1}{ad-bc}\begin{pmatrix}d & -b\\-c & a\end{pmatrix}$

$\dfrac{1}{1\times 4-2\times 3}\begin{pmatrix}4 & -2\\-3 & 1\end{pmatrix}=-\dfrac{1}{2}\begin{pmatrix}4 & -2\\-3 & 1\end{pmatrix}$

$$\begin{pmatrix} -2 & 1 \\ \dfrac{3}{2} & -\dfrac{1}{2} \end{pmatrix}$$

**p.152** ────────────

**【45】** (1) $\{2\times(-1)-1\}^2\times\{(-1)^2-(-1)+1\}=27$

(2) 与式$=\lim\limits_{x\to1}\dfrac{(x-1)(x^2+x+1)}{x-1}=\lim\limits_{x\to1}(x^2+x+1)=3$

(3) 与式$=\lim\limits_{x\to\infty}\dfrac{(x^2-4)-x^2}{\sqrt{x^2-4}+x}=\lim\limits_{x\to\infty}\dfrac{-4}{\sqrt{x^2-4}+x}=0$

**【46】** $x\to2$のとき，分母$\to0$，分子$\to0$になればよい。

$\lim\limits_{x\to2}(2x^2+ax+b)=8+2a+b=0$　　よって，

$b=-2a-8$……①

$\lim\limits_{x\to2}\dfrac{2x^2+ax+b}{x^2-x-2}=\lim\limits_{x\to2}\dfrac{2x^2+ax-2a-8}{x^2-x-2}$

$=\lim\limits_{x\to2}\dfrac{(x-2)(2x+a+4)}{(x+1)(x-2)}=\lim\limits_{x\to2}\dfrac{2x+a+4}{x+1}$

$=\dfrac{a+8}{3}$　　$\dfrac{a+8}{3}=\dfrac{5}{3}$より$a=-3$，これを①に

代入して，$b=-2$　$\therefore a=-3, b=-2$

**■図　形**

**【47】** (1)$(5^2\pi-3^2\pi)\times\dfrac{1}{4}=4\pi$

(2) $4^2\pi\times\dfrac{1}{2}-(2^2\pi\times\dfrac{1}{2})\times2=4\pi$

(3)下図のように$\angle$AOB$=\angle$AO'B$=90°$

斜線部の面積は$(\sqrt2)^2\pi\times\dfrac{1}{4}\times2-\sqrt2\times\sqrt2=\pi-2$

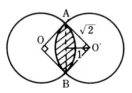

(4)$10^2\times\pi\times\dfrac{150}{360}=\dfrac{125}{3}\pi$

**【48】** 辺ML

**p.153** ────────────

**【49】** $6^2\pi\times12\times\dfrac{1}{3}=144\pi\,\mathrm{cm}^3$

**【50】** $\triangle$ABC $\backsim$ $\triangle$DAC

AB：BC＝DA：AC, 15：9＝DA：12　　$\therefore$DA＝20

AC：BC＝DC：AC, 12：9＝DC：12　　$\therefore$DC＝16

**【51】** 底面の円周は$4\pi$，半径OAの円の円周は$12\pi$

$\therefore\angle$AOB$=\dfrac{4\pi}{12\pi}\times360°=120°$

**【52】** (1) 3倍　(2) $\dfrac{a^2}{2}$

**■確率・統計**

**【53】** (1) 8人から3人選ぶ仕方は${}_8\mathrm{C}_3$通りあって，このうち3人とも男の場合は${}_5\mathrm{C}_3$通りあるから，求める確率は$\dfrac{{}_5\mathrm{C}_3}{{}_8\mathrm{C}_3}=\dfrac{10}{56}=\dfrac{5}{28}$

(2)男1人，女2人の場合は${}_5\mathrm{C}_1\cdot{}_3\mathrm{C}_2$であるから，

$\dfrac{{}_5\mathrm{C}_1\cdot{}_3\mathrm{C}_2}{{}_8\mathrm{C}_3}=\dfrac{5\times3}{56}=\dfrac{15}{56}$

**p.154** ────────────

**【54】** 同じ目は6通りだから$\dfrac{6}{36}=\dfrac{1}{6}$

**【55】** (1)$x=\dfrac{0\times3+10\times5+20\times9+30\times6+40\times3+50\times9}{3+5+9+6+3+9}$

$=\dfrac{980}{35}=28$　$\therefore$28点　(2)40点，50点をとった人は少なくとも4題目ができているから，3＋9＝12人

**【56】** $A=D+8$, $B=\dfrac{A+D}{2}+5=\dfrac{D+8+D}{2}+5=D+9$

一番高いのはB。$A+B+C+D=(D+8)+(D+9)+(D+7)+D=171\times4$　$\therefore$D＝165cm

# 2 理　科

**■物　理**

**p.159** ────────────

**【1】** $v=v_0-gt$に$v=0$を代入して，

$0=30-9.8t$　$\therefore t=3.1$[s]

これを$s=v_0t-\dfrac{1}{2}gt^2$に代入して最高点$s$を求める。

$s=30\times3.1-\dfrac{1}{2}\times9.8\times3.1^2=45.9$[m]

【2】 (1)水平成分$v_x = \dfrac{108 \times 10^3}{3600} = 30$[m/s]　垂直成分$v_y = 0$[m/s]　(2)30[m/s]で一定である。(3)$v_y = gt$の式に従い，時間に比例する。

(4)$s = \dfrac{1}{2}gt^2$に$s = 2000$を代入して，

$200 = \dfrac{1}{2} \times 9.8 \times t^2$　$\therefore t = \sqrt{\dfrac{2000}{4.9}} = 20.2$[s]

答　20.2秒後

【3】 A：$30 \times \dfrac{1}{2} = 15$[kg]　B：$40 \times \left(\dfrac{1}{2}\right)^3 = 5$[kg]

C：Cの質量を$m$[kg]とする。50[kg]の物体が30°の斜面にそって糸を引く力は，$50g\sin30°$[N]。

$\therefore 50g\sin30° = mg$より，$m = 25$[kg]

p.160

【4】 Bの移動距離はAの2倍だから，加速度も2倍である。A，Bの質量を$m$，糸の張力を$T$，Aの加速度を$a$とすると，

Aについて　$ma = 2T - mg$…①

Bについて　$m \times 2a = mg - T$…②

①＋②×2で$T$を消去すると，

$5ma = mg$　$\therefore 5a = g$

よって，Aの加速度(上向き)は$a = 0.2g$，Bの加速度(下向き)は$2a = 2 \times 0.2g = 0.4g$

【5】 力学的エネルギー保存の法則$U = U_p + U_k =$一定より，B，Dを通過する速さを$v_B$，$v_D$とすると，

$U = mgh_1 + 0 = 0 + \dfrac{1}{2}mv_B{}^2 = mgh_2 + \dfrac{1}{2}mv_D{}^2$

$\therefore v_B = \sqrt{2gh_1}$，　$\therefore v_D = \sqrt{2g(h_1 - h_2)}$

【6】 (ウ)静岡県の富士川から新潟県の糸魚川あたりを境に西側は60[Hz]

【7】 $R = r + \dfrac{1}{\dfrac{1}{r} + \dfrac{1}{r}} + \dfrac{1}{\dfrac{1}{r} + \dfrac{1}{r} + \dfrac{1}{r}} = r + \dfrac{1}{2}r + \dfrac{1}{3}r$

$= \dfrac{11}{6}r$[Ω]

【8】 並列接続のとき，回路に流れる全電流は，各電気器具に流れる電流の和である。電気器具に流れる電流は$I = \dfrac{P}{V}$より，

$I = 4 \times \dfrac{40}{100} + \dfrac{500}{100} + \dfrac{90}{100} = 7.5$[A]

p.161

【9】 (1)慣性　(2)7350　(3)122.5　(4)1000，100，0　(5)53.55，熱量　(6)スペクトル　(7)赤外線，紫外線　(8)高，低　(9)$10^{-4}$，$10^{-10}$　(10)電力(仕事率)，電力量(仕事)，$3.6 \times 10^6$

【10】 (1)—(ウ)　(2)—(カ)　(3)—(イ)　(4)—(オ)　(5)—(エ)　(6)—(ア)

# ■化　学

p.162

【11】 (1)Fe　(2)Cu　(3)Al　(4)Pb　(5)Sn　(6)Mg　(7)Au　(8)U　(9)Si

【12】 (1)塩化ナトリウム　(2)アンモニア　(3)グルコース(ブドウ糖)　(4)硫酸　(5)エタノール(エチルアルコール)

【13】 (1)原子核，中性子，電子　(2)電子，正，陽イオン，電子，陰イオン　(3)二酸化炭素(大理石の主成分は$CaCO_3$だから，$CaCO_3 + 2HCl \rightarrow CaCl_2 + H_2O + CO_2$)　(4)pH(ペーハー。水素イオン濃度の逆数の対数)，7，酸，塩基(アルカリ)，7，中　(5)陰，陽，2：1　(6)圧力，絶対温度　(7)硝酸銀($AgNO_3$)

p.163

【14】 NaClの式量は$23 + 35.5 = 58.5$

よって23.4gは$\dfrac{23.4}{58.5} = 0.4$[mol]

$\therefore$モル濃度$= \dfrac{溶質モル数}{溶質の体積} = \dfrac{0.4}{500 \times 10^{-3}} = \dfrac{0.4}{0.5} = 0.8$[mol/L]

【15】 $CO_2$の分子量は$12 + 16 \times 2 = 44$

よって11gは$\dfrac{11}{44} = 0.25$[mol]

$\therefore$体積は$22.4 \times 0.25 = 5.6$[L]

【16】 K，Na(他にCaなどイオン化傾向のきわめて大きい金属の単体は水に溶けて水素を発生する。Mgは熱水と，Alは高温水蒸気となら反応する。)

【17】 (1)飽和溶液　(2)還元　(3)ハロゲン　(4)触媒

p.164

【18】 (1)—②　(2)—①　(3)—②　(4)—③，⑤

■生　物

【19】(1)—(ア)　(2)—(ウ)　(3)—(エ)　(4)—(イ)

【20】赤血球，白血球，血小板，血しょう

**p.165** ────────────

【21】マルトース(麦芽糖)，グルコース(ブドウ糖)，アミノ酸，脂肪酸

【22】(1)白血球　(2)胆のう　(3)酸性　(4)腎臓

【23】(1)すべて赤　(2)赤：桃：白＝1：2：1　(3)赤：桃＝1：1　(4)桃：白＝1：1

【24】(1)二酸化炭素，水(順不同)　(2)動脈，静脈　(3)タンパク質　(4)トンボ(他はすべて脊椎動物)　(5)赤血球

**p.166** ────────────

【25】(1)裸子植物　(2)核，DNA　(3)銅(他は3大肥料として植物の成長に不可欠の元素)　(4)白血球

■地　学

【26】(1)月　(2)太陽(恒星)，衛星　(3)グリニッジ　(4)公転，自転　(5)金星　(6)恒星

【27】(1)4(南中時刻は1年365日で24時間早くなるから，1日では　24×60[分]÷365で約4分となる)　(2)9.46，12(1光年は光が1年間で進む距離。1年は$365×24×60×60＝3.154×10^7$[秒]だから，$3×10^5×3.154×10^7＝9.46×10^{12}$[km]となる。)　(3)半月(月の引力と太陽の引力が逆に働くため)　(4)左(反時計)　(5)フェーン

**p.167** ────────────

【28】(1)—②　(2)—③　(3)—②

# 3　国　語

## ■漢字の読み

**p.173** ────────────

【1】(1)いと　(2)えとく　(3)かわせ　(4)ぎょうそう　(5)ようしゃ　(6)あいとう　(7)しょうじん　(8)ふぜい　(9)みやげ　(10)しぐれ　(11)こんりゅう　(12)そくしん　(13)なついん　(14)ほっそく　(15)てんぷ　(16)おもわく　(17)ていさい　(18)いわゆる　(19)あっせん　(20)つの(る)　(21)けいだい　(22)とくめい　(23)から(む)　(24)すいとう　(25)うけおい

【2】(1)ごえつどうしゅう—(a)　(2)きゅう—(c)　(3)だそく—(e)　(4)しがく—(b)　(5)こき—(d)

【3】(1)えしゃく—あ(う)　(2)きせい—かえり(みる)　(3)きょうさ—そその(かす)　(4)はたん—ほころ(びる)　(5)きゃしゃ—おご(る)

**p.174** ────────────

【4】①けいだい　②かんぬし　③のりと　④はいでん　⑤かぐら　⑥ちご　⑦だし　⑧ね　⑨みき　⑩けいき　⑪みこし　⑫なごり　⑬のどか　⑭ちょうちん　⑮たそがれ　⑯ろうそく　⑰たび　⑱げた　⑲おとな

【5】(1)—(ア)けいちょう　(2)—(ウ)のうぜい　(3)—(イ)ごうく　(4)—(ウ)あっけ　(5)—(イ)えこ　(6)—(ア)おんき　(7)—(ウ)あいきゃく　(8)—(ア)じょうせき　(9)—(ア)ほっき

**p.175** ────────────

【6】(1)るふ，りゅうちょう　(2)じょうじゅ，なかんづく　(3)しにせ，てんぽ　(4)はんのう，ほご　(5)うゆう，うい　(6)ごうじょう，ふぜい　(7)えいごう，おっくう　(8)そじ，すじょう　(9)なっとく，すいとう　(10)かっきょ，しょうこ　(11)ていかん，じょうせき　(12)ふいちょう，すいそう　(13)せいじゃく，せきりょう　(14)ゆえん，いわゆる　(15)ぞうお，あくたい

【7】(1)しぐれ　(2)ころもがえ　(3)しろぼたん　(4)きりひとは　(5)さみだれ　(6)きつつき　(7)とんぼ　(8)いわしぐも　(9)へちま　(10)あじさい

## ■漢字の書き取り

【8】解答例(1)解答(かいとう)，解脱(げだつ)　(2)一対(いっつい)，対面(たいめん)　(3)貿易(ぼうえき)，容易(ようい)　(4)遺書(いしょ)，遺言(ゆいごん)　(5)福音(ふくいん)，音楽(おんがく)

**p.176** ────────────

【9】(1)施政　(2)把握　(3)該当　(4)慎重，審議　(5)補償　(6)騰貴　(7)欠乏　(8)簡易　(9)局面　(10)穏便

【10】 (1)(ア)原 (イ)元 (ウ)減 (エ)源 (オ)言 (カ)厳 (キ)現 (2)(ア)冒 (イ)犯 (ウ)侵 (3)(ア)慣 (イ)刊 (ウ)観 (エ)関 (オ)完 (カ)管 (4)(ア)粗 (イ)租 (ウ)阻 (エ)疎 (オ)祖 (カ)狙 (キ)素

**p.177** ―――――――――――――
【11】 (1)建 ―(e) (2)絶 ―(d) (3)裁 ―(a) (4)立―(c) (5)断―(f) (6)経―(b)

**p.178** ―――――――――――――
【12】 (1)―(ウ) (2)―(イ) (3)―(ウ) (4)―(イ) (5)―(ア) (6)―(ウ)

【13】 (1)触 (2)授 (3)報 (4)影 (5)望 (6)測 (7)絶 (8)虚 (9)行 (10)識 (11)退 (12)訳

【14】 (1)革新 (2)利益 (3)拡大 (4)与党 (5)差別 (6)需要 (7)消極的 (8)客観的

**p.179** ―――――――――――――
【15】 (1)被 (2)劣 (3)肯 (4)偉 (5)理 (6)壊 (7)歓 (8)光 (9)抽 (10)降

【16】 (ア)①―② (イ)①―③ (ウ)②―③ (エ)①―③ (オ)③―④ (カ)①―④ (キ)②―④ (ク)②―③ (ケ)①―② (コ)①―④

■ことわざ・慣用句
【17】 (1)しびれ (2)あごで使う (3)たいこ判 (4)息をのんで (5)島 (6)根に (7)耳にたこができる (8)頭が下がる (9)筆が立つ (10)へらず口

**p.180** ―――――――――――――
【18】 (1)―(ウ) (2)―(カ) (3)―(オ) (4)―(イ) (5)―(キ) (6)―(ア) (7)―(ケ) (8)―(ク) (9)―(コ) (10)―(エ)

【19】 (1)転 (2)承 (3)尽 (4)滅 (5)代 (6)耳 (7)我 (8)知 (9)単 (10)四 (11)一 (12)髪 (13)口 (14)到 (15)哀 (16)夢 (17)適 (18)楚 (19)風 (20)網 (21)嫁 (22)以 (23)霧 (24)鳥 (25)狗 (26)剛 (27)模 (28)舟 (29)臨 (30)期

**p.181** ―――――――――――――
【20】 (1)一, 一 (2)十, 十 (3)四 (4)八 (5)一 (6)一 (7)一, 一 (8)一 (9)一 (10)三, 九 (11)一 (12)一, 千 (13)三, 四 (14)

千, 万 (15)一, 千 (16)百, 一 (17)千, 万 (18)四, 五 (19)一, 一 (20)一, 千 (21)二, 三

■文 学 史
【21】 (2)

**p.182** ―――――――――――――
【22】 (1)― ⓒ (2)― ⓑ (3)― ⓐ (4)― ⓒ (5)―ⓐ

【23】 (1)漱石, (e) (2)啄木, (f) (3)芭蕉, (a) (4)一九, (g) (5)逍遥, (c) (6)鴎外, (h) (7)独歩, (b) (8)白秋, (d)

【24】 (4)

**p.183** ―――――――――――――
【25】 (1)松尾芭蕉, 奥の細道 (2)鴨長明, 方丈記 (3)藤原道綱母, 蜻蛉日記 (4)井原西鶴, 日本永代蔵 (5)菅原孝標女, 更級日記

【26】 (1)―(ウ) (2)―(エ) (3)―(ア) (4)―(オ) (5)―(イ)

【27】 (1)萩, 秋 (2)万緑, 夏 (3)朝顔, 秋 (4)天の川, 秋 (5)雪の原, 冬 (6)菊, 秋 (7)木の芽, 春 (8)五月雨, 夏 (9)野分, 秋 (10)春の月, 春

**p.184** ―――――――――――――
【28】 (1)カナダ (2)イタリア (3)イギリス (4)オランダ (5)オーストラリア

【29】 (1)頭 (2)面 (3)艘(隻) (4)服 (5)着 (6)輪 (7)領 (8)首 (9)双 (10)筆

【30】 (1)―(カ) (2)―(イ) (3)―(オ) (4)―(キ) (5)―(エ) (6)―(ア) (7)―(ク) (8)―(ウ)

**p.185** ―――――――――――――
【31】 (1)―(ア) (2)―(エ) (3)―(イ) (4)―(エ) (5)―(ウ)

【32】 (1)―(カ) (2)―(オ) (3)―(エ) (4)―(キ) (5)―(ク) (6)―(ア) (7)―(イ) (8)―(ウ)

# 4 社 会

■地理的分野

**p.193** ―――――――――――――
【1】 (1)―(ア) (2)―(ア) (3)―(イ)
【2】 (1)―(イ) (2)―(ア)

【3】 (1)—ウ　　(2)—ア　　(3)—ウ

【4】 ①真夏日　　②真冬日　　③熱帯夜　　④降水量

p.194 ─────────────────────

【5】 (1)秋田県　　(2)広島県　　(3)群馬県

【6】 (1)造船　　(2)自動車　　(3)製鉄　　(4)紙・パルプ

【7】 ①200　　②銚子　　③青森

【8】 南アフリカ共和国

【9】 (1)モスクワ, ルーブル　　(2)北京, 元
(3)オスロ, クローネ　　(4)ロンドン, ポンド
(5)パリ, ユーロ

p.195 ─────────────────────

【10】 ニューヨーク

【11】 (1)—オ　　(2)—イ　　(3)—ケ　　(4)—キ
(5)—ク　　(6)—コ　　(7)—カ　　(8)—ウ　　(9)—
エ　　(10)—ア

【12】 (1)ニューデリ−, ウ　　(2)オタワ, オ
(3)ハバナ, エ　　(4)クアラルンプール, ア　　(5)
ブラジリア, イ

【13】 グリニッジ天文台

【14】 アフリカ大陸


■歴史的分野

p.196 ─────────────────────

【15】 (1)富本銭　　(2)ポルトガル　　(3)平清盛
(4)鎌倉

【16】 (1)—ウ　　(2)—イ　　(3)—イ

【17】 (1)—ウ, ⓒ　　(2)—ア, ⓑ　　(3)—イ, ⓓ
(4)—エ, ⓐ

【18】 (1)飛鳥文化　　(2)元禄文化　　(3)南蛮文化

p.197 ─────────────────────

【19】 (1)明治時代　　(2)大正時代　　(3)昭和時代

【20】 (1)南京条約, イギリス　　(2)下関条約
(3)ポーツマス条約, アメリカ

【21】 (1)—イ　　(2)—ウ　　(3)—ウ

【22】 (1)ギルド　　(2)ドイツ

p.198 ─────────────────────

【23】 (4)

【24】 (1)—イ　　(2)—ウ　　(3)—ア

【25】 (1)—ア　　(2)—ウ　　(3)—ウ　　(4)—ウ

【26】 (1)オーストリア　　(2)1914年　　(3)ヴェルサイユ条約, 1919年


■倫理的分野

p.199 ─────────────────────

【27】 (1)キリスト教, 仏教, イスラム教　　(2)
キリスト教–イエス=キリスト, 仏教–シャカ, イ
スラム教–マホメット　　(3)キリスト教

【28】 (1)—カ　　(2)—ク　　(3)—イ　　(4)—キ
(5)—コ　　(6)—オ　　(7)—エ　　(8)—ケ　　(9)
—ア　　(10)—ウ

【29】 (1)—イ　　(2)—エ　　(3)—ア　　(4)—ウ

p.200 ─────────────────────

【30】 (1)—イ　　(2)—ア　　(3)—エ　　(4)—ウ

【31】 シーク教


■政治・経済的分野

【32】 ①国民　　②象徴　　③交戦権　　④公
共の福祉　　⑤納税　　⑥最高　　⑦参議院
⑧国会　　⑨違憲立法審査権　　⑩国民

【33】 (1)教育　　(2)最低　　(3)平和主義　　(4)
行政権　　(5)労働組合法　　(6)行政権　　(7)団体
交渉権

p.201 ─────────────────────

【34】 (4)

【35】 ①最高機関　　②立法機関　　③主権
④国政調査　　⑤指名　　⑥議院内閣(責任内閣)
⑦違憲立法審査　　⑧「憲法の番人」　　⑨独立
⑩国民審査

p.202 ─────────────────────

【36】 ①$\frac{1}{3}$　　②1　　③$\frac{1}{4}$　　④1　　⑤150

【37】 (1)カルテル　　(2)飲食費　　(3)上がった

【38】 (1)労働　　(2)コンツェルン　　(3)累進課
税制度　　(4)日本(中央)　　(5)安

【39】 (1)—イ　　(2)—イ　　(3)—ア　　(4)—ア
(5)—ウ

p.203 ─────────────────────

【40】 (3)

【41】 (1)—イ　　(2)—ア　　(3)—イ

p.204 ─────────────────
【42】 (1)商品の流通のために必要な量以上に通貨量が膨張したために貨幣価値が下がり，物価が上昇すること。　　(2)家計(生活費)の総支出額に占める飲食費の割合で示される，生活水準を表す指標の一つ。係数が高いと低所得であることを示す。
【43】 (1)─(イ)　(2)─(カ)　(3)─(ク)　(4)─(ウ)
(5)─(エ)　(6)─(オ)　(7)─(ア)　(8)─(キ)

# 5 英　語

## ■関係代名詞・関係副詞
p.210 ─────────────────
【1】 (1)what　(2)which　(3)whom　(4)that
【2】 (1)─(イ)　(2)─(ウ)　(3)─(エ)　(4)─(ア)
【3】 (1)今日できることを明日にのばすな。
(2)私たちがよく遊んでいた場所はもう公園ではない。
(3)私たちが生活している地球はボールのように丸い。

## ■仮　定　法
【4】 (1)─⑦　(2)─⑦　(3)─⑦　注haveの過去完了形はhad had。
p.211 ─────────────────
【5】 (1)could　(2)But, for　(3)would　注(3)の意味は，「もしあなたが私の立場であればどうしますか」。
【6】 (1)If I knew his address, I could write to him.　　(2)I wish I could speak French.
(3)If it had not been very cold, I would have gone there.
【7】 (1)もしあなたがそれを見たいなら，あなたにそれを送ってもいいですよ。　　(2)もしあなたが援助してくれなかったなら，私は成功していなかったであろうに。　　(3)彼は，いわば，生き字引きだ。
【8】 (1)I wish I had studied English when I was young.　注過去の事実に対する逆の想定であるから，I wishの中は過去完了形となる。
(2)If I had money, I could buy a car.　　(3)If it were not for the sun, we would not live.

## ■時制の一致と話法
p.212 ─────────────────
【9】 (1)Bob told me that he would take me to the zoo.　　(2)They told her that they believed her.　　(3)She told me to leave her alone.　　(4)Mother asked us to wash the dishes.　　(5)Bill told me that he had bought me a present two days before.　　(6)He asked me if I was ready.　　(7)The policeman asked me when I had arrived there.　注arriveが過去完了形，hereがthereになることに注意。
(8)She said to me, "My uncle is coming tomorrow."　　(9)He said to me, "What do you think of it?"　　(10)She said to me, "I Will see you here."

## ■受　け　身
【10】 (1)with　(2)to　(3)at　(4)with　(5)with
【11】 (1)Your teeth must be cleaned.〔by you〕.
(2)He is respected by everybody.（皆から尊敬されている。）　　(3)A dog was run over by the bus.　　(4)They speak English in Canada.
(5)Who broke the glass?　　(6)I was spoken to by a stranger in the street.　　(7)The floor was felt to shake〔by us〕.　　(8)The boy is called "Taro"〔by people〕.　注(1)と(7)と(8)の〔　〕は省略されるのが普通。
p.213 ─────────────────
【12】 (1)春には，木々は新しい生命でいっぱいで，大地は太陽の光によって暖められる。　　(2)彼は有名なエンジニアだといわれている。
【13】 (1)He was satisfied with your explanation.
(2)What kind of book are you interested in?

## ■不　定　詞
【14】 (1)─⑦　(2)─⑦　(3)─⑦
【15】 (1)This book is too difficult〔for me〕to read.　　(2)This river is so wide that I can not swim across it.　注〔　〕内の主語はyou, usでも可。

**p.214** ────────────────
【16】 (1)He makes it a rule to study English for half an hour a day. (2)I want you to post this letter 〔for me〕. (3)To tell the truth, she did not sleep yesterday at all.

■動 名 詞
【17】 (1)—④ (2)—④ (3)—④
【18】 (1)to read→reading (2)to do→doing
【19】 (1)On, hearing (2)is, no, knowing (3)am, fond, of

**p.215** ────────────────
【20】 (1)私は早く起きることに慣れている。 (2)食べ終わってすぐ, 私たちはテレビを見はじめた。 (3)京都は行く価値のある所です。 (4)私は彼に一度会ったことを覚えている。
【21】 (1)I feel like taking a walk in the park. (2)This novel is worth reading.

■分 詞
【22】 (1)When, he, opened (2)As, was (3)If, you (4)As, is ㊟節の中の主語, 動詞の時制は, 主節(後の文)に合わせる。
【23】 (1)repair→repaired (2)make→made (3)carried→carry

**p.216** ────────────────
【24】 (1)私は英語で意思疎通ができなかった。 (2)私は英語で書かれた手紙を受けとった。 (3)一般的にいえば, 男の子は模型飛行機を作るのが好きだ。 (4)街を歩いていると, 私はばったり彼に会った。
【25】 (1)I had my purse stolen. (2)Who is a girl skating on the lake ?

■完了時制
【26】 (1)have gone→Went (2)have you returned→did you return (3)is raining–has been raining
【27】 (1)君が民主主義と自由とについて言ったことを私は何度も考えてきた。 ㊟think over—熟考する。 (2)メアリーは, 今朝からテニスをし

ています。

**p.217** ────────────────
【28】 (1)Have you ever been to Tokyo ? (2)I have been to the station to see my friend off. (3)I have lived in Osaka for ten years.

■助 動 詞
【29】 (1)must (2)may (3)can (4)Shall (5)Will
【30】 (1)自分自身の健康について, いくら注意深くとも注意深すぎることはない。 (2)お酒をのみますか〔誘いかけ〕。 (3)私は, 日曜日にはいつも博物館に行ったものだった。
【31】 (1)May (Can) I use your dictionary ? (2)Shall I make her come here and help you ?

■比 較
**p.218** ────────────────
【32】 (1)times, as (2)Which, better (3)as, as (4)to
【33】 (1)any, other, the, highest (2)cannot, as, well ㊟この場合のbetterの原級はwell (じょうずに)である。 (3)by
【34】 (1)持てば持つほど, 欲しくなる。 (2)健康ほど大切なものはない。
【35】 (1)The sooner, the better. (2)Autumn is the best season for reading and (playing) sports.

■接 続 詞
【36】 (1)or (2)before (3)and (4)as (5)Though
**p.219** ────────────────
【37】 (1)and→or (2)and→but (also) (3)or→and
【38】 (1)その部屋に入るや否や私は彼を発見した。 (2)鳥たちはとても美しく歌をうたったので, 子どもたちは歌声を聞くために, よく遊びを中断したものだった。

【39】 (1)He walked fast so that he might catch the train.　　(2)She studied so hard that she could pass the examination.

## ■前 置 詞
【40】 (1)at　(2)in　(3)for　(4)on　(5)by (6)from　(7)with　(8)for　(9)for　(10)from (11)of　(12)for　(13)on　(14)at　(15)with (16)into

## ■慣用表現
**p.220**
【41】 (1)from　(2)to　(3)of　(4)of　(5)of (6)of　(7)from, to　(8)from　(9)of　(10)from
**p.221**
【42】 (1)〜に似ている　(2)理解する　(3)〜をがまんする　(4)延期される　(5)〜の世話をする

## ■会話表現
【43】 (1) "What can I do for you ?" (= "May I help you ?")　　(2) "How much is it ?" (3) "How do you do. I'm glad to meet you." (4) "Thank you very much." "You are welcome."　　(5) "Hello, this is Suzuki speaking."
【44】 (1)どうぞおくつろぎ下さい。　　(2)どうぞこのケーキを召し上って下さい。　(3)お父さんによろしくお伝え下さい。　　(4)もう一度言って下さい。　(5)お願いがあるのですが…。

## ■ことわざ
【45】 (1)ローマは一日にして成らず(大器晩成) (2)郷に入っては郷に従え　(3)降ればどしゃぶり (4)去る者は日々にうとし　(5)鉄は熱いうちに打て　(6)類は友を呼ぶ　(7)光陰矢のごとし (8)百聞は一見にしかず　(9)おぼれる者はわらを

もつかむ　(10)転石こけむさず　(11)よく学びよく遊べ　(12)精神一到何事か成らざらん　(13)三人寄れば文殊の知恵　(14)たで食う虫も好きずき (15)急がばまわれ

## ■掲示用語
**p.222**
【46】 (1)—(d)　(2)—(h)　(3)—(b)　(4)—(e) (5)—(c)　(6)—(g)　(7)—(a)　(8)—(f)

## ■単語・派生語
【47】 (1)radio　(2)restaurant　(3)company (4)television　(5)telephone　(6)newspaper (7)software　(8)business　(9)energy (10)switch　(11)Wednesday　(12)February (13)machine　(14)engineer　(15)data
**p.223**
【48】 (1)children　(2)teeth　(3)leaves (4)sheep　(5)knives
【49】 (1)took, taken　(2)began, begun (3)found, found　(4)knew, known　(5)ate, eaten　(6)wrote, written
【50】 (1)発明　(2)加える　(3)休暇　(4)ワープロ　(5)給料
【51】 (1)GNP　(2)OPEC　(3)EU　(4)ILO (5)JIS　㊟GNP＝Gross National Product OPEC＝Organization of Petroleum Exporting Countries　EU＝European Union　ILO ＝International Labor Organization　JIS＝ Japanese Industrial Standard
【52】 (1)cold　(2)small　(3)poor　(4)weak (5)sad　(6)dry　(7)liar　(8)darkness (9)beautiful　(10)healthy　(11)sale　(12)service (13)death　(14)discovery　(15)write　(16)hour (17)route　(18)fifth　(19)second　(20)ninth

# MEMO

# MEMO

# MEMO

-------------------------------------------------
-------------------------------------------------
-------------------------------------------------
-------------------------------------------------
-------------------------------------------------
-------------------------------------------------
-------------------------------------------------
-------------------------------------------------
-------------------------------------------------
-------------------------------------------------
-------------------------------------------------
-------------------------------------------------
-------------------------------------------------
-------------------------------------------------
-------------------------------------------------
-------------------------------------------------

工業高校機械科就職問題

# 実戦問題解答